Jean-Paul Sartre

Dados Internacionais de Catalogação na Publicação (CIP)
(Câmara Brasileira do Livro, SP, Brasil)

Churchill, Steven
Jean-Paul Sartre : conceitos fundamentais / editado por Steven Churchill, Jack Reynolds ; tradução Bruno Gambarotto. – Petrópolis, RJ : Vozes, 2020.

Título original: Jean-Paul Sartre : key concepts
Bibliografia.
ISBN 978-85-326-6495-2

1. Existencialismo 2. Filosofia francesa 3. Sartre, Jean-Paul, 1905-1980 – Crítica e interpretação I. Reynolds, Jack. II. Título.

20-34895 CDD-194

Índices para catálogo sistemático:
1. Filosofia francesa 194

Maria Alice Ferreira – Bibliotecária – CRB-8/7964

Editado por
Steven Churchill
Jack Reynolds

Jean-Paul Sartre
Conceitos fundamentais

Tradução de Bruno Gambarotto

Petrópolis

Tradução autorizada a partir da edição em inglês publicada originalmente pela Acumen e agora pela Routledge, membro do Grupo Taylor & Francis.

Título do original em inglês: *Jean-Paul Sartre – Key Concepts*

Direitos de publicação em língua portuguesa – Brasil:
2020, Editora Vozes Ltda.
Rua Frei Luís, 100
25689-900 Petrópolis, RJ
www.vozes.com.br
Brasil

Editoração: Leonardo A.R.T. dos Santos
Diagramação: Raquel Nascimento
Revisão gráfica: Alessandra Karl
Capa: HiDesign Estúdio

ISBN 978-85-326-6495-2 (Brasil)
ISBN 978-1-84465-635-6 (Reino Unido)

Editado conforme o novo acordo ortográfico.

Este livro foi composto e impresso pela Editora Vozes Ltda.

Sumário

Colaboradores

Adrian van den Hoven é professor emérito da Universidade de Windsor, Ontario. Foi editor executivo fundador da *Sartre Studies International* e duas vezes eleito presidente da North American Sartre Society. Traduziu *Truth and Existence* (1992) de Jean-Paul Sartre, e *Hope Now: The Interviews 1980* (1996a), de Jean-Paul Sartre e Benny Lévy, ambos publicados pela University of Chicago Press. Também coeditou publicações sobre Sartre e Albert Camus e produziu artigos sobre ambos, bem como sobre Simone de Beauvoir. Juntamente com Ronald Aronson, coeditou *Jean-Paul Sartre: We Have Only This Life to Live, Selected Essays: 1939-1975* (2013).

Anthony Hatzimoysis é professor-associado do Departamento de História e Filosofia da Ciência da Universidade de Atenas. É autor de *The Philosophy of Sartre* (Acumen, 2011) e editor de *Philosophy and the Emotions* (2003) e *Self-Knowledge* (2011).

Beata Stawarska é professora-associada de Filosofia na Universidade do Oregon. Publicou inúmeros artigos sobre a relação de Sartre com a fenomenologia e a psicologia e sobre a aplicabilidade de seus conceitos ao desenvolvimento das ciências cognitivas contemporâneas. Esses ensaios vieram a público na *Phenomenology and the Cognitive Sciences*, *Sartre Studies International* e *International Journal for Interdisciplinary Studies*. Também é autora de *Between You and I: Dialogical Phenomenology* (2009) e *Saussure's Philosophy of Language as Phenomenology* (2014).

Betty Cannon é professora-adjunta da Naropa University e professora emérita da Colorado School of Mines, onde lecionou literatura e psicologia por 20 anos. Escreveu *Sartre and Psychoanalysis* (1991) e foi autora de numerosos capítulos e artigos sobre terapia existencial. Pertence ao conselho editorial de três periódicos especializados: *Sartre Studies International*, *Review of Existential Psychology and Psychiatry* e *Existential Analysis*.

Christian Onof é pesquisador honorário em Filosofia no Birkbeck College da Universidade de Londres. Suas publicações versam sobre ética e metafísica em Kant (*Kant Studien*, *Kant Yearbook*), sobre Heidegger e Sartre, bem como sobre a natureza da consciência (*Philosophy and Phenomenological Research*, *Journal of Mind and Behavior*). É cofundador da revista *Episteme* e membro do conselho editorial da Kant Studies Online. É leitor da Faculdade de Engenharia do Imperial College de Londres.

David Detmer é professor de Filosofia na Purdue University Calumet. Ele é o autor de *Sartre Explained* (2008), *Challenging Postmodernism: Philosophy and the Politics of Truth* (2003) e *Freedom as a Value* (1988). Ocupa a posição de editor executivo da *Sartre Studies International* e ex-presidente da North American Sartre Society.

Gary Cox é um pesquisador honorário da Universidade de Birmingham e autor de diversos livros sobre Sartre, existencialismo e filosofia geral, incluindo *The Sartre Dictionary* (2008), *How to Be a Existentialist* (2009) e *The God Confusion* (2013).

Jack Reynolds é professor-associado em Filosofia na La Trobe University e Vice-decano da Faculdade de Humanidades e Ciências Sociais. É autor de *Chronopathologies: Time and Politics in Deleuze, Derrida, Analytic Philosophy and Phenomenology* (2012), *Understanding Existentialism* (2006) e *Merleau-Ponty and Derrida: Intertwining Embodiment and Alterity* (2004). Também é coautor de *Analytic* versus *Continental: Arguments on the Methods and Value of Philosophy* (2010) e coeditor do *Continuum Companion to Existentialism* (2011) e *Merleau-Ponty: Key Concepts* (2008).

Jonathan Webber é leitor em Filosofia na Cardiff University. Escreveu *The Existentialism of Jean-Paul Sartre* (2009), editou *Reading Sartre: On Phenomenology and Existentialism* (2011) e traduziu o livro *The Imaginary* (2004), de Sartre. Publicou artigos sobre psicologia moral e ética da virtude em alguns dos principais periódicos da área de filosofia, incluindo *European Journal of Philosophy*, *Journal of Moral Philosophy*, *Mind* e *Philosophical Quarterly*.

Marguerite La Caze é professora-associada de Filosofia na Queensland University. Seu currículo e inúmeras publicações versam sobre filosofia europeia e feminista. Algumas de suas publicações são *The Analytic Imaginary* (2002), *Integrity and the Fragile Self* (com Damian Cox e Michael Levine, 2003), *Wonder and Generosity: Its Role in Ethics and Politics* (previsão de lançamento: 2013) e artigos na *Contemporary Political Theory*, *Derrida Today*, *Hypatia*, *Parrhesia*, *Philosophy and Social Criticism*, *Philosophy Today*, *Political Theory*, *Simone de Beauvoir Studies*, *Symposium* e outras revistas e coletâneas sobre autores como Jean-Paul Sartre, existencialismo, Hannah Arendt, Simone de Beauvoir, Sigmund Freud e Michèle Le Dœuff.

Paul Crittenden é um professor emérito de Filosofia na Escola de Investigação Filosófica e Histórica da Universidade de Sydney. Ele escreve principalmente sobre temas das áreas de ética e epistemologia, filosofia grega e filosofia europeia moderna de Nietzsche a Sartre. Suas publicações recentes incluem *Sartre in Search of an Ethics* (2009) e *Reason, Emotion and Will* (2012).

Peter Caws é professor emérito de Filosofia na George Washington University, em Washington, D.C. Dentre seus oito livros e mais de 150 artigos constam trabalhos sobre a filosofia das ciências naturais, ética e filosofia europeia (Sartre e os estruturalistas) e, mais recentemente, psicanálise e ciências humanas. Seus livros incluem *Religious Upbringing and the Costs of Freedom: Personal and Philosophical Essays* (coeditado com Stefani Jones, 2010), *Structuralism: A Philosophy for the Human Sciences* (1997) e *Sartre* (1979; 1984).

Sarah Richmond é leitora sênior em Filosofia no University College de Londres. Seu principal interesse de pesquisa tem sido a filosofia francesa recente, em especial a fenomenologia, o existencialismo e a desconstrução. Publicou diversos artigos sobre a primeira filosofia de Sartre. Outros interesses incluem o feminismo e algumas questões relativas ao campo da ética aplicada. É coeditora de uma coleção de ensaios sobre as implicações éticas da neuroimagem, *I Know What You're Thinking* (com Geraint Rees e Sarah J.L. Edwards, 2012).

Søren Overgaard é professor-associado de Filosofia na Universidade de Copenhague. Ele é autor de *Husserl and Heidegger on Being in the World* (2004) e *Wittgenstein and Other Minds* (2007), coautor de *An Introduction to Metaphilosophy* (2013) e coeditor de *The Routledge Companion to Phenomenology* (2011).

Steven Churchill lecionou na Escola de Filosofia Continental de Melbourne, trabalhando, dentre outros assuntos, com a filosofia e a literatura de

Jean-Paul Sartre. Também atuou como tutor da área de filosofia na La Trobe University. Atualmente [2013] escreve um doutorado sobre Sartre e Flaubert.

Thomas C. Anderson aposentou-se como professor emérito de Filosofia na Marquette University (Milwaukee, Wisconsin), instituição em que também foi catedrático. É autor de *The Foundation and Structure of Sartrean Ethics* (1979), *Sartre's Two Ethics: From Authenticity to Integral Humanity* (1993) e *A Commentary on Gabriel Marcel's "The Mystery of Being"* (2006), bem como de diversos artigos sobre Sartre, Marcel e Søren Kierkegaard. Foi presidente da American Catholic Philosophical Association e fundador e primeiro presidente da Gabriel Marcel Society na América do Norte.

Thomas W. Busch é professor de Filosofia na Villanova University e um importante estudioso do existencialismo. Além dos inúmeros artigos que dedicou ao tema, suas obras mais representativas incluem *Circulating Being: From Embodiment to Incorporation: Essays on Late Existentialism* (1999), *The Power of Consciousness and the Force of Circumstances in Sartre's Philosophy* (1990) e *Merleau-Ponty, Hermeneutics and Postmodernism* (editado com Shaun Gallagher, 1992).

William L. McBride é professor emérito de Filosofia da Cadeira Arthur G. Hansen da Purdue University e presidente da International Federation of Philosophical Societies (FISP), que representa 120 sociedades-membros nacionais e internacionais. Também é ex-presidente da North American Society for Social Philosophy e cofundador e ex-diretor da North American Sartre Society. Escreveu, editou e coeditou 19 livros, dentre os quais *Sartre's Political Theory* (1991), *Social and Political Philosophy* (1994) e *Philosophical Reflections on the Changes in Eastern Europe* (1999), e publicou mais de cem artigos em revistas especializadas e capítulos de livro.

Agradecimentos

Agradecemos a todos aqueles que nos ajudaram no planejamento, produção e edição deste livro. Em particular, expressamos nossa dívida de gratidão a Jo Shiells pelo auxílio na preparação das primeiras versões do manuscrito e, em especial, na compilação das referências bibliográficas. Ricky Sebold nos ajudou enormemente na produção do índice. Somos extremamente gratos, pelo compromisso com este livro, a cada um dos colaboradores, muitos dos quais envolvidos com significativas cargas horárias em docência e pesquisa. Desejamos agradecer a todos da Acumen Publishing envolvidos na publicação deste livro.

Em nota pessoal, gostaríamos de agradecer às nossas famílias por seu amor e apoio contínuo.

Nota sobre as abreviações

Existem muitas edições, de variada paginação, de *Being and Nothingness* em inglês, apesar de Hazel Barnes ainda ser a única tradutora de todo o texto. Padronizamos todas as remissões a partir da paginação das duas edições de maior circulação da Routledge: a publicada entre 1969 e 2003 (abreviação BN1) e a publicada a partir de 2003, na qual a paginação foi alterada (BN2). A paginação das edições francesas também é incluída quando fornecida pelos autores e indicada pela sigla EN. Outras referências aos textos de Sartre são feitas mediante o sistema autor-data.

Nota da edição

O tradutor optou por evitar a tradução indireta dos trechos de Sartre e outros filósofos (Husserl, Heidegger e Derrida), valendo-se das traduções diretas dessas obras disponíveis ao leitor brasileiro. Assim, na citação dessas obras, ao lado da informação bibliográfica oferecida pelos autores, acrescenta-se a remissão às traduções brasileiras consultadas. Todas as ocorrências dos títulos de obra, quando em inglês, foram substituídas por seus equivalentes em português; para fins bibliográficos, porém, foram mantidas na informação bibliográfica as siglas correspondentes à tradução de língua inglesa, acompanhada da referência à edição brasileira. O único caso de uso de sigla para indicação de obra em português é o de *O ser e o nada*, referido como SN.

Na seção "Referências", o leitor terá acesso às informações bibliográficas completas.

1
Introdução: Sartre *vivant*

Steven Churchill e Jack Reynolds

A maioria dos filósofos vive e morre em relativa obscuridade. Se são a um só tempo perspicazes e afortunados, chegam a granjear alguma fama e posteridade com a morte. Jean-Paul Sartre (1905-1980) resistiu a essa tendência. Talvez nenhum outro filósofo tenha sido tão famoso em seu tempo quanto Sartre, ou assim poderíamos afirmá-lo. A fama, é claro, não implica ou denota valor, seja ele filosófico ou qualquer outro. Também pode ser passageira, como o demonstra a vida póstuma de Henri Bergson, ao menos por alguns bons anos. Sartre também parecia "morto" nos círculos acadêmicos, talvez há 20 anos, e muito antes na França. O próprio Sartre sem dúvida se sentiria frustrado ao saber de seu destino póstumo – afinal, em sua autobiografia lindamente elaborada, *As palavras* (1964g), ele localiza as raízes do trabalho de sua vida como escritor em seu desejo de alcançar uma espécie de imortalidade por meio de sua obra, que sobreviveria a ele e se faria póstera. Tornou-se moda declarar, no tocante ao estudo da vida e das obras de Sartre, que "lá estivemos e finalizamos" e há muito seguimos em frente.

Aqueles que, no entanto, declararam que tudo o que havia a se saber sobre Sartre já havia sido escrito (fosse pelo próprio filósofo, fosse por outros) o fizeram, como poderia ter dito Sartre, de uma posição de "má-fé". Talvez aqueles que consideram Sartre irrelevante já tenham lido e apreciado alguns de seus contos, peças ou romances, como *A náusea* [*La Nausée*] (SARTRE, 1938; 1965a; 2006b). Talvez já tenham tido contato com sua famosa conferência pública, *O existencialismo é um humanismo* [*L'Existentialisme est un humanisme*] (SARTRE, 1946b; 1973; 2014a), ou até mesmo folheado superficialmente *O ser e o nada* [*L'Être et le néant*] (SARTRE, 1943a;

1958a; 2015). Poucos, porém, chegaram a examinar com verdadeira profundidade seus trabalhos filosóficos de motivação psicológica, como *A imaginação* [*L'Imagination*] (SARTRE, 1936; 1972a; 2008a) e sua sequência, *O imaginário* [*L'Imaginaire*] (SARTRE, 1940; 2004a; 1996b); e que se considere, em seguida, "A transcendência do ego" ["La transcendance de l'ego"] (SARTRE, 1936-1937; 1957a; 2015a), sem falar em seu *Esboço para uma teoria das emoções* [*Esquisse d'une théorie des émotions*] (SARTRE, 1939a; 2002a; 2008b). Poucos ainda tentaram lidar com os trabalhos maduros de Sartre, incluindo sua imensa *Crítica da razão dialética* [*Critique de la raison dialectique*] (vol. 1: SARTRE, 1960b; 1960c; vol. 2: SARTRE, 1985b; 2006; 2002b) ou sua obra-prima em vários volumes, *O idiota da família* [*L'Idiot de la famille*] (SARTRE, 1971-1972; 1981c; 1987; 1989a; 1991a; 1993c; 2014b; 2015b). É verdade que partes do conjunto da obra de Sartre – em particular, os projetos que deixou inconclusos – só vieram a lume alguns anos após sua morte: os *Cadernos para uma moral* [*Cahiers pour une morale*] (escritos entre 1947 e 1953, mas publicados somente em 1983 em francês e em 1992 em inglês), que Sartre compôs ao tentar inicialmente construir uma filosofia ética, fornecem um importante exemplo de até que ponto sua obra continuou a crescer e se desenvolver mesmo em sua ausência. Aqueles que, portanto, declaravam ter "esgotado" a obra de Sartre, confinando sua figura intelectual, sem qualquer preocupação, em uma estabilidade, haviam na maioria dos casos lido e compreendido tão somente uma fração de suas vastas e *contínuas* contribuições, realizadas em diferentes campos de investigação.

Uma vez que as obras de Sartre ainda precisam ser compreendidas e apreciadas, com toda a sua profundidade, na totalidade que representam, é possível afirmar, em resposta, que Sartre está muito *vivo*, principalmente para aqueles dispostos a resistir a essas insistentes declarações de irrelevância. Existem atualmente novas biografias e interpretações acadêmicas que ampliam a compreensão de seu pensamento no tocante a textos que simplesmente nunca receberam a devida atenção, há reedições de seus primeiros trabalhos, e vários livros a respeito de Sartre e o existencialismo continuam a ser publicados. Recentemente, *Les Temps modernes* [*Os tempos modernos*], a revista fundada por Sartre e sua companheira de longa data Simone de Beauvoir, publicaram uma edição especial intitulada *Os leitores de Sartre* com o objetivo de refutar a alegação de que Sartre não é mais lido na França ou em qualquer outro lugar. O atual diretor editorial de *Les Temps modernes*, o famoso documentarista Claude Lanzmann (ele próprio amigo íntimo de Sartre), afirma que "simplesmente não é verdade" que Sartre tenha sido relegado ao esquecimento.

Apesar de tais desenvolvimentos construtivos, ainda há muito a ser feito no campo acadêmico dedicado a Sartre. Talvez a mais importante dessas tarefas seja tentar compreender suas obras no conjunto que acabamos de afirmar que elas representam. Embora não pretendamos, neste volume conciso, atingir algo que se aproxime de uma perspectiva totalizante das obras de Sartre, procuramos dar um pequeno passo em direção a esse imenso projeto, ao almejar tornar o amplo conjunto do trabalho de Sartre acessível a um público mais amplo. Ao reunir um grupo heterogêneo de filósofos que trabalham em variadas disciplinas, esperamos apresentar aos que acabam de ter contato com o pensamento de Sartre algo mais do que as obras que normalmente aparecem sob o conhecimento público, como a conferência "O existencialismo é um humanismo" ou *A náusea*. Ao mesmo tempo, esperamos oferecer aos familiarizados com os trabalhos do filósofo um conjunto de perspectivas que possam estimular novas reflexões e pesquisas.

Com o objetivo de atingir um equilíbrio entre amplitude e profundidade, procuramos organizar os ensaios deste volume não em termos de uma cronologia estrita das obras de Sartre, mas tematicamente. Não obstante, suas três partes podem ser tenuemente compreendidas como representações, sucessivamente, da filosofia inicial de Sartre (parte I), do "período intermediário" de Sartre como pensador maduro (parte II) e da fase final de seu pensamento (parte III).

A parte I, "Psicologia, psicanálise e literatura", aborda principalmente os esforços de Sartre no sentido de compreender a condição humana nos termos de uma psicologia fenomenológica e uma psicanálise existencial. Essa parte abrange as noções iniciais de Sartre acerca da imaginação, da subjetividade, das emoções e assim por diante, bem como a dramatização sartriana desses temas sob forma literária em *A náusea*.

A parte II, "Ontologia: liberdade, autenticidade e autoconstrução", lida fundamentalmente com o desdobramento da fenomenologia inicial de Sartre em uma ontologia fenomenológica madura, tal como aparece em *O ser e o nada*. O terreno conceitual abordado aqui inclui as conceituações de Sartre de "má-fé", autenticidade e o projeto fundamental, juntamente com sua abordagem das relações intersociais mediante a noção de "olhar". A parte II termina com um relato da trajetória intelectual de Sartre, de escritor relativamente apolítico a provocador politicamente engajado *par excellence*.

Na parte III, "Ética e política", inicialmente tem sequência a visão geral da progressão política de Sartre, com particular atenção às suas obras do pós-guerra, incluindo *Que é a literatura?* [*Qu'est-ce que littérature?*] (SARTRE, 1948a; 1988; 2004), *A questão judaica* [*Réflexions sur la question juive*] (SARTRE, 1946a; 1948b; 1995b) e "Materialismo e revolução" ["Matérialisme et révolution"] (SARTRE, 1946c; 1962a). Em seguida, aborda-se a teoria dos grupos de Sartre, trazendo à tona seus conceitos de práxis revolucionária e poder institucional, mais detidamente em *Crítica da razão dialética*, assim como em *O idiota da família*. A seguir, tem lugar a tentativa de Sartre de produzir uma ética guiada por sua perspectiva da dialética marxista, na qual seus conceitos de "necessidade" e "escassez" servem como os elementos centrais de sua visão de uma sociedade ética sob o socialismo. A parte III termina com um olhar aos esforços finais de Sartre dirigidos à ética, tal como registrados em suas entrevistas finais em 1980. Os conceitos de "necessidade" e "escassez" apresentados em sua ética dialética são complementados nessas entrevistas pelo conceito de "reciprocidade" (descrito de outro modo como uma ética do "Nós"). A ação ética é dirigida aqui pelo ideal de que os indivíduos possam se relacionar de maneira tal que posicionem os interesses e necessidades do outro como contíguos aos seus. Nesse modo "fraterno" de ser-junto, o objetivo de acabar com a escassez e a falta se tornaria meta compartilhada por toda a humanidade, gerando relações verdadeiramente éticas entre os seres humanos.

Embora estejam organizados, como já observado, segundo uma ordem temática e vagamente cronológica, os ensaios deste volume também podem ser lidos independentemente, caso os leitores assim o desejem. O capítulo de Søren Overgaard sobre "o olhar", por exemplo, fornece um contexto sobre o desenvolvimento da ontologia de Sartre, de modo que o conceito central de olhar se apresenta suficientemente explicado, sem a necessidade de consulta aos capítulos subsequentes. Ao mesmo tempo, porém, cada capítulo é projetado para se basear no que o precede, e as bibliografias complementares sugeridas ao final de cada capítulo são pensadas no sentido de explorar as ideias abordadas em cada capítulo específico e incentivar novas pesquisas e descobertas.

No comovente obituário a seu amigo e colega Maurice Merleau-Ponty (1908-1961), intitulado "Merleau-Ponty *vivant*" – ou seja, "Merleau-Ponty vivo" ou "Merleau-Ponty vive" – Sartre afirmou que "Merleau ainda está vivo demais para que alguém seja capaz de descrevê-lo" (SARTRE, 1961). Afirmamos que o mesmo se pode dizer sobre o próprio Sartre, mesmo agora, passadas mais de três décadas desde sua morte. Mesmo um volume milhares de palavras maior do que esta coletânea ainda deixaria algo sobre Sartre escapar ao alcance. No entanto, essa indescritibilidade póstuma de Sartre confirma para nós – e, sem dúvida, para o maravilhoso grupo de colaboradores que aparece nesta coleção – algo fundamental: Jean-Paul Sartre *vivant*!

2
Vida e obra

Gary Cox

A palestrante principal da Sartre Society Conference de 2011, realizada em Londres, foi Annie Cohen-Solal, a mais proeminente biógrafa de Sartre e autora do magnífico *Jean-Paul Sartre: A Life* (COHEN-SOLAL, 2005). Seu tema escolhido foi uma série de conferências ao público geral que Sartre ministrou no início dos anos 1930, durante seu período como professor em Le Havre. O tempo que Sartre passou em Le Havre é caracterizado como seus anos no deserto – o brilhante aluno da prestigiosa École Normale Supérieure parisiense exilado no interior do país, sem reconhecimento, inédito e infeliz. No entanto, são também anos enormemente formativos e criativos para Sartre. Compreendem um período sabático de nove meses em Berlim, em 1933, para o estudo da fenomenologia de Edmund Husserl e a revisão incessante de um trabalho sobre a contingência que posteriormente se tornou o romance clássico do existencialismo, *A náusea* (SARTRE, 1938; 1965a; 2006b).

O tema escolhido por Sartre para suas conferências públicas foi a literatura. Como sua grande amiga e companheira vitalícia de debates, Simone de Beauvoir, Sartre estava interessado na literatura contemporânea inglesa e norte-americana; nos romances de Virginia Woolf, James Joyce, Aldous Huxley, John dos Passos e William Faulkner. As notas originais de Sartre se perderam; felizmente, porém, Cohen-Solal dispõe de fotocópias de várias de suas páginas. Em sua encantadora conferência, ela contou sobre como foi convocada com urgência, certa manhã, por Beauvoir, que sob um de seus famosos turbantes a atendeu à porta de seu apartamento em Paris. Beauvoir não convidou Cohen-Solal a entrar; no entanto, entregou-lhe um maço de papéis com instruções estritas para que fossem devolvidos até o fim do dia. Cohen-Solal correu para a copiadora Xerox mais próxima.

As fotocópias, das quais Cohen-Solal fez circular uma amostra pela plateia, mostram a letra clara e limpa de Beauvoir à esquerda, com os garranchos de Sartre à direita. Era evidente que Beauvoir traduzira passagens dos romancistas supramencionados para a análise de Sartre. As conferências de Sartre exploram as técnicas dos romancistas ingleses e norte-americanos, em especial o uso do "fluxo de consciência" com o objetivo de revelar as profundezas da mente inconsciente. Em tais ocasiões, Sartre filosofa sobre literatura e, ao fazê-lo, desenvolve-se como filósofo, romancista e crítico literário. Além disso, lança as sementes do que mais tarde se tornaria sua teoria da psicanálise existencial.

Sartre é famoso pela leitura variada e copiosa. Ao longo da vida ele devorou milhares de textos, sempre procurando alimentar suas próprias teorias; em sua juventude, era capaz de produzir teorias novas ou modificadas a cada um ou três dias. Não respeitava as tradicionais e restritivas fronteiras entre filosofia, psicologia e literatura e tendia a ver cada um desses campos em prejuízo quando isolado dos demais. Supremo defensor da interdisciplinaridade, tinha por horizonte uma psicologia mais filosófica e uma filosofia mais literária. Em seu *Esboço para uma teoria das emoções* (SARTRE, 1939a; 2002a; 2008b), por exemplo, sustenta que a psicologia pura só fará genuíno progresso no momento em que aceitar os achados da filosofia ou, mais especificamente, da fenomenologia. Ao mesmo tempo, *A náusea* demonstra que algumas das noções filosóficas mais profundas acerca da condição humana podem ser alcançadas apenas por meio da literatura ou, mais especificamente, da forma do romance. Sartre era um filósofo no melhor, mais amplo e verdadeiro sentido da palavra: como aquele que ama a sabedoria, onde e como quer que seja.

Sartre logrou derrubar muitas das tradicionais e imbecilizantes barreiras entre campos do saber e, ao fazê-lo, abriu muitos novos territórios à investigação intelectual. Essa talvez seja a característica mais impressionante de sua obra. Quanto mais se estuda a obra de

Sartre, mais territórios aparecem. É possível que estes não possam ser enumerados, pois onde Sartre não explora um espaço por completo com o intuito de apropriar-se dele, ele aponta o caminho para tanto, seja prometendo alcançá-lo ele próprio a seu tempo, seja convidando outros para investigar os achados que tão somente esboçara.

Em certo sentido, o número de territórios de Sartre existentes parece depender agora de quais, dentre sua infinidade de achados, os estudiosos de Sartre desejam abordar. Há muito trabalho a ser feito, por exemplo, no desenvolvimento dos aspectos éticos da teoria da autenticidade de Sartre à luz da publicação póstuma de seus *Cadernos para uma moral* (SARTRE, 1983b; 1992). Tal pesquisa não pode ignorar o Sartre pós-kantiano, o Sartre marxista ou mesmo o Sartre teórico da virtude pós-aristotélica. E tudo o que emerge desse trabalho intelectual específico há certamente de influenciar nosso entendimento da psicanálise existencial de Sartre e, portanto, a prática do aconselhamento existencial. Atualmente, para citarmos apenas algumas áreas de investigação, há estudiosos de Sartre explorando suas ideias sobre ontologia, consciência, imaginação, antissemitismo, colonialismo, revolução, biografia, literatura francesa, liberdade e má-fé. É preciso considerar tão somente a grande variedade de temas explorados neste volume para lembrarmos a extraordinária amplitude do pensamento de Sartre.

Como já sugerido, os muitos territórios de Sartre não são mais precisamente vistos como áreas separadas que ele decidiu explorar em um ou outro momento de sua longa carreira. Seus territórios devem ser vistos como regiões integradas de uma paisagem única e extensa. Ou, para empregar uma metáfora topográfica ligeiramente diversa (e espero que mais reveladora), seus extensos escritos buscam esquematizar de maneira abrangente a complexa paisagem da condição humana com toda a precisão, honestidade e atenção aos detalhes de um mapa da Ordnance Survey britânica.

Sartre sabia que a paisagem complexa da condição humana seria mais bem mapeada mediante a escrita em uma variedade de meios literários. A escrita filosófica direta pode ser melhor quando se trata de definir os fundamentos abstratos de uma teoria, mas em outros momentos apenas o romance, com sua ironia, capacidade de descrição e habilidade de capturar ideias por meio da atmosfera e da ação, é preciso o bastante para a realização do trabalho. Uma peça de teatro ou roteiro de filme pode ser, por vezes, mais eficaz em dizer o que se precisa dizer do que um romance, ou uma biografia pode servir melhor do que um drama, e assim por diante. Sartre não era um filósofo que tinha peculiar ocupação secundária em contos, romances, peças de teatro, biografias, diários e roteiros de filmes. Cada forma literária representa uma contribuição única e indispensável ao todo intrincado e integrado que é sua filosofia complexa e multifacetada. Se Sartre estivesse vivo hoje, ele sem dúvida enriqueceria sua obra publicando em blogues e redes sociais.

A forte necessidade de Sartre de entender, teorizar, explicar e provocar, em qualquer meio literário que melhor atendesse a seus propósitos, rivalizava apenas com sua compulsão em escrever. Diferentemente do que reza o mito popular, Sartre não tinha interesse em drogas. Gostava de beber álcool e fumar tabaco, mas tomou uma droga alucinógena somente uma vez na vida, em 1935, como parte de um experimento controlado clinicamente. Ele queria experimentar uma genuína alucinação para poder escrever sobre o tema em seu livro *O imaginário* (SARTRE, 1940; 2004a; 1996b). Quanto à sua famosa propensão aos estimulantes, à medida que envelhecia Sartre passou a tomar comprimidos de Corydrane, uma mistura então legalmente disponível de aspirina e anfetamina. Seu objetivo não era intoxicar-se, mas evitar o cansaço para manter sua prodigiosa produção literária. É possível supor que talvez ele não tivesse escrito a *Crítica da razão dialética* (SARTRE, 1960b; 1985b; 2002b), sua vasta síntese em dois volumes do existencialismo e do marxismo, sem tais comprimidos. Sartre não era, portanto, viciado em drogas, mas em escrever. Como poderia argumentar um psicanalista existencial, Sartre, a exemplo de muitos dos chamados viciados em drogas, usava substâncias químicas para alimentar um vício muito mais profundo.

Desde a infância, ele escreveu seis horas por dia na maioria dos dias de sua vida. Como diz em sua autobiografia de 1964, *As palavras*: "Costuraram-se meus mandamentos debaixo da pele: se passo um dia sem escrever, a cicatriz me arde; se escrevo com muita facilidade, ela me arde também" (SARTRE, 2000a: 104; 1964g: 103). Sartre também diz em *As palavras* que seus livros "recendem a suor e trabalho" (SARTRE, 2000a: 103; 1964g: 103), mas a verdade é que, com a ajuda de um pouco de estímulo químico à medida que envelhecia, ele era mais frequentemente possuído do que não por uma espécie de total fluência que lhe permitiu escrever sem parar: a próxima ideia, a próxima frase, sempre pronta para ser posta no papel, conforme necessário. Sartre gostava de dizer que o gênio é o que o gênio faz, e sem dúvida está correto em relação ao fato de que o gênio de um grande escritor consiste em seu trabalho. Como ele escreve em *O existencialismo é um humanismo*, "O gênio de Proust é a totalidade das obras de Proust; o gênio de Racine é a série de suas tragédias, além disso não há nada" (SARTRE, 1993a: 41-42; 2014a: 31). A criação do gênio de Sartre sob a forma de sua obra, no entanto, foi certamente facilitada em grande parte por seu raro talento de uma fluência total. Como dizem, você pode ter ou não ter, mas ele tinha em abundância.

Sartre podia aceitar com relutância que dispunha de uma habilidade *natural* no tocante à sua fluência; no entanto, seria categórico ao dizer que a importância – aquilo que dava concretude à fluência – localizava-se no que decidia fazer dela. Sem sua decisão e autodeterminação para escrever, sua habilidade natural não teria sido nada.

Isso não quer dizer que o que Sartre despejava no papel não necessitasse de significativa revisão e edição. Quando ficou cego, em 1973, afirmou que não conseguiria mais escrever pois não era capaz de realizar as revisões que julgava necessárias para transmitir certas ideias em um determinado estilo. Não o satisfazia simplesmente ditar pensamentos. Quando mais jovem – e com o considerável auxílio de Beauvoir –, Sartre tinha disposição para reescrever e polir com o nível de atenção ao detalhe que produziu *A náusea*, sua obra-prima estilística. À medida, porém, que ficou mais velho e ocupado, envolvendo-se mais diretamente em campanhas políticas por todo o mundo, grande parte de sua produção quedou menos bem editada.

Outra característica do trabalho do velho Sartre foi o número de obras significativas, mas *inacabadas*, que produziu. Sempre preferindo trabalhar em mais de um projeto simultaneamente, era inevitável que nem tudo o que iniciasse fosse concluído. Além disso, antigas teorias eram eclipsadas por novas, da mesma forma que um escritor francês de repente parecia assunto muito mais digno de biografia do que outro. No entanto, à medida que envelhecia, Sartre corria o risco de terminar nada. Parece tratar-se de uma acusação injusta, já que sua inacabada *Crítica da razão dialética*, por exemplo, é feita de dois grandes volumes, enquanto seu inacabado *O idiota da família* (SARTRE, 1971-1972) – uma biografia de Gustave Flaubert – tem três grandes volumes, contabilizando um total de 2.081 páginas. Sartre tinha mais e mais a dizer à medida que envelhecia, pelo menos até o cataclismo de sua cegueira em 1973. Era um homem apressado, um homem obcecado em abrir novos territórios intelectuais enquanto ainda dispusesse de visão e poder mental para tanto. Ajustar tudo o que ele produzia exigiria uma quantidade de tempo que ele não possuía.

Felizmente, nem todas as obras do Sartre final restaram inacabadas e pouco polidas. *As palavras*, em particular, foram concluídas numa prosa requintada e lindamente elaborada, um trabalho à altura de *A náusea* ou *O ser e o nada* (SARTRE, 1943a; BN1; BN2; 2015; SN). *As palavras* garantiram a oferta do Prêmio Nobel de Literatura de 1964, que Sartre educadamente recusou sob a alegação de que "o escritor deve recusar-se a ser transformado por instituições, ainda que sejam as do tipo mais honroso" (pronunciamento de Sartre a Gustav Bjurström, publicado pela imprensa em 22 de outubro de 1964).

As palavras não são a vasta autobiografia que se esperaria de um homem de vida tão agitada e histórica, compreendendo duas guerras mundiais, e que tinha o hábito de escrever volumes imensos como *O ser e o nada* e a trilogia *Os caminhos da liberdade* (SARTRE, 1945a; 1945c; 1949a; 2012a-c). Volume surpreendentemente sucinto, *As palavras* são, no entanto, repletas de ideias, observações, ironias e sentimentos concisos e engenhosamente expressos. Como todas as biografias de Sartre – *Baudelaire* (SARTRE, 1947b), *Saint*

Genet: Ator e mártir (SARTRE, 1952; 1963; 2002c) e *O idiota da família* –, é um exercício de psicanálise existencial. Certamente, trata-se do lugar para descobrir o que, de acordo com o próprio filósofo, de fato o motivou a começar.

Sartre tinha pouco mais de um ano quando seu pai morreu. Sua mãe e seu pai adoravam a criança, vendo-a como um ser "destinado a algo". A criança, no entanto, não se deixou enganar pelo mito de sua própria necessidade e surpreendentemente, desde a mais tenra juventude, sentiu que sua existência era absurda e sem sentido. Ele sonhava estar em viagem no trem da vida desprovido de passagem, justificativa ou propósito. Logo percebeu que apenas ele poderia conferir a si mesmo um propósito e escolheu a escrita como sua *raison d'être*. Tomou para si a ambição de tornar-se em morte um grande escritor francês, embora, é claro, soubesse que antes tinha de viver uma vida relativamente longa para atingir tal objetivo. Essa era a *escolha fundamental* de si mesmo, uma escolha original do eu que influenciou todas as escolhas subsequentes e moldou sua vida.

A noção de escolha fundamental como base do projeto de vida fundamental de cada pessoa é central para o existencialismo de Sartre – sua filosofia e psicologia da condição humana. A noção que constrói na infância de que uma pessoa nada mais é do que o que escolhe ser é reforçada por seu estudo da filosofia. Sartre aprendeu com Kant, Hegel, Husserl, Bergson e Heidegger que a consciência é relacional, não uma entidade em si mesma, e existe apenas como consciência temporal do mundo, nada além disso. Os princípios centrais da visão de mundo de Sartre se desdobram de pronto a partir dessa premissa básica sobre o nada da consciência.

Como somos essencialmente nada, o que quer que seja devemos escolher sê-lo. Estamos sobrecarregados da responsabilidade constante de precisar escolher, ou, como Sartre o coloca, estamos "condenados a ser livres" (BN1: 439; BN2: 462; SN: 597). É claro que existem certos elementos dados – nosso corpo, nossa situação física imediata, nossa mortalidade. Sartre os chama *facticidades*. A facticidade não limita a liberdade porque a liberdade não é fazer o que quer que se imagine, mas constantemente ter de escolher em face da própria facticidade: o que fazer do corpo, das circunstâncias, da limitada extensão de uma vida; que significado dar a tudo isso. Deixa-nos ansiosos ter de escolher constantemente o que somos e fazemos. Gostaríamos de ser completos, seres unos consigo mesmos, em vez de seres que constantemente buscam a completude em um futuro que nunca se alcança. Portanto, a maioria, se não todos nós, recorremos a algum grau de má-fé, enganando a nós mesmos sobre sermos entidades fixas que não precisam ou não podem escolher. Usamos nossa liberdade para tentar cancelar nossa liberdade escolhendo não escolher. Mas, como Sartre aponta, "Com efeito, não escolher é escolher não escolher" (BN1: 481; BN2: 503; SN: 592).

A má-fé não pode alcançar seu objetivo, e a pessoa em má-fé vive sua vida em negação, recusando-se a afirmar positivamente a própria liberdade. O graal existencialista da autenticidade envolve uma pessoa que supera a má-fé, reconhecendo-se inalienavelmente livre e vivendo a vida em conformidade com tal princípio. Na prática, trata-se de viver uma vida sem arrependimentos ou desculpas, lançando-se a cada situação e confrontando suas exigências. Como Sartre escreve em seus diários de guerra:

> Ser autêntico é compreender plenamente o ser-em-situação, seja lá qual for a situação [...]. Isso pressupõe um estudo paciente do que a situação exige e, em seguida, uma maneira de se lançar a ela e determinando-se a "ser-para" esta situação (SARTRE, 2000b: 54; 1983d).

Sartre reconheceu que os humanos são muito falhos e que o objetivo da autenticidade é, portanto, muito difícil de ser atingido. De fato, ele admitiu seu próprio fracasso em alcançá-lo. "[N]ão sou autêntico. Parei à porta da Terra Prometida. Mas mostro o caminho para que os outros possam entrar" (SARTRE, 2000b: 62; 1983d). Indiscutivelmente, o graal da autenticidade *conservada* é muito difícil de ser atingido por quem quer que seja, pois deve ser mantida momento a momento diante das inúmeras tentações da vida de regredir à má-fé. Assim como não se pode *ser* nada, apenas brincar de ser, não se pode simplesmente *ser* autêntico. Acreditar que alguém *é* autêntico, como uma pedra *é* uma pedra, é simplesmente outra forma de má-fé. No entanto, a autenticidade constitui uma meta cuja busca é recompensadora, caso se queira viver a vida ao máximo e se aproximar de atingir a plenitude do próprio potencial.

Sem dúvida, a vida de Sartre era a de um homem que lutava constantemente contra a má-fé à luz da constatação incômoda de que era inalienavelmente livre. Desde a infância, sabia que não era nada além do que escolheu ser, que não dispunha de outro destino senão o que deveria criar para si mesmo. Ele escreveu para construir uma identidade para si mesmo a partir do nada, e o objetivo central de seus escritos, além de salvar a si mesmo, era lembrar às pessoas de seu próprio nada essencial e liberdade inalienável – da grande e premente necessidade de respeitar a liberdade em si e nos outros. No final de *As palavras*, Sartre escreve: "[N]unca me julguei feliz proprietário de um 'talento': minha única preocupação era salvar-me – nada nas mãos, nada nos bolsos – pelo trabalho e pela fé" (SARTRE, 2000a: 158; 1964g: 161). Essas palavras ecoam uma passagem de sua peça *Kean* (1954; 1994). A exemplo de Sartre – e de todos nós –, o grande ator shakespeariano Edmund Kean não era nada além dos papéis que interpretou. "Vivo dia a dia em uma fabulosa impostura. Nem um centavo, nada nas mãos, nada nos bolsos, mas me basta estalar os dedos para convocar os espíritos do ar" (SARTRE, 1994: ato 2, 31).

Leitura complementar

COX, G. (2009). *Sartre and Fiction*. Londres: Continuum.

MANSER, A. (1981). *Sartre*: A Philosophic Study. Oxford: Greenwood.

MURDOCH, I. (1968). *Sartre*: Romantic Rationalist. Londres: Fontana.

WEBBER, J. (2009). *The Existentialism of Jean-Paul Sartre*. Londres: Routledge.

Parte I

Psicologia, psicanálise e literatura

3

Sartre e as *Ideen* de Husserl: fenomenologia e imaginação

Beata Stawarska

> *[C]om essa separação [entre análise noética e análise noemática] se realça* eo ipso *a separação de duas regiões do ser radicalmente opostas e, no entanto, ainda essencialmente referidas uma à outra* (HUSSERL, 1983: § 128).

> *Sendo o ser da consciência radicalmente outro, seu sentido [...] se opõe ao ser Em-si do fenômeno* (BN1/BN2; SN: introdução, 36).

A relação de Sartre com Husserl pode parecer curiosa, se não totalmente paradoxal. Entusiasta declarado da fenomenologia, que libertaria a filosofia de sua herança idealista e a traria de volta ao mundo, Sartre era ao mesmo tempo, e com igual paixão, crítico inflexível do aparato metodológico e categórico de Husserl em *Ideen I* (publicado pela primeira vez em 1913 e traduzido [para o inglês] como *Pertaining to a Pure Phenomenology and to a Phenomenological Philosophy*, 1983 [e, para o português, como *Ideias para uma fenomenologia pura e para uma filosofia fenomenológica*, 2006]) colocado a serviço do mapeamento da consciência transcendental. Alguém poderia dissolver esse paradoxo ao julgar Sartre fiel ao espírito que captara na fenomenologia de Husserl, porém não à sua palavra. A solução, no entanto, ignora o fato de tal paradoxo não ser simplesmente o resultado de um desacordo acadêmico. Sartre vê a responsabilidade da filosofia diante de um mundo em que sofrimento, fome e guerra são a um só tempo possibilidade e realidade cotidiana; a tarefa filosófica não pode, portanto, ser confinada a um problema estritamente epistemológico, mas deve ser também existencial, ética e política. A fenomenologia de Husserl estava orientada à mais clássica tarefa acadêmica de asseverar o verdadeiro conhecimento e fundar uma ciência filosófica rigorosa. Embora a fenomenologia de Husserl tenha aberto janelas para fora do confortável refúgio da interioridade celebrado no idealismo e apontado ao mundo, ela tomou para si o papel de oferecer uma escola alternativa de pensamento e, desse modo, encontrou-se privada do tipo de engajamento e compromisso que Sartre buscava. O alinhamento posterior da fenomenologia com o idealismo, pensado por Sartre no final da década de 1930, testemunha sua crise de fé em uma filosofia de doutrina muito presa a ideias e representações, mas também – o que é mais importante – demasiadamente ciosa do confortável refúgio da academia em sua prática e modo de vida. A tensão manifesta na relação de Sartre com Husserl se estende, então, para além das divergências doutrinárias e metodológicas, e toca o problema: o que nós, filósofos, devemos fazer?

Essa tensão entre diferentes aspirações filosóficas lança alguma luz sobre o fato de que Sartre, um autodenominado husserliano, poderia ter sido a um só tempo transformado e instigado pela ideia de filosofia de Husserl enquanto fenomenologia e se rebelado ativamente contra o tradicionalismo que nela observou, em especial contra as concessões feitas a um pensamento que suaviza o impacto da realidade ao transformá-la em representação. Assim, embora vislumbrasse o potencial emancipador do método fenomenológico, Sartre parecia igualmente ávido por emancipar o conjunto de doutrinas adotadas pela fenomenologia de Husserl do *escolasticismo* nele percebido (no sentido literal e não histórico da palavra). Nenhum mobiliário oriundo das escolas de pensamento mais antigas, em particular o idealismo ensinado por Brunschvicg que dominava o clima filosófico na École Normale Supérieure durante os anos de formação de Sartre, deveria preencher o campo aberto da fenomenologia. Sartre é, à época, um pensador antiescolástico que procura tirar a filosofia do espaço escolar; essa disposição entra em conflito com o desejo de Husserl de estabelecer a fenomenologia como disciplina acadêmica reconhecida, ao lado das ciências. A meu ver, as divergências manifestas entre Sartre e Husserl discutidas adiante só podem ser compreendidas dentro desse horizonte maior de diferentes perspectivas das tarefas e responsabilidades do filósofo.

Introduções de Sartre a Husserl

Embora o envolvimento de Sartre com o *Ideen I* de Husserl possa ser seguramente datado de 1933-1934, período que Sartre frequentou a Maison Académique Française (o Instituto Francês de Berlim), é muito mais difícil determinar sua exposição e interesse iniciais na fenomenologia de Husserl, os quais o levaram à leitura detida do filósofo alemão. A fenomenologia de Husserl era, então, praticamente desconhecida na França; Sartre não compareceu às palestras de Husserl na Sorbonne, ministradas de 23 a 26 de fevereiro de 1929 (CONTAT & RYBALKA, 1981: xlvi). Sua exposição inicial a Husserl teria provavelmente se dado não por meio de instituições, mas mediante conversas informais com membros de seu círculo de amigos e conhecidos.

O relato mais citado de uma tal conversa é o de Simone de Beauvoir, no segundo livro de suas memórias, *La Force de l'Âge* (1989; publicado pela primeira vez em 1960). De acordo com seu testemunho, o interesse de Sartre (e de Beauvoir) em *Ideen I* de Husserl foi inspirado na hoje famosa conversa com Raymond Aron sobre coquetéis de damasco em um café parisiense em 1932. Animado pelo diálogo, Sartre teria arrastado de Beauvoir por toda a Paris à procura de um livro sobre a fenomenologia de Husserl. Eles encontraram *La Théorie de l'intuition dans la phénoménologie de Husserl* (LEVINAS, [1930] 1963), e Sartre estava "tão ansioso para se informar sobre o assunto que folheou o volume enquanto caminhávamos, sem sequer cortar as páginas do livro" (BEAUVOIR, 1989: 157; 2001: 135, 112). Mais tarde, o próprio Sartre se lembra dessa conversa em entrevista de 1972, embora a bebida em questão fosse, em sua memória, um copo de cerveja (SARTRE, 1978: 26). Sartre concorda que a descoberta de Husserl por ele e Beauvoir ocorreu durante a conversa com Aron e enfatiza que a influência de Husserl começou "não antes de 1933" (SARTRE, 1978: 25). Na entrevista, Sartre observa a grande promessa da fenomenologia de Husserl para descrever a realidade concreta das coisas. Como ele disse: "Bem, posso lhe dizer que me nocauteou. Eu disse para mim mesmo: 'eis aqui, finalmente, uma filosofia'. Pensávamos bastante em uma coisa: a concretude" (SARTRE, 1978: 26). A necessidade de avançar em direção à concretude era profundamente sentida pelos jovens intelectuais franceses da época e encontra forte expressão na influente monografia de Jean Wahl, *Vers le concret* (WAHL, 1932), que defendia o afastamento de uma filosofia fundada sobre o idealismo e a teoria e um movimento em direção à descrição da realidade cotidiana da vida.

Uma data ligeiramente anterior da exposição inicial de Sartre a Husserl é apresentada em uma série recentemente publicada de entrevistas, *Talking with Sartre: Conversations and Debates*, de John Gerassi (2009). Questionado sobre sua permanência em Berlim, Sartre responde:

> Recebi a mesma bolsa de estudos [em Berlim em 1933] que Raymond Aron havia recebido no ano anterior. Ele me ajudou a conseguir esse acordo e também recebe o crédito por me apresentar a fenomenologia, mas como você sabe, foi seu pai [Fernando Gerassi] quem fez isso (GERASSI, 2009: 25).

Dispensando Aron como "outro vigarista", afirma Sartre:

> Seu pai [Fernando Gerassi] conversou comigo sobre Husserl por dois anos antes de Aron ir para a Alemanha. Eu até li um livro de Levinas sobre o assunto. Não, o que Aron me fez querer foi ir para a Alemanha, com todas as despesas pagas, para me divertir (GERASSI, 2009: 253).

Esse testemunho coloca pressão sobre o crédito que Aron atribui a si mesmo pelo interesse inicial de Sartre em Husserl em geral e em *Ideen I* em particular. Uma vez que Sartre se refere ao "livro de Levinas" (i. é, LEVINAS, [1930] 1963) no contexto de sua conversa sobre a introdução que Fernando Gerassi lhe faz a Husserl, é possível que ele o tenha lido antes da conversa com Aron. Sartre parece corroborar essa cronologia inversa em "Une vie pour la philosophie" (RYBALKA, 2000).

Beauvoir em pessoa pode ter desempenhado um papel mais ativo na introdução de Sartre à fenomenologia do que sugerem suas memórias. De acordo com Margaret Simons, Beauvoir pode ter sido introduzida à fenomenologia de Husserl por meio de seu professor de Sorbonne, Jean Baruzi, em 1927 (BEAUVOIR, 2006). Dedicado à fenomenologia de Husserl, Baruzi ministrou uma palestra em 1926 sobre Leibniz que se referia à fenomenologia de Husserl e ao método de redução; ele completou uma dissertação em 1924, publicada em 1931 como *Saint Jean da Croix et le problème de l'expérience mystique*, que traz uma descrição existencial da angústia religiosa e da experiência vivida pelo místico (BARUZI, 1931). Simons observa que, apesar de Beauvoir creditar Sartre por introduzi-la à fenomenologia na década de 1930, "dado seu trabalho próximo com Baruzi em 1927, é possível que ela tenha se equivocado na data de sua introdução à fenomenologia, assim como fez com seu interesse inicial em filosofia" (BEAUVOIR, 2006: 49n). Beauvoir, que empregou ativamente a categoria fenomenológica da experiência vivida em seu próprio trabalho, provavelmente teria alguma familiaridade com a fenomenologia de Husserl quando conheceu Sartre em 1929.

Também há evidências de que Sartre manteve conversas semanais por dois meses e meio em 1928 com o filósofo japonês Baron Shuzo Kuki, aluno de Husserl em Freiburg e de Heidegger em Marburg, onde o assunto da fenomenologia alemã era regularmente abordado. Shuzo Kuki, portanto, merece crédito por orientar Sartre à fenomenologia alguns anos antes de Aron (LIGHT, 1987: 4).

Em suma, as múltiplas introduções de Sartre a Husserl na década de 1920 eram de tipo informal e tom conversacional e, como tais, deixaram traços limitados na literatura publicada. Sem dúvida, Sartre estava maduro para receber Husserl quando se envolveu com as *Ideen* em Berlim – seus primeiros escritos já demonstram uma atenção cuidadosa aos detalhes descritivos, o que lhe rendeu o título de fenomenólogo "selvagem" e "inconsciente" (de COOREBYTER, 2003). Os primeiros ensaios incluem um artigo de 1924, "*L'Apologie pour le cinéma: défense et illustration d'un art international*", onde Sartre adota o ponto de partida da consciência na descrição do filme e iguala a segunda à própria consciência devido à sua duração indivisível compartilhada (SARTRE, 1990: 380). Sartre pode então aparecer como um fenomenologista *sans le savoir*, que pratica um retorno às coisas em seus próprios escritos bem *avant la lettre* da fenomenologia clássica. A influência de Bergson é inconfundível ali, antes da influência de Husserl, e terá importante papel na tese de 1929 sobre a imagem (discutida abaixo). Como aluno da filosofia de Bergson na ENS, Sartre, juntamente com outros intelectuais franceses da época, estava favoravelmente inclinado à rigorosa filosofia da consciência desenvolvida por Husserl e a adotou integralmente quando começou a ler as *Ideen* em Berlim.

Sartre, o husserliano

Sartre obteve uma bolsa de pesquisador na Maison Académique Française em 1933-1934, onde substituiu Aron. Ele dividia seus dias entre ler *Ideen I* pela manhã e escrever à tarde o que chamava de "*factum* sobre contingência" ["*factum sur la contingence*"][1], publicado em 1938 como *La Nausée*. Foi durante esse período que Sartre esboçou seus primeiros ensaios fenomenológicos, todos eles envolvidos com aspectos da fenomenologia de Husserl das *Ideen I*, mas também com outros trabalhos do filósofo alemão. Sartre escreveu "La Transcendance de l'ego" em 1934, publicado pela primeira vez no jornal de vanguarda *Recherches Philosophiques* em 1936-1937. Uma expressão menos conhecida, mas contundente, da lealdade de Sartre à fenomenologia é encontrada em um breve artigo intitulado "Une idée fondamentale de la phénoménologie de Husserl: l'intentionnalité", também esboçado em 1934 em Berlim, mas publicado

1 Em *Sartre and fiction*, Gary Cox (2009) comenta (p. 79) que Sartre utilizava o termo *factum* "para descrever qualquer forma de análise impiedosa" ["*to describe any form of ruthless analysis*"] [N.T.].

apenas em 1939. As duas monografias sobre a imaginação, *L'Imagination* e *L'Imaginaire*, vieram a lume em 1936 e 1940, respectivamente. A *Esquisse d'une théorie des émotions* foi esboçada em 1937 e publicada pela primeira vez em 1939. É comum considerar os escritos da década de 1940, como "*Conscience de soi et connaissance de soi*" (SARTRE, 1948c) e a obra-prima *L'Être et le néant: essai d'ontologie phenoménologique* (SARTRE, 1943a), como rupturas em relação à fenomenologia, devido à postura polêmica intransigente adotada por Sartre na crítica a Husserl. No entanto, essa relação é complicada pela contínua adesão de Sartre à posição de consciência e intencionalidade nesses trabalhos posteriores. O que muda mais dramaticamente, em minha leitura, é o tom dos pronunciamentos de Sartre; a maioria das críticas e revisões já se mostra esboçada na fase expressamente fenomenológica.

Embora Sartre se distanciasse da influência intelectual de Husserl em favor de Heidegger, e depois de Marx, o papel de Husserl na trajetória filosófica de Sartre permanece único: renovou sua confiança no valor e na relevância da filosofia para o cotidiano e o mundano e lançou Sartre no caminho de uma escrita filosófica constante. Como ele observou: "Husserl havia me prendido. Via tudo através das perspectivas de sua filosofia [...] eu era 'husserliano' e ansiava por continuar assim" (SARTRE, 1985a: 225, 183). Husserl, portanto, figura como o mestre e mentor filosófico de adoção do primeiro Sartre; o último expressa sua proveniência filosófica, no entanto, de uma maneira decididamente contrária. Sartre pode passar a impressão de ser um leitor parasitário de Husserl, que está sugando por completo os recursos intelectuais disponíveis e reconhecendo a autoridade do mestre ao demonstrar repetidamente a falibilidade de suas afirmações. Assim, embora os primeiros escritos fenomenológicos de Sartre ("La Transcendance de l'ego", 1936-1937; *L'Imaginaire*, 1940) tenham sido, em sua própria admissão, produzidos diretamente sob a inspiração de Husserl, eles foram igualmente escritos "contra" Husserl; todavia, essa contraescrita era possível "na medida em que um discípulo podia escrever contra seu mestre" (SARTRE, 1985a: 184). O tom rebelde presente nos primeiros trabalhos é, portanto, expressão de um discípulo inspirado, procurando definir sua própria voz filosófica enquanto canaliza parcialmente outra.

Sartre emprega o método fenomenológico adotado por Husserl para suspender a validade das reivindicações e conceitos postulados por Husserl; sua lealdade está na abordagem e não na doutrina, e seu objetivo é purificar o campo fenomenológico estabelecido por Husserl, limpando-o de qualquer mobiliário mental adotado a partir da tradição filosófica (a noção egológica de consciência, a visão representacionalista da imaginação, recurso à matéria passiva ou *hylé* nas descrições da atividade da consciência) – até o ponto de equiparar consciência com nada. Sartre faz Husserl provar de seu próprio remédio (de Husserl), apontando a ponta afiada da navalha fenomenológica de volta ao campo da filosofia do próprio mestre; ele usa, assim, o método emprestado de Husserl para suspender a validade das afirmações feitas por Husserl. Como tal, Sartre pode ser posicionado na esfera que separa o que Husserl (na visão de Sartre) diz e o que ele efetivamente faz com a fenomenologia, ou o que ele promete e o que efetivamente realiza. A promessa da fenomenologia é revolucionária, o fruto excessivamente saturado dos sumos habituais do pensamento acadêmico; o objetivo de Sartre é, então, libertar Husserl de si mesmo. Ele afirma ser (embora raramente seja reconhecido como tal) um fiel husserliano durante todo esse processo; doravante, quando envolvido em seu projeto ontológico que postula uma oposição dialética entre os reinos do ser e do nada, Sartre faz a seguinte afirmação: "Estou voltando ao dogmatismo pela fenomenologia. Estou mantendo todo o Husserl, o ser-no-mundo, e ainda assim estou alcançando um neorrealismo absoluto" (SARTRE, 1993b: 43). O método fenomenológico torna-se nas mãos de Sartre uma solução purificadora radical que não deixa nada para trás – ou melhor, que atinge o nada como realização última da própria consciência; o mundo é restaurado em sua densidade e transcendência não mediadas por essências e ideias; a dialética do ser e do nada é, então, uma lógica e necessária extensão da fenomenologia da consciência.

Essa mistura de lealdade e rebelião ressoa com a profunda ambivalência na relação de Sartre com Husserl; em alguns depoimentos, a relação é descrita por uma série de metáforas inconfundivelmente alimentares, como uma espécie de canibalismo intelectual que se banqueteia com o *corpus* de Husserl (uma postura curiosa a ser adotada por um estudioso que critica abertamente qualquer noção de filosofia alimentar!) – mas, no limite, destinada a imortalizar o espírito (se não o *corpus*) da fenomenologia. Por isso, Sartre faz esta observação sobre o impacto de Husserl em "*La Transcendance de l'ego*", em particular, e seu pensamento em geral:

> Eu escrevi [...] sob a influência direta de Husserl; embora deva admitir que assumo uma posição anti-Husserl. Mas isso porque sou argumentativo por natureza [...] tenho que absorver [as coisas] e assimilá-las completamente até que elas se tornem parte de mim [...] E mesmo quando as aceito, é sempre com argumentos e reservas, já que tenho que separar tudo, cortar em pedacinhos, retirar os ossos etc. E, depois de todo esse longo processo, eu estava absolutamente pró-Husserl, pelo menos em certas áreas, isto é, no domínio da consciência intencional, por exemplo; lá ele realmente revelou algo para mim, e foi nessa época em Berlim que eu fiz a descoberta (SARTRE, 1978: 30).

Ainda que um parricídio tenha sido cometido enquanto Sartre lia as *Ideen I* de Husserl em Berlim, a obra ainda fornecia uma base nutritiva para a filosofia de Sartre – até o ponto de "exaustão" dessa relação ambivalente, na década de 1940.

Intencionalidade contra o ego transcendental

A tarefa manifesta de "*La Transcendance de l'ego*" (SARTRE, 1936-1937; 1960a) é adotar e melhorar a fenomenologia de Husserl, a fim de libertá-la de ônus desnecessários, levando o método de Husserl de volta ao campo de sua filosofia. Sartre adota o método de redução fenomenológica para obter acesso ao campo da pura consciência, mas ele o radicaliza a ponto de excluir o próprio ego transcendental. Sartre, portanto, desafia as afirmações de Husserl em *Ideen I* (HUSSERL, 1983: § 80) relativas à irredutibilidade do puro polo do ego na consciência. Ao contrário de Husserl, Sartre afirma que o ego não é um substrato necessário de todos os atos individuais do *cogito*; preferiria ser um objeto engendrado *m* pela reflexão que, portanto, distorce o caráter originalmente não-tético ou não-posicional da consciência (pré-reflexiva), fazendo-a aparecer como um objeto, e não como pura subjetividade. Contra a alegação de Husserl de que o ego "sobrevive à aniquilação do mundo", Sartre afirma que o ego é um elemento do mundo transcendente e, portanto, "deve cair sob a ação da *epoché*" (SARTRE, 1960a: 104; 2015a: 19).

O argumento de Sartre desafiou expressamente o suposto "kantianismo" de Husserl, não resolvido em *Ideen*; especificamente, uma mudança de uma alegação *de jure* de que o "eu penso" *deve* ser capaz de acompanhar todas as minhas representações para uma afirmação *de facto* de que o "eu penso" acompanha, *sim*, todas as minhas representações. Sartre não encontrou apoio fenomenológico para transformar o requisito kantiano de que seria possível identificar qualquer ato de consciência como meu na alegação de que o *eu* é o sujeito *existente* de qualquer *cogito*. Contra Husserl, Sartre argumenta que a unidade sintética da apercepção não faz reivindicações existenciais relativas ao *eu*. Kant é interpretado como se dissesse que "eu poss[o] sempre considerar minha percepção ou meu pensamento como *meu*: eis aí tudo" (SARTRE, 1960a: 104; 2015a: 19). Na visão de Sartre, não há lugar fenomenológico para um ego puro. E mesmo que ele não o cite, a seguinte passagem de *Ideen I* pode ajudar a apreciar a possibilidade de Husserl converter o pré-requisito kantiano da necessária unidade na consciência em um dado fenomenológico:

> Num sentido particular, ele esgota sua vida em cada *cogito* atua, mas também os vividos de fundo lhe concernem, assim como ele a eles; enquanto pertencentes a um único, ao meu fluxo de vividos, todos eles têm de poder ser convertidos ou incluídos de maneira imanente em *cogitationes* atuais; na linguagem kantiana: "O 'eu penso' tem de poder acompanhar todas as minhas representações" (HUSSERL, 1983/2006: § 57; 2006: 132).

Essa conversão necessária dos processos mentais em atos-do-eu justifica, na visão de Husserl, o postulado do eu como sujeito irredutível do *cogito* actante.

Sartre argumenta que a unidade da consciência já está salvaguardada por sua relação intencional com um objeto:

> Ora, é certo que a fenomenologia não tem necessidade de recorrer a esse Eu unificador e individualizante. Com efeito, a consciência se define pela intencionalidade. Pela intencionalidade, ela se transcende a si mesma, ela se unifica evadindo-se [...] O objeto é transcendente às consciências que o apreendem e é nele que se encontra sua unidade (SARTRE, 1960a: 38; 2015a: 20-21).

Essa passagem coloca em foco o que Sartre considerava uma ideia fundamental da fenomenologia de Husserl nas *Ideen* e o que ele desenvolveu no mesmo ano em um artigo levando seu nome: intencionalidade. Nas anotações manuscritas de Sartre nas margens de seu exemplar pessoal das *Ideen* (apud COOREBYTER, 2003), a intencionalidade constitui um dos temas centrais e recorrentes. Em resposta à ênfase de Husserl de que a relação intencional é incluída *a priori* nas "essências puras" da fenomenologia eidética (HUSSERL, 1983/2006: § 36; 2006: 89), Sartre observa na margem o que essa ênfase exclui, a saber, uma "relação a partir do exterior que seria contingente e se reduziria a uma relação externa" ["*liaison par le dehors qui serait contingente et se réduirait à un rapport externe*"]. A afirmação de Husserl (HUSSERL, 1983/2006: § 128) de que "reconhecemos que a descrição eidética da consciência remete à descrição daquilo de que nela se é consciente, reconhecemos que o correlato da consciência é inseparável da consciência e, no entanto, não está realmente contido nela" (2006: 285) é sublinhado duas vezes e enfatizado por uma linha vertical tripla na margem. Da mesma forma, a insistência de Husserl de que uma coisa material, "por exemplo, esse papel dado no vivido de percepção, não é, por princípio, um vivido, mas um ser de uma espécie totalmente outra" (HUSSERL, 1983/2006: § 35; 2006: 87), está sublinhada, como estão passagens semelhantes no § 23, onde a ênfase na diferença e transcendência do *intentum* para a consciência intencional é claramente declarada.

Essa ênfase ressoa fortemente com toda a visão ontológica de uma tensão dialética entre a consciência e o ser desenvolvida por

Sartre em 1943, e pode ser encontrada em passagens como esta: "No caso da percepção da cadeira, há tese, ou seja, captação e afirmação da cadeira como o Em-si que a consciência não é" (BN1: 140; BN2: 163; SN: 196). As anotações e ênfases manuscritas de Sartre no e ao redor do texto das *Ideen* captam, então, os fios e os tecem no tecido de sua própria ontologia; os fios se somam retroativamente a um *fil rouge* que uma leitura transcendental mais usual dificilmente revelaria. A ênfase atípica de Sartre da *alteridade* do noético para o noético nas *Ideen* desperta, assim, o leitor para uma estranheza anteriormente não notada, movida pelo "modo diferente de ser" dentro (e fora) da consciência. Também confere credibilidade à sua definição de si enquanto husserliano – ao mesmo tempo que Sartre está escrevendo nas margens das *Ideen*, ele também está escrevendo uma ontologia fenomenológica de *O ser e o nada*, um projeto ambiguamente situado no corpo e nas margens da própria fenomenologia.

A intencionalidade, essa postura básica da consciência, figura como uma marca do contato direto e não mediado da consciência com o mundo transcendente já na década de 1930. Sartre faz essa afirmação com força no ensaio de 1934:

> Contra a filosofia digestiva da crítica empírica, do neokantianismo, contra todo "psicologismo", Husserl foi enfático sobre não se poder dissolver as coisas na consciência. Você vê esta árvore, é certo. Mas você vê exatamente onde ela está: à beira da estrada, em meio à poeira, sozinha e se contorcendo no calor, a 13km da costa do Mediterrâneo. Ela não pode entrar na sua consciência, pois não é da mesma natureza que a consciência. [...] A consciência e o mundo são dados de uma só vez: essencialmente externo à consciência, o mundo é, no entanto, essencialmente relativo à consciência (SARTRE, 1970: 4).

Assim, Sartre atribui à tese da intencionalidade duas coisas: uma liberação da visão de mundo idealista que preenche o mundo interior com semelhanças do exterior, *e* da visão de mundo realista que transforma o real em um absoluto, que só pode ser posteriormente encontrado pela consciência. Husserl teria restaurado o mundo real de "artistas e profetas [...] com seus refúgios de misericórdia e amor" (SARTRE, 1970: 5), e nos libertado das noções de que "a mente aracnídea prendeu as coisas em sua teia. Cobriu-as com uma saliva branca e as engoliu lentamente, reduzindo-as a sua própria substância" (SARTRE, 1970: 4). Como tal, a intencionalidade seria, inevitavelmente, uma tese ontológica que explica pormenorizadamente o ser no mundo da consciência fenomenal; seria uma tese dialética que traz à luz o conflito-dentro-do-contato da consciência transcendental e do mundo transcendente, onde o pertencimento ontológico pode ser experimentado como horror e perigo mortal.

A leitura decididamente realista de Sartre da intencionalidade não menciona que a consciência atribuidora de significado constitui ativamente seu objeto. Ou melhor, ele lê a constituição do mundo como uma prisão da consciência transcendental na consciência empírica (SARTRE, 1960a: 36; 2015a: 22-23), uma queda trágica na contingência bruta, conforme narrado em *A náusea* e depois em *O ser e o nada*. Os dois caminhos paralelos de projetos em Berlim – ler as *Ideen* e escrever uma crônica sobre a contingência – cruzam-se efetivamente nos primeiros ensaios fenomenológicos de Sartre, de modo que Sartre ainda está escrevendo sobre contingência enquanto lê (e escreve sobre) Husserl. O interesse na contingência de um mundo encontrado como crônica bruta informa sua ênfase na transcendência em sua externalidade e indissociabilidade em face da consciência. A intencionalidade é entendida como externalidade, um vínculo de excesso não assimilável que impõe a carga da consciência ao mundo.

A intencionalidade assim redefinida é então devolvida ao seu campo fértil e posta a serviço dos argumentos *contra* Husserl; coloca pressão sobre qualquer necessidade de localizar a transcendência na imanência e de posicionar o ego como um substrato transcendental da experiência (e depois contra o argumento contra uma teoria representacionalista da imaginação e discutida abaixo). O ego só poderia separar a consciência de si mesma "como uma lâmina opaca" e, assim, constituir a "morte da consciência" (SARTRE, 1960a: 40; 2015a: 23); seguindo o caráter fundamental da intencionalidade, a consciência (pré-reflexiva) ainda é *auto*consciente, mas isso não supõe um eu separável da consciência: "[...] ela toma consciência de si enquanto como é consciente de um objeto transcendente" (SARTRE, 1960a: 40; 2015a: 23). Esse contato constante com a transcendência se traduz em absoluta clareza e lucidez no âmbito da imanência; mais tarde, em *O ser e o nada*, Sartre demonstra, no mesmo sentido, que a consciência de si não deve ser lida em termos de uma barreira que separa um sujeito de um objeto.

Embora "La Transcendance de l'ego" seja uma crítica aberta ao postulado do ego transcendental, ela é escrita tanto "a favor" quanto "contra" Husserl, e seu envolvimento com a fenomenologia de Husserl transcende os limites estreitos desse argumento técnico. O tom de crítica aberta pode facilmente fazer o leitor perder de vista o investimento positivo de Sartre no projeto fenomenológico e a intenção de levá-lo adiante. Primeiro, a releitura da intencionalidade com um foco determinado na transcendência pode responder ao problema de as diferentes consciências perceberem ou não um mesmo mundo (SARTRE, 1985a: 184). Sartre está avançando no projeto fenomenológico, combatendo ativamente a acusação de que cada consciência individual só pode ser mostrada na constituição de seu próprio mundo privado. Essa preocupação está obviamente ligada à acusação de solipsismo, e Sartre considera o problema do ser do mundo em pé de igualdade com o problema de conhecer os outros. Por fim, mais especificamente quando Sartre passa a desenvolver sua própria ontologia, o último problema estará fundamentado em uma noção realista do mundo comum. No entanto, Sartre já está enfrentando esse problema em sua fase fenomenológica, e seu argumento "contra" o ego transcendental é simultaneamente um argumento "a favor" da possibilidade de conhecer outros dentro da fenomenologia da consciência. (Obviamente, é também "contra" as opiniões declaradas de Husserl, cuja refutação ao solipsismo Sartre considera "inconclusiva e fraca" – cf. SARTRE, 1985a: 184.) Uma interpretação da consciência sem ego dissiparia a ameaça do solipsismo pairando sobre a fenomenologia de Husserl. Reposto como transcendente, não transcendental, o ego não está fechado na interioridade da experiência em primeira pessoa e pode se envolver em relações com os outros. Não há mais nada "impenetrável" sobre o outro, nem sobre o eu nessa perspectiva (SARTRE, 1960a: 77, 96; 2015a: 55-56; 63); a ameaça do *solus ipse* é tornada nula e sem efeito.

Há outros exemplos de "*La Transcendance de l'ego*" sendo escrita "a favor" e "contra" Husserl: por exemplo, a noção de consciência impessoal forneceria a motivação para realizar a redução fenomenológica. Sartre argumenta que "a *epoché* aparece na fenomenologia de Husserl como um milagre", uma vez que não são apresentadas razões ou motivos para suspender a atitude natural de outra forma coerente (SARTRE, 1960a: 102; 2015a: 67). A redução aparece como um método excessivamente intelectual, um procedimento erudito, capaz de ser realizado apenas no final de um longo estudo e, como tal, gratuito (SARTRE, 1960a: 103). Reposta como uma espontaneidade sem um centro subjetivo, manifestada em estados de ansiedade, insônia ou pensamento obsessivo, a consciência seria mais propensa, por assim dizer, a suspender e tematizar suas crenças cotidianas, mesmo quando não for empregada por um filósofo acadêmico; a *epoché* emergiria então como "um evento puro de origem transcendental e um acidente sempre possível de nossa vida cotidiana" (SARTRE, 1960a: 103; 2015a: 68) – e não como um método escolástico. A *epoché* está assim diretamente ligada a uma filosofia da existência, em seu retorno às preocupações da condição humana mundana e cotidiana, não se limitando a fornecer a caixa de ferramentas de uma *Erkenntnistheorie*. Ela também é colocada em contato com narrativas empíricas que documentam tais instâncias de excepcional espontaneidade dentro da própria consciência, notadamente a psicologia de Pierre Janet (cf. STAWARSKA, 2005).

Uma interpretação da consciência sem ego também pode ajudar a responder às acusações da esquerda política de que a fenomenologia, como o idealismo, é uma "filosofia sem mal" que dissolve a realidade em um fluxo de representações (SARTRE, 1960a: 104-105; 2015a: 69-70). Como tal, a consciência não egológica pode dar uma medida completa e concreta das agonias humanas, do sofrimento – e da rebelião. Esse interesse expressamente ético e político está obviamente mais próximo das aspirações filosóficas de Sartre do que de Husserl; usar o critério da relevância social para avaliar a medida das afirmações transcendentais confere à fenomenologia uma orientação mais comprometida, que distancia Sartre de Husserl de maneira mais radical do que qualquer desacordo teórico específico sobre método e doutrina. Confirma a necessidade de situar seus projetos filosóficos dentro das respectivas visões das responsabilidades e compromissos do filósofo, ou do que um filósofo deve fazer.

Imaginação

Sartre escreveu duas monografias dedicadas à imaginação e, embora ambas abordem temas das *Ideen I*, elas também estendem sua tese anterior "L'image dans la vie psychologique: rôle et nature", que Sartre apresentou para obter o *diplôme d'études supérieures* na École Normale Supérieure, em 1927. Essa tese não publicada enfoca o papel da imagem na percepção e na concepção e se baseia em vários autores, principalmente em Alain e Bergson, mas também em Binet, Piaget, Taine, Delacroix (seu orientador de tese), Descartes, Jaspers, Leibniz, Kant, Spinoza, Ribot, Freud e outros. Há falta de clareza no mundo acadêmico em relação a quando Husserl se tornou uma influência no pensamento de Sartre sobre a imaginação. Segundo uma afirmação, Sartre se referiu a Piaget, Freud e Jaspers, e até Husserl, em sua tese de 1927 (MORAN, 2000: 365). Deixada como está, essa afirmação corre o risco de exagerar os fatos – especialmente considerando a falta de acesso público e extensas publicações sobre a tese. O texto de fato, transposto da tese à prensa por Michel Rybalka, preocupa-se principalmente com a transição de Alain para Bergson. A nova influência sobre Sartre nesse trabalho é Bergson, não Husserl. Das duas referências a um (*sic*) "Hüsserl" na tese, a primeira está embutida em uma citação (de Flach), a segunda invoca um lógico, autor de uma crítica, apressadamente exposta, ao psicologismo. As referências existentes são, portanto, de segunda mão (COOREBYTER, 2003: 21) ou não relacionadas ao tópico da imaginação. Da mesma forma que seus escritos sobre cinema de 1924,

Sartre pode muito bem estar desenvolvendo uma fenomenologia precoce em seus escritos sobre a imagem, mas o interlocutor sobre o tema da consciência é Bergson.

O primeiro trabalho publicado de Sartre sobre a imaginação, *L'Imagination* (SARTRE, 1936; 1972a; 2008a), envolve Husserl diretamente. Enquanto a maior parte do livro é dedicada a uma pesquisa crítica das teorias da imaginação existentes por Berkeley, Hume, Bergson e os psicólogos Bühler, Titchener, Köhler, Wertheimer e Koffka, o capítulo final trata a fenomenologia de Husserl como alternativa muito necessária. Sartre elogia Husserl por ter "aberto o caminho" por sua própria teoria da imaginação, embora lamente que o caráter disperso e fragmentário das observações de Husserl sobre a imaginação contidas nas *Ideen I* tornasse sua exposição extremamente difícil (SARTRE, 1972a: 143; 2008a: 123). Aos méritos principais da teoria fenomenológica de Husserl pertencem, na visão de Sartre, em primeiro lugar a explicação da estrutura intencional dos atos conscientes, incluindo os atos imaginários da consciência e, em segundo lugar, a base para a assimilação da fantasia pura à consciência das imagens físicas (pinturas, desenhos, fotografias). A última contribuição é especialmente importante, pois fornece a base para a própria teoria unitária da imaginação de Sartre, desenvolvida de modo aprofundado em *L'Imaginaire* (SARTRE, 1940; 2004a; 1996b), que subsume imagens "mentais" e imagens físicas em uma estendida "família" [*famille d'images*]. Enquanto o primeiro livro sobre imaginação procede primeiro com a crítica das exposições empíricas e experimentais existentes, que fracassam na definição da essência dos fatos psicológicos, e em seguida opta por uma reflexão eidética acerca do fenômeno sob investigação, o segundo livro começa com as "certas" características da consciência imaginativa tais quais propostas pela reflexão fenomenológica.

Nos dois livros, Sartre considera a intencionalidade a chave para entender a imaginação. O principal mérito da tese da intencionalidade é que ela fornece os únicos meios de preservação da transcendência do objeto de um ato consciente, seja perceptivo ou imaginário. Definir a consciência em termos de intencionalidade rompe por fim com qualquer forma de imanentismo em que o objeto *da* consciência seja identificado com um conteúdo *na* consciência e, portanto, onde seu caráter transcendente em relação à consciência fica comprometido. Sartre visa especialmente o idealismo de Berkeley por ter reduzido objetos transcendentes ao seu modo de aparência e, assim, reduzido o mundo objetivo a impressões subjetivas. A tese da intencionalidade permite, afirma Sartre, restaurar o caráter transcendente ao mundo, porque o *intendum* deixa de ser o conteúdo do ato subjetivo. Sem dúvida, o ato da consciência ainda é composto de dados impressionais, mas esses componentes hiléticos de um ato subjetivo não devem ser confundidos com o *objeto* de um ato consciente (SARTRE, 1972a: 132; 2008a: 124-125). Mais importante ainda, a tese da intencionalidade fornece os meios finais de romper com uma longa e deficiente tradição de teorizar a imaginação como variante da percepção. Os estudos críticos de Sartre sobre as teorias dominantes da imaginação produzidas na história da filosofia ocidental, de Descartes a Bergson, visam a dissipar a ilusão comum que reside nessas teorias de que a imagem é uma espécie de coisa menor, um traço do objeto percebido. Essa ilusão enseja o surgimento ao que Sartre chama de "ontologia ingênua da imagem" pela qual "a imagem se faz cópia da coisa, existindo como uma coisa" (SARTRE, 1972a: 4; 2015a: 10-11). No entanto, o procedimento de localizar imagens na mente torna efetivamente impossível distinguir entre percepção e imaginação – não obstante possamos facilmente diferenciá-las na experiência; além disso, é vítima da "ilusão de imanência", que considera a consciência um receptáculo para representações mentais. A tese da intencionalidade permite teorizar a imaginação de outro modo que não como observação na consciência, com o olho da mente, dos traços perceptivos deixados para trás. A imagem deixa de ser um conteúdo psíquico imanente.

Sartre se refere ao exemplo de Husserl de imaginar um "centauro tocando flauta" do § 23 das *Ideen I* para ilustrar esse ponto. Seguindo Husserl, o centauro produzido nesse voo da fantasia pode ser chamado de "representação" mental somente uma vez que se entenda que "queremos dizer com 'representação' o que é representado" em vez de "um estado psíquico". O centauro pode, assim, ser denominado um objeto intencional da consciência imaginária, mesmo que não tenha uma existência independente e não seja mais do que um produto da mente. "Não existe nem na alma, nem na consciência, nem em parte alguma; simplesmente não existe, é uma invenção completa" (SARTRE, 1972a: 133; 2008a: 125). Sartre, assim, credita a Husserl ter "restitu[ído] ao centauro a transcendência no seio de seu nada" (SARTRE, 1972a: 134; 2008a: 125). O centauro pode ser considerado como um "nada transcendente" (RICOEUR, 1981: 170), irredutível ao ato mental, apesar de sua inexistência.

Outra influência importante das *Ideen I* na teoria da imaginação de Sartre pode ser encontrada no elo estabelecido por Husserl entre fantasia e consciência pictórica. Embora o objeto de um ato imaginário seja um "nada", Sartre não nega que exista conteúdo real no ato imaginário. A questão sobre o que compõe esse conteúdo psíquico é discutida completamente em *L'Imaginaire*; não obstante, Sartre assimila a pura fantasia, tal como imaginar um "centauro que toca flauta", com a consciência de uma imagem física, como uma pintura, um desenho ou uma fotografia devido ao material impressional ou "matéria" sendo encontrada em ambas no ensaio anterior. Ele encontra o "germe dessa assimilação" em outra passagem das *Ideen I*, onde Husserl comenta a gravura de Dürer *O cavaleiro, a morte e o diabo*. Husserl distingue entre duas maneiras pelas quais a gravura pode ser apreendida: como objeto de uma "percepção normal", onde é apreendida como uma coisa física, como uma folha de papel impresso, ou como um objeto de contemplação estética em que as figuras do cavaleiro, da morte e do diabo são representadas "em imagem" ou no qual "somos dirigidos às realidades 'figuradas' [*abgebildet*], o cavaleiro em carne e osso etc." Essa passagem leva Sartre a concluir que a consciência de uma imagem física, como a gravura *O cavaleiro, a morte e o diabo*, pode ser alinhada com um ato de pura fantasia, por exemplo, o de imaginar um centauro tocando flauta, à medida que ambos os atos consistem em animar intencionalmente algum conteúdo, que pode ser físico ou mental (SARTRE, 1972a: 135; 2008a: 127). A base da teoria unitária da imaginação de

Sartre, definida em *L'Imaginaire* como "um ato [de consciência] que visa em sua corporeidade [*dans sa corporéité*] um objeto ausente ou inexistente, por meio de um conteúdo físico ou psíquico que não se dá em si mesmo, mas a título de '*representante* analógico' do objeto visado" (SARTRE, 2004a: 20; 1940: 46; 1996b: 37) emerge, assim, em diálogo direto com passagens relevantes das *Ideen I*.

Isso não significa negar a discordância aberta de Sartre com Husserl sobre o assunto da imaginação, aparente especialmente em *L'Imaginaire*. O principal desacordo diz respeito à relação entre imaginação e percepção, e à possibilidade de obter realização intuitiva na imaginação. Assim, enquanto Sartre adota a presença corporal de Husserl [*Leibhaftigkeit*] do objeto de percepção, ele nega que tal presença do que ele chama de carne [*la chair*], que é a "contextura íntima" (SARTRE, 1996b: 30), possa ser encontrada no objeto da própria imaginação (SARTRE, 2004a: 16; 1940: 38; 1996b: 30). Ao imaginar um objeto, tem-se uma consciência imediata de seu nada (2004a: 13; 1940: 33; 1996b: 26); desse modo, ausência ou falta são as características definidoras do imaginário, não uma presença (possível ou pretendida). Sartre enfatiza, portanto, o poder negador da consciência (em referência a Heidegger), e considera a teoria da realização "ultrajante": "Não poderíamos admitir que a imagem venha "preencher" uma consciência vazia: ela *é* em si mesma uma consciência. Parece que Husserl se torna uma vítima da ilusão da imanência" (SARTRE, 2004a: 59; 1996b: 85). Pode-se retrucar que a própria teoria da imaginação de Sartre é ao menos ambígua na questão do conteúdo mental, uma vez que adere tanto ao entendimento da imaginação como relação intencional quanto coloca o análogo como um termo mediador necessário (físico ou mental) entre consciência e seu objeto (STAWARSKA, 2001). A crítica de Sartre à confiança de Husserl em dados impressionais se aplica também à própria teoria da imaginação de Sartre, e pode demonstrar a dificuldade de obter pureza e translucidez absolutas dentro do campo fenomenal. De qualquer forma, Sartre repreende abertamente Husserl por não ter atingido os padrões (próprios de Sartre) de entender a intencionalidade da consciência como sendo um vórtice expelindo qualquer conteúdo para o mundo.

A lógica da crítica de Sartre a Husserl pode ser encontrada em seus compromissos com a força criativa empregada pela atividade imaginária, irredutível por simplesmente apresentar o que já está lá (ou o que já foi realizado na percepção) e, portanto, como expressão direta da liberdade. Sartre argumenta em todo o *L'Imaginaire* que imaginação e percepção são as duas atitudes irredutíveis da consciência, a primeira empregando a rédea livre da atividade criativa não motivada por quaisquer conteúdos disponíveis intuitivamente. O que é primário, portanto, não é a percepção, mas uma dualidade de atos positivos e negativos – percepção e imaginação, com a imaginação tendo seu objeto manifestado de maneira *sui generis* e apesar da maior escassez de conteúdo. A suposta riqueza e vivacidade do mundo imaginário é ilusória: em vez de atribuir uma presença quase perceptiva a ele, devemos destacar, às vezes, a falta aguda que se experimenta do objeto imaginado, como quando imagino um ente querido que está ausente ou talvez até morto. Nesses casos, a imaginação encena o não-ser de seu objeto de maneira dramática, e é precisamente a impossibilidade de alcançar a realização que constitui o drama de perceber que o ente querido *não* está lá, não nesta fotografia, pintura, caricatura, ou visão mental. A imaginação então tem tudo a ver com o potencial da consciência de viver e se distanciar da presença arrebatadora do mundo perceptivo: ela libera a consciência do emaranhado habitual no bruto ser-ali e abre um espaço de não-ser e negatividade. A imaginação fornece o caminho real para a consciência como um campo em que a falta e a ausência são possíveis (a consciência é uma condição necessária e suficiente da imaginação) e sentidas de maneira aguda. Nem Husserl, tampouco Heidegger teriam feito justiça a esse fato básico de que a natureza existencial da consciência é a de uma *falta* (SARTRE, 1993b: 70).

Intencionalidade e as emoções

A *Esquisse d'une théorie des émotions* (SARTRE, 1939a; 1975) é um extrato de um tratado muito maior em psicologia fenomenológica, *La psyché*. Esse "grande livro" planejado, de cerca de 400 páginas, escrito "entusiasticamente" em três meses no outono de 1937 (SARTRE, 1985a: 184), permaneceu inédito. Sartre descartou a maior parte dele como "puro Husserl": ele expressava as ideias de Husserl tal como assimiladas e vazadas por Sartre em um estilo diferente (BEAUVOIR, 1987: 231). No entanto, Sartre considerou o esboço resgatado da teoria das emoções uma obra original (BEAUVOIR, 1987: 231). O livro publicado é semelhante, em plano e orientação, ao primeiro livro sobre a imaginação, à medida que critica as análises empíricas e experimentais (as teorias clássicas de James, Janet e Wallon) por fracassarem na definição da essência dos fatos psicológicos e opta por uma reflexão eidética sobre o fenômeno investigado. Como o primeiro livro sobre a imaginação, e em conjunto com seu título, a obra oferece um esboço aproximado e não um tratado completo acerca da psicologia fenomenológica das emoções.

Sartre sustenta que a emoção como qualquer outro ato de consciência deve ser intencionalmente orientada para um objeto: odiar alguém é considerar tal pessoa odiosa, amar é achá-la adorável. Além disso, as emoções, juntamente com todos os outros atos conscientes, envolvem uma consciência não-tética ou pré-reflexa do eu. Desse modo, as emoções possuem e devem ser tematizadas segundo seu sentido ou significado, e não como simples acidentes ou mera soma total de fatos científicos. Essa qualidade significante justifica o recurso ao método da *psicologia fenomenológica* como alternativa e fundamento das abordagens empíricas.

Além dessa adoção de temas husserlianos, encontra-se no esboço o habitual compromisso sartriano com a liberdade de consciência. As emoções têm propósito, em vez de serem estados passivos ou tesouros escondidos do inconsciente. O objeto da emoção não é simplesmente descoberto no mundo natural preexistente, mas constantemente vinculado à produtividade mágica da própria consciência, e engendrado em um esforço para fugir ao mundo, este experimentado como resistência ou dificuldade. Assim como a imaginação, as emoções mobilizam, portanto, o potencial criativo da consciência e envolvem uma medida de distanciamento ativo do mundo já disponível. Além disso, uma vez que a consciência pré-reflexiva do eu é distinta do conhecimento de si (cf. tb. o ensaio *A consciência de si e o conhecimento de si*, de 1943, sobre essa distinção), a consciência emocional envolve um grau de aprisionamento ou má-fé, que só pode ser dissipado mediante a purificação da reflexão.

Ontologia fenomenológica

Todas as consequências da crítica de Sartre a Husserl, desenvolvida nos ensaios fenomenológicos anteriores, podem ser encontradas nos trabalhos publicados na década de 1940. Em "Conscience de soi et connaissance de soi" (SARTRE, 1948c; 1967), Sartre observa:

> Temos em Husserl uma elucidação gradual e uma descrição notável das estruturas essenciais da consciência [...] mas nunca o postulado do problema ontológico, a saber, o do ser da consciência. Do mesmo modo, o problema do ser do mundo permanece em suspense [...] nunca voltamos da *epoché* fenomenológica para o mundo (SARTRE, 1967: 55).

A fenomenologia transcendental precisa, portanto, ser expandida para a ontologia – precisa levantar a questão de ser tão irredutível à aparência, mas sem abandonar o método descritivo da fenomenologia. A obra de 1943 *L'Etre et le Néant*, com o subtítulo "um ensaio em ontologia fenomenológica", busca realizar exatamente isso: desenvolve um sistema ontológico da perspectiva da consciência fenomenal. Ao mesmo tempo, Sartre chega definitivamente ao ponto de "exaustão" em sua relação com Husserl na década de 1940, e é intransigente em sua crítica a todo o aparato metodológico e categórico. Husserl é acusado de "infidelidade" à sua concepção original de fenomenologia, pelas seguintes razões:

- pelo idealismo berkeleyano de sua interpretação do Ser e dos objetos transcendentes da consciência intencional como não reais (BN 1: xxvi; BN 2: 6; SN: 20-21);
- por não ter escapado à ilusão coisal [*illusion chosiste*] ao introduzir a *hylé* passiva e encaminhar-se à doutrina da sensação em sua exposição da consciência (BN 1: xxxvi; BN 2: 15-16; SN: 31);

- por permanecer timidamente no nível da função puramente descritiva, que o confinou ao nível das aparências e fechou a possibilidade de perseguir uma dialética existencial;
- por ser, "apesar de seus protestos, mais de fenomenista que de fenomenólogo" (BN 1: 73; BN 2: 97; SN: 121), capaz tão somente de deslizar na superfície de uma miríade infinita de aparências;
- por esboçar uma mera caricatura da transcendência genuína, que fracassa em ultrapassar a consciência em direção a um mundo, e o presente em direção ao passado e ao futuro (BN 1: 109; BN 2: 132; SN: 161);
- por ser incapaz de escapar ao solipsismo mais do que Kant, particularmente pela hipótese inútil e desastrosa do sujeito transcendental (BN 1: 233-234; BN 2: 257-258; SN: 291ss.);
- por não levar em conta suficientemente o coeficiente de adversidade [*coefficient d'adversité*] em nossa experiência imediata (BN 1: 328; SN: 410); e
- por pressupor que uma fenomenologia eidética das essências pode tomar para si a liberdade, que Sartre identifica com a consciência e vê como o ponto primeiro de partida de qualquer elucidação das essências humanas (BN 1: 439; BN 2: 461; SN: 558) – o último desafio que por fim implica uma mudança da orientação fenomenológica para uma existencialista.

Essa longa lista de acusações acrescenta surpreendentemente pouco ao nosso conhecimento da relação de Sartre com Husserl documentada pelos escritos da década de 1930 – muitas das preocupações agora declaradas abertamente foram identificadas nos ensaios fenomenológicos anteriores, as novas direções ontológicas expressamente seguidas foram já exploradas dentro de uma perspectiva agora considerada fenomênica demais. As preocupações declaradas e as novas direções seguidas podem, então, ter implicitamente orientado toda a trajetória do envolvimento de Sartre com a fenomenologia de Husserl, e só colocadas sob análise aguda na década de 1940. A ruptura professada com Husserl aparece então mais como uma linha borrada; uma fenomenologia de tipo inequivocamente clássico continua a fornecer o quadro de referência para o Sartre ontológico. A relutância em abandonar a perspectiva da consciência, que o diferencia de Merleau-Ponty e Heidegger, é evidência suficiente da adesão contínua de Sartre à fenomenologia clássica. Embora a posição crítica de Sartre em relação a Husserl seja mais articulada e radicalizada na década de 1940, o que muda mais é o tom – já não ouvimos um discípulo se referir a um mestre, mas um autor fala em nome de seu próprio *opus magnum*, em sua própria voz. A questão da ruptura e/ou continuidade é, portanto, tão complexa na *oeuvre* de Sartre quanto a filosofia de Merleau-Ponty e Heidegger; o tom *provocateur* de Sartre pode amplificar a tensão da escrita simultaneamente a partir de dentro e nas margens da fenomenologia, a favor e contra Husserl, até o ponto de exaustão e uma guinada à política.

Nota

Gostaria de agradecer Matthew R. Lexow por apontar a mim o papel da entrevista de Fernando Gerassi na introdução de Sartre à fenomenologia de Husserl, e Dennis Gilbert por oferecer informações sobre a tese não publicada de Sartre sobre a imaginação.

Leitura complementar

BRANN, E. (1991). *The World of the Imagination*: Sum and Substance. Lanham: Rowman & Littlefield.

MORAN, D. (2000). *Introduction to Phenomenology.* Londres: Routledge.

ROECKELEIN, J. (2004). *Imagery in Psychology*: A Reference Guide. Westport: Praeger.

SEPP, H.R. & EMBREE, L.E. (orgs.) (2010). *Handbook of Phenomenological Aesthetics.* Dordrecht: Springer.

4
O eu segundo Sartre

Christian Onof

A metafísica de Sartre deriva de investigações fenomenológicas sobre emoções, imaginação e fenômenos particulares que revelam verdades ontológicas, como a famosa experiência de *La Nausée* (SARTRE, 1938; 1965a; 2006b), na qual o protagonista do romance, Roquentin, experimenta a diferença fundamental que caracteriza o modo de ser das coisas do que é ser um ser consciente (SARTRE, 1965a: 182-183; 2006b: 159-160). Este capítulo tem como objetivo apresentar como, a partir dessa primeira percepção e da teoria da consciência que a acompanha, Sartre desenvolve uma compreensão do sujeito. Na primeira parte do capítulo, tratarei amplamente de *A transcendência do ego* (SARTRE, 1936-1937; 2004c; 2015a). Na segunda parte, examino como *O ser e o nada* contribui para essa tarefa. Embora amplamente expositivo, o capítulo traz alguns comentários críticos, pois identificar as fraquezas de uma teoria é condição prévia para apreender adequadamente seus pontos fortes.

Sartre e sua teoria inicial do eu

As investigações fenomenológicas que são ilustradas de maneira tão poderosa nos romances de Sartre, em *La Nausée* em particular, fornecem os tijolos de uma teoria da consciência com implicações diretas para a compreensão do eu consciente. Com a experiência de Roquentin, Sartre chama claramente a atenção para o fato de que a consciência não pode ser vista como uma maneira de ser comparável àquela à qual estamos, em circunstâncias normais, familiarizados em nosso ambiente. Isso estabelece as bases para o que Sartre distinguirá, em *O ser e o nada*, como o ser do Para-si, em oposição ao ser do Em-si. Para nossos propósitos, o que é de pronto fundamental sobre essa distinção é que o Em-si "é" de maneira autocontida, enquanto a existência do Para-si só pode ser entendida em relação ao Em-si. Em segundo lugar, essa relação define uma característica fundamental da consciência para Sartre: ela deve sempre ser entendida como consciência de algo: a consciência é fundamentalmente intencional.

Esse modo distinto de ser da consciência implica que qualquer noção de eu não pode ser uma noção de eu como substância, no sentido de que o tipo de ser Em-si é o tipo de ser da substância. E não ser substancial significa duas coisas interrelacionadas para Sartre: primeiro, significa que não existe substrato para esse tipo de ser, que é pura aparência; segundo, significa que esse tipo de ser não é sua própria fundação.

Consciência antes de *O ser e o nada*

Tratando agora da afirmação da intencionalidade, notemos que há uma longa história da concepção de intencionalidade, ou direcionamento a um objeto, e grande parte dela é marcada pela introdução de uma noção de representação, que explica como o objeto pretendido constitui um conteúdo mental. Ter certa representação, nesse sentido, é estar intencionalmente dirigido a um objeto, *e* o objeto define, em algum sentido, o conteúdo da representação.

Algumas dessas teorias representacionais identificam um papel de intermediação para a representação na explicação da epistemologia da percepção de um objeto: ver um objeto é apenas dispor de uma representação relacionada ao objeto da maneira correta (p. ex., causalmente). Essa compreensão do papel das representações mentais é rejeitada por Sartre em seus primeiros trabalhos sobre a imaginação (*L'Imagination*, SARTRE, 1936; 1972a; 2008a; *L'Imaginaire*, SARTRE, 1940; 2004a; 1996b). Não existem imagens mentais dentro da consciência e que explicam nossa relação com os objetos (MORAN, 2000: 380). Sartre quer evitar a opacidade introduzida na consciência por meio dessa mediação: Sartre é um realista direto. Se alguém puder realmente falar das aparências de um objeto e, assim, diferenciá-lo de qualquer número único ou finito de aparências segundo um sujeito da percepção (o objeto corresponderá a uma infinidade de possíveis aparências, como Husserl ou o fenomenalismo o pensariam; MORAN, 2000: 115, 160; GARDNER, 2009: 53), isso não significa atribuir a essas aparências um *status* separado como entidades mentais. De fato, é característica fundamental da compreensão da consciência, segundo Sartre, ela ser pura transparência direcionada ao objeto. Não se compreende a consciência, portanto, em termos da noção usual de conteúdo mental para Sartre.

Isso tem uma implicação importante para a compreensão do eu. Nomeadamente, não há lugar para algo como um ego a ser encontrado na consciência. Para Sartre, qualquer noção de ego negaria a natureza diáfana da consciência, como mostra *A transcendência do ego* (BARNES, 1992: 29). Aqui, em particular, exclui-se qualquer noção de ego que fosse o fundamento de todas as relações intencionais do sujeito. Ao fazer essa afirmação, Sartre visa diretamente a noção de Husserl de ego transcendental. Husserl (1983: 132-133) afirma que tal ego pode ser identificado como aquele que não muda ao longo de nossa experiência. Ou seja, uma vez realizada a redução fenomenológica que ele chama de *epoché*, por meio da qual o mundo é reduzido à sua maneira de aparecer, apreende-se esse mundo tal qual é constituído por um ego transcendental (HUSSERL, 1980/2006: § 12; 2006: 50). Sartre responde, no entanto, que uma vez excluídos o mundo e a subjetividade empírica por meio da *epoché*, não há um ego residual a ser encontrado (MORAN, 2000: 377); com efeito, qualquer transcendência deveria, para Sartre, cair sob a *epoché* e, portanto, ser entendida como não constitutiva da consciência (SARTRE, 2004c: 14; 2015a: 30-31). Ademais, alegar que existe um ego transcendental equivaleria a "escorreg[ar] em cada consciência como uma lâmina opaca" (SARTRE, 2004c: 7; 2015a: 22-23), na medida em que destruiria a transparência da consciência.

Sartre diagnostica o erro de Husserl como decorrência de uma má interpretação do significado da unidade transcendental de apercepção (UTA) de Kant. Sartre salienta corretamente que a UTA surge no contexto da questão *de jure* da possibilidade de conhecimento objetivo. A transposição dessa noção ao contexto da fenomenologia, levada a cabo por Husserl, pertence a uma "tendência perigosa na filosofia contemporânea [...] que consiste em *realizar* as condições de possibilidade determinadas pela crítica" (SARTRE, 2004c: 2; 2015a: 16). Sartre, portanto, acusa Husserl de tomar emprestada uma noção *de jure* e usá-la para fazer uma afirmação *de facto*.

Observemos aqui que, embora Sartre esteja certo em defender a distinção de Kant entre questões *de jure* e *de facto* (KANT, 2003: A84-5 / B116-117), seu realismo implica que ele não atribui à UTA a função constitutiva que esta tem para Kant. Pelo contrário, Sartre afirma que o "eu" é o resultado de uma unidade sintética de representações: "ao contrário, é esta unidade anterior que o torna possível" (SARTRE, 2004c: 5; 2015a: 19). É possível argumentar que, se ele adotasse o idealismo kantiano, as visões de Sartre sobre o "eu" teriam sido outras. Deixando essa questão de lado, a teoria do ego de Sartre em *A transcendência do ego* envolve mais do que essas afirmações negativas sobre um ego transcendental: a crítica se aplicava à consciência de primeira ordem irreflexiva, direcionada ao mundo, mas há mais no entendimento de Sartre sobre o ego em "*A transcendência do ego*" do que a ausência do Eu de qualquer consciência irreflexiva.

Consciência reflexiva em *A transcendência do ego*

Além da consciência posicional não reflexiva, Sartre explica que existe uma forma de consciência *reflexiva* na qual um "eu" aparece. Husserl já havia observado que o ego psicológico resulta de uma constituição pelo sujeito (MORAN, 2000: 169-171). Sartre agora afirma que o mesmo se aplica ao ego transcendental de Husserl e que essa constituição ocorre pela reflexão (SARTRE, 2004c: 28; 2015a: 52). É o que se encontra no "Eu penso": o que o tipo de reflexão envolvida no *cogito* de Descartes alcança não é a descoberta de um "eu", mas sua criação (SARTRE, 2004c: 42; 2015a: 63).

Na segunda parte de *A transcendência do ego*, Sartre fornece uma explicação do que está implicado na constituição de um ego transcendente em reflexão. Entes psicológicos que transcendem a consciência, como estados, qualidades e ações, são unificados ao serem colocados sob um "polo transcendente de unidade sintética" (SARTRE, 2004c: 21; 2015a: 39).

Ademais, na conclusão de *A transcendência do ego*, Sartre traz à tona a dimensão prática da postura natural (onde o mundo é considerado tal qual aparece naturalmente, sem nenhuma redução fenomenológica) na qual o ego aparece ao lado da pura consciência. Para Sartre (2004c: 48; 2015a: 66), a atitude natural mascara a espontaneidade da consciência, uma espontaneidade que leva à angústia. Isso antecipa um tema que Sartre desenvolve longamente em *O ser e o nada*, a saber, a má-fé: ao interpretar-se dotado de alguma identidade aparente no ego, o sujeito pode ocultar o fato de que é, na verdade, uma pura espontaneidade que assume total responsabilidade por suas escolhas (SARTRE, 2004c: 48; 2015a: 65-66). De fato, para Sartre, a distinção entre espontaneidade voluntária e involuntária só é possível se "toda atividade se der como emanando de uma passividade que ela transcende" (SARTRE, 2004c: 48; 2015a: 66), enquanto a pura espontaneidade da consciência é tal que essa distinção não é possível. Essa dimensão prática da constituição do ego é mais desenvolvida por Sartre em *Esboço para uma teoria das emoções*, onde explica como as emoções apresentam o mundo sob luz diversa, o que serve ao propósito de nos aliviar do fardo de agir para transformá-lo (SARTRE, 1939a: 43-44; 2008b: 68-69).

Autoconsciência

Um tipo de consciência que obviamente é de extrema importância para a compreensão do eu é a autoconsciência. Sartre faz a importante afirmação de que toda consciência deve envolver autoconsciência: esta é descrita por Sartre como uma forma de consciência "não posicional" (SARTRE, 2004c: 7-8; 2015a: 23), e distinto da reflexão: "uma consciência não tem absolutamente necessidade de uma consciência reflexiva para ser consciente de si mesma" (SARTRE, 2004c: 11; 2015a: 26). Essa explicação tem a vantagem de evitar uma regressão infinita de consciências que tomam outras consciências como seu objeto. A justificativa é que a consciência é transparente e, em particular, transparente consigo mesma; portanto, toda a consciência está consciente de si. Não se esclarece, no entanto, onde isso deixa o "eu" e, de fato, parece que Sartre contorna de algum modo esse problema em *A transcendência do ego* referindo-se à "consciência de si" em vez de "autoconsciência". Veremos abaixo que o perigo de outro tipo de regressão infinita da autoconsciência leva Sartre a desenvolver sua teoria da autoconsciência em *O ser e o nada* de uma maneira que forneça a fundação para uma teoria mais desenvolvida do eu.

A metafísica minimalista de Sartre em *A transcendência do ego*, de fato, levanta dois conjuntos de questões que cristalizam as preocupações implícitas nessa preocupação, como aponta Gardner (2009: 14-15). Elas estão relacionadas às características fenomenológicas fundamentais do que é ser um eu. A saber:

a) A consciência é pessoal – Não há nada no que se disse acima que sugira como qualquer noção de individualidade pessoal do campo da consciência possa surgir da descrição impessoal a que ela se refere.

b) A consciência reflexiva não foi propriamente analisada – Sartre realizou tão somente observações negativas quanto a ela não ser o bastante para explicar o imediatismo da autoconsciência. Na reflexão, porém, o sujeito está relacionado a si próprio de maneira distinta da relação do sujeito com o mundo. Uma análise da reflexão é, portanto, necessária para dar conta da familiaridade do sujeito consigo mesmo como objeto encontrado na reflexão.

Essas questões estão interrelacionadas, como veremos, e uma das realizações de *O ser e o nada* será, de fato, preencher a metafísica do eu de maneira a atender a essas duas preocupações.

O eu em *O ser e o nada*

Consciência pré-reflexiva

Desde o início, uma característica fundamental da análise de consciência de Sartre em *O ser e o nada* é a introdução de um nível de consciência pré-reflexivo. Esse movimento, na verdade, reconhece um problema que atormenta historicamente muitas teorias da autoconsciência presentes na tradição filosófica. Se a autoconsciência fosse conhecimento, como a consciência do sujeito saberia direta e infalivelmente que a consciência do objeto é idêntica a ela? (BN1: xxviii; SN: 23). Como observa Frank (1991: 161), seguindo Henrich (1967), a noção de reflexão nada faz para eliminar o problema (BN1: xxix; SN: 23), mas o cristaliza: um terceiro termo que conhece a identidade do sujeito que reflete e a do sujeito refletido é sempre necessário, se a reflexão deve explicar o contato imediato característico da autoconsciência, que leva a uma regressão infinita à qual as teorias reflexivas tradicionais da autoconsciência estão abertas. Mais diretamente, Sartre argumenta que eu consigo entender o ato de contar meus cigarros se estiver consciente da minha consciência de cada cigarro individual, permitindo-me ter consciência de que agora contei até 12. Senão, eu precisaria contar minhas consciências não conscientes de cigarros (GARDNER, 2009: 46-47). Isso significa que a autoconsciência é uma consciência não posicional que é pré-reflexiva.

O que isso significa para o eu? Essa nova análise da autoconsciência traz à tona uma intimidade de autoconsciência anterior a qualquer atividade reflexiva. Isso fornece a base necessária para o desenvolvimento de uma teoria do eu, uma tarefa a que Sartre de fato se dedica na parte II de *O ser e nada*.

Ele descreve o fio condutor da investigação declarando que o *cogito* pré-reflexivo é "homólogo ao *cogito* reflexivo, na medida em que aparece como sendo a necessidade primordial que tem a consciência irrefletida de ser vista por si mesma" (BN1: 74; BN2: 98; SN: 123). Trata-se de uma nova interpretação da natureza da consciência pré-reflexiva e é um movimento adequado para abordar as duas questões levantadas pela análise de Sartre de *A transcendência do ego* mencionada acima. Ou seja, aproximando as consciências reflexiva e pré-reflexiva, será possível explicar como a reflexão tem uma familiaridade imediata com seu objeto e usar estruturas reflexivas para identificar as características individuadoras de um Para-si.

Qual é a justificativa para esse movimento? Sartre nos diz que decorre do fato de que o *cogito* comporta "esse caráter dirimente de existir para um testemunho" (BN1: 74; BN2: 98; SN: 123). Voltaremos a essa afirmação mais adiante neste capítulo.

Além da introdução dessa nova compreensão do *cogito* pré-reflexivo, o fenômeno que Sartre usa para ilustrar essa abordagem é mais uma consciência tética do que uma consciência posicional. Sartre distingue a consciência de um objeto *O* (consciência posicional) da consciência que *p* (consciência tética). Nos dois casos, essa consciência é transparente para si mesma e, portanto, existe uma consciência pré-reflexiva que Sartre chama de não-posicional (nenhum objeto ou proposição é, portanto, postulado), e que não é tética (BN1: xxix; BN2: 9-10; SN: 24-25). Para caracterizar isso, Sartre usa parênteses. Então, eu sou pré-reflexivamente consciente (de) qualquer consciência posicional ou tética. No caso da crença que *p*, isso leva à afirmação de que estou consciente de que eu acredito que *p*.

Nessa consciência pré-reflexiva, reside uma instabilidade que Sartre entende como característica da instabilidade do Para-si. Ou seja, como existe transparência total (SARTRE, 2004c: 7-8; 2015a: 24), Sartre compreende que a consciência pré-reflexiva (de) uma crença seja apenas a crença. Essa unidade necessária, porém, não é a identidade do ser-Em-si: "o sujeito e o atributo são radicalmente diferentes, embora na unidade indissolúvel de um mesmo ser" (BN1: 75; BN2: 99; SN: 123). A instabilidade que caracteriza o ser da consciência (de) crença é tal que "se quisermos captá-lo, ele desliza entre os dedos" (BN1: 75; BN2: 99; SN: 124): não há, portanto, uma identidade direta entre crença e a consciência (de) crença. Como Sartre explica (BN1: 75; BN2: 99; SN: 124), evitar essa conclusão mediante a afirmação anterior de que a declaração de identidade deve ser enunciada no nível das consciências (de), para que exista uma identidade não problemática (como a que caracteriza o Em-si) entre consciência (de) crença e consciência (de) crença, equivaleria compreender mal o papel dos parênteses e transformar a relação pré-reflexiva em uma relação reflexiva.

A autoconsciência pré-reflexiva da crença, portanto, envolve o fato de nos acharmos "frente a um esboço de dualidade, um jogo de reflexos" (BN1: 75; BN2: 100; SN: 124). Aqui, Sartre não ultrapassa a divisão bem definida entre o pré-reflexivo e o reflexivo. Sartre aqui se refere a "reflexo" no sentido de espelhar, não de pensar, que o texto em francês distingue como "*refléter*" e "*réfléchir*", respectivamente.

A capacidade de persuasão de qualquer investigação desse tipo no domínio pré-reflexivo é, obviamente, necessariamente limitada pelo que pode ser apreendido por meio da reflexão filosófica, de modo que uma compreensão analógica de "*refléter*" por meio de "*réfléchir*" não é necessariamente enganosa. E a compreensão de Sartre da consciência em sua transparência para si mesma exige claramente que consciência e autoconsciência definam uma unidade. A proximidade das duas palavras "*refléter*" e "*réfléchir*", porém, que se encontra na raiz latina comum, não deve ser negligenciada. É passível de discussão se muito do que Sartre afirma sobre o *cogito* pré-reflexivo nas passagens que sucedem a introdução dessa noção de "*refléter*" não se torna fenomenologicamente convincente a partir de nossa experiência de reflexão como pensamento, e o uso de "captar" na passagem citada acima confirma isso. Quando Sartre fala de nos captarmos como consciência (de) crença, isso pode fazer sentido apenas na medida em que pensamos na captação reflexiva em seu fracasso de fazer-se idêntica a seu alvo; e a escolha do exemplo crença, em vez de qualquer consciência posicional, dá mais plausibilidade à noção de "só poder existir perturbada" inerente a ela (BN1: 75; BN2: 99; SN: 124).

Deixando por ora essa preocupação de lado, com sua compreensão da consciência pré-reflexiva, o problema que Sartre identificou por meio de seu entendimento de uma instabilidade inerente ao coração da consciência é a necessidade de explicar o fato de que, no caso da crença, por exemplo, existe a um só tempo unidade e dualidade de crença e consciência (de) crença. Sartre examina e rejeita diferentes opções para resolver esse problema (BN1: 76-77; BN2: 100-101; SN: 124-125). Em primeiro lugar, temos a explicação de Hegel como uma "reversão sobre si própria" (BN1: 76; BN2: 100;

SN: 124), que revela a presença do infinito no coração do fenômeno; para Sartre, isso significa, em última análise, reduzir o Para-si ao Em-si. Em segundo lugar, a distinção de Spinoza "*idea/ideae*" apenas leva a reduzir essa autoconsciência pré-reflexiva a uma dualidade e, assim, "nos perdemos do fenômeno pré-reflexivo" (BN1: 76; BN2: 100; SN: 124).

Nenhuma solução filosófica parece capaz de resolver o problema principal que Sartre afirma ter identificado em termos da observação concisa de que "a presença é uma degradação imediata da coincidência" (BN1: 77; BN2: 101; SN: 126). E é exatamente o nada que separa a consciência e a crença de que é consciência (de). Esse é o nada que está no coração do Para-si. Se a dualidade e a unidade de crença e consciência (de) devem permanecer irredutíveis uma à outra, Sartre tem uma maneira interessante de descrever sua relação, que introduz a teleologia no coração do Para-si (justificando assim o uso do termo "Para-si"). Ou seja, a consciência (de) crença existe "para realizar o ato de fé" (BN1: 75; BN2: 99; SN: 124). Essa dimensão teleológica ecoa diretamente a afirmação mencionada acima, feita no início desta análise, a saber: "existir para um testemunho" é uma característica essencial do Para-si (BN1: 74; BN2: 98; SN: 123). E explica como Sartre pode dizer que o nada é o "ser-tendo-sido" (BN1: 78; BN2: 102; 127): o Para-si é essencialmente uma nadificação. Uma manifestação-chave dessa dimensão teleológica é o fenômeno da falta, do qual Sartre oferece análise detalhada.

Antes de examinar essa noção de falta, vamos examinar o progresso da análise de Sartre do Para-si em *O ser e o nada* em comparação com *A transcendência do ego*. Em *O ser e o nada* (BN1: 103-104; BN2: 128-129; SN: 156), Sartre explica de que maneira ele alterou sua explicação original de *A transcendência do ego*. Como vimos acima, a exposição acerca da consciência em *A transcendência do ego* enfatizou o erro de supor que um "eu" pode ser encontrado no coração do *cogito*. Ao fazê-lo, porém, não foi abordada a questão da individualidade do *cogito*. Cada *cogito* é pessoal, mas isso não foi explicado por Sartre ao abordar a consciência como uma transparência sem interior. A exposição em *O ser e o nada* corrige essa lacuna por meio da noção de presença a si. Na medida em que estou presente a mim mesmo, sou individualizado como essa pessoa e não como outra. Portanto, sem ter de postular um ego no coração da consciência, a explicação de Sartre dá conta da dimensão pessoal do Para-si.

No entanto, pode-se objetar que essa é uma exposição bastante reduzida. Tudo o que ela alcança é a individualização de uma consciência em relação a outra, caracterizando essencialmente o sentido em que eu não sou outro. Sartre parece ciente disso e revela uma noção mais substancial de personalidade que surge de sua noção de "ipseidade", da qual Sartre diz que "[a] ipseidade representa um grau de nadificação mais avançado que a pura presença a si do cogito pré-reflexivo" (BN1: 103; BN2: 128; SN: 156). No coração da noção de ipseidade está a compreensão sartriana do próprio Para-si como falta.

O Para-si como falta e a noção de ipseidade

Na introdução a *O ser e o nada*, Sartre apresentou o Para-si como uma forma degenerada de ser, uma forma que, como demonstrou a análise da noção de presença a si demonstra, traz o nada em seu cerne. Essa forma de ser foi contrastada com a plenitude do Em-si, que é exatamente o que é (BN1: xli; SN: 37). Ao contrário do Em-si, o Para-si não coincide consigo mesmo. Em sua análise do Para-si na parte II, Sartre reformula a relação do Para-si com o Em-si em termos de uma dependência: o Para-si mesmo "só pode fundamentar-se a partir do Em-si e contra o Em-si" (BN1: 85; BN2: 109; SN: 135). Isso significa que o Para-si só se fundamenta como uma falta do Em-si, e Sartre usa exemplos de desejo para ilustrar a fenomenologia da falta (BN1: 87; BN2: 111; SN; 136). O que é falta no Para-si é chamado de *possibilidades* do Para-si.

Além disso, essa falta é a origem da transcendência para Sartre. "[A] realidade humana [...] transcende-se rumo ao ser particular que ela seria caso fosse o que é" (BN1: 89; BN2: 114; SN: 139-140). O ser que, assim, impregna o Para-si não é um simples puro Em-si, pois isso corresponderia a uma nadificação da consciência. Pelo contrário, ele é a síntese impossível do Para-si e do Em-si (BN1: 90; BN2: 114; SN: 140). Sartre acrescenta: "este ser seria precisamente o *si* que, como demonstramos, só pode existir como relação perpetuamente evanescente" (BN1: 90; BN2: 114; SN: 140). Temos, assim, uma noção de si que "impregna o Para-si como seu acabamento individual" (BN: 91; BN2: 115; SN: 142).

Isso define a dimensão teleológica do Para-si como uma falta, que Sartre descreve mais tarde como o "segundo aspecto essencial da pessoa" (BN1: 104; BN2: 128; SN: 156), em contraste com a pura presença em si analisada acima, que é o primeiro aspecto. Ao fazê-lo, ele concorda com Heidegger que essa noção de "ipseidade" envolve essencialmente o mundo. Sartre usa o exemplo de uma sede saciada (o que falta) infestando minha sede atual. Assim, "ela se faz transcender para o copo" do qual a sede é consciente (BN1: 104; BN2: 128; SN: 157). O copo (que é um Em-si) é então constituído pelo Para-si como um "copo-para-beber" (BN1: 104; BN2: 128; SN: 157). Isso constitui um mundo além do qual permanece o eu "que eu sou sob a forma de 'ter-de-sê-lo'" (BN1: 104; BN2: 128; SN: 157), uma vez que esse eu é o impossível Para-si (-Em-si) que saciou sua sede. Então, a falta define um desejo direcionado ao mundo; isso significa fazer meu algo Em-si, interpretando-o como instrumental para a satisfação do meu desejo (essa é a minha possibilidade). Por sua vez, isso identifica minha ipseidade como o resultado desse circuito que conecta minha consciência desejante a uma consciência satisfeita. Isso define o eu em termos do que Sartre chama de *circuito de ipseidade* (BN1: 104; BN2: 128; SN: 157).

Temos, portanto, uma noção mais rica da dimensão pessoal do eu (aqui caracterizada em termos da noção de falta e da noção correlata de possibilidade) do que o mero apelo à presença a si caracterizando o *cogito* pré-reflexivo. E também temos uma caracterização fenomenológica do sentido na qual o Para-si tem de ser ele mesmo, a qual Sartre efetivamente transpôs (como vimos acima) para a própria análise do Para-si como presença a si.

Reflexão

Recorrer à fenomenologia da reflexão para informar sua compreensão da consciência pré-reflexiva é uma estratégia que traz outra vantagem a Sartre, no que diz respeito à relativa insuficiência da interpretação da natureza da consciência reflexiva em *A transcendência do ego*. A relação entre o pré-reflexivo e o reflexivo funciona nos dois sentidos, de modo que essa recorrência fornece uma explicação mais plausível da razão de a consciência refletir sobre si mesma. Ao discutir a reflexão, Sartre (BN1: 150-158; EN: 196-205; SN: 208-218) critica as teorias tradicionais pelas quais a reflexão equivale a uma maneira de conhecer estados mentais: o autoconhecimento é pré-reflexivo e, em qualquer caso, um fenômeno como a reflexão não pode ser explicado, para Sartre, com referência às relações epistemológicas.

A explicação de Sartre se baseia no fracasso do Para-si de coincidir consigo na estrutura pré-reflexiva do espelhamento. Com efeito, o Para-si "se perde fora de si" (BN1: 153; EN: 200; SN: 211). Como aquilo que "tem de ser si mesmo", o Para-si busca portanto recuperar o seu ser tomando-se como unidade que se apreende como se fosse um ser Em-si, isto é, uma totalidade independente. Essa tentativa falha, contudo: ao tomar suas possibilidades como objeto de reflexão, o Para-si se distingue delas; e essa negação define uma distância das possibilidades do Para-si (BN1: 175; SN: 237). Essa falta de identidade assume uma forma temporal: estou sempre além daquilo sobre o que reflito (BN1: 154; EN: 200; SN: 212). Como resultado, o objeto psicológico, que é assim projetado na reflexão, falha em fornecer uma representação adequada do eu.

Essa projeção de um objeto psicológico em reflexão é um componente essencial da exposição sobre a má-fé. Na medida em que o Para-si foge do abismo de sua liberdade ilimitada (BN1: 464-465; SN: 559-560) e falha em reconhecer sua natureza como facticidade e liberdade, apega-se a um entendimento de si mesmo em termos de características psicológicas determinadas (SARTRE, 2004c: 46-48; 2015a: 65-67; BN1: 63, 66, 473; SN: 111, 114, 582). Em outras palavras, engana a si mesmo: em vez de ser um Para-si condenado a ter de escolher constantemente por si mesmo enquanto reconhece sua falta de fundamento, ele é um ser fundamentado que tem a solidez do Em-si (BN1: 57; BN2: 80; SN: 103).

E isso tem consequências morais imediatas: afirmar que o objeto psicológico que afirmo erradamente ser tem certas determinações equivale a diminuir minha responsabilidade como agente (BN1: 57; SN: 103). Segundo Sartre, porém, não existem predeterminações para minhas escolhas (BN1: 448-449, 459; SN: 554): tudo depende de mim e, como resultado, tenho de enfrentar a total responsabilidade por meus atos (BN1: 553-554; BN2: 574-575; SN: 678-679).

Conclusão

A exposição de Sartre sobre o nada que está no cerne do *cogito* tem a vantagem de conferir a base conceitual de sua análise da condição humana tal qual definida por uma presença pré-reflexiva a si, a qual, como uma unidade/dualidade instável, revela uma dimensão teleológica manifestada na noção de falta, que, por sua vez, permite que o Para-si seja visto como um projeto. Por fim, a justificativa para essa exposição, como observado no início, está sobretudo na afirmação de Sartre de que a consciência tem "esse caráter dirimente de existir para um testemunho" (BN1: 74; BN2: 98; SN: 123). Que fundamentos existem para tal afirmação? Parece que estes devem estar na história antropogenética de Sartre sobre a origem do Para-si. Mais especificamente, o Para-si surge de uma nadificação original do Em-si (BN1: 617; BN2: 637; SN: 753). Como Gardner (2009: 69) aponta, o lugar dessa exposição é, no entanto, incerto. Trata-se de mera ficção metafísica, como pareceria a partir das alusões à Queda do Homem? Pareceria, no entanto, que ele precisa ser mais para que forneça a base de afirmações posteriores feitas sobre o caráter nadificante do Para-si. Em outras palavras, se essa característica nadificante estiver no cerne do Para-si, é-nos devida uma explicação da razão disso, e a noção de uma nadificação do Em-si pareceria desempenhar esse papel. Evidentemente, porém, isso leva de pronto à questão de por que o Em-si gera tal nadificação: uma vez que o Em-si é a plenitude inerte do ser, parece que não há fundamento nele para a "sublevação" (BN1: 617-618; BN2: 637-638; SN: 755-756) a partir da qual o Para-si nasce. Sartre reconhece esse problema metafísico (BN1: 619; BN2: 639; SN: 757) e, embora o discuta, é importante observar que ele não fornece solução para ele.

No entanto, ainda que algumas das afirmações feitas ao longo do percurso possam ser questionadas, a análise da consciência de Sartre fornece uma imagem coerente do modo de ser do Para-si, a partir do qual pode emergir uma compreensão esclarecedora do eu, uma compreensão de implicações morais decisivas.

Leitura complementar

BUSCH, T.W. (1990). *The Power of Consciousness and the Force of Circumstances in Sartre's Philosophy.* Bloomington: Indiana University Press.

PRIEST, S. (2000). *The Subject in Question*: Sartre's Critique of Husserl in The Transcendence of the Ego. Nova York: Routledge.

WEBBER, J. (2009). *The Existentialism of Jean-Paul Sartre*. Londres: Routledge.

ZHENG, Y. (2009). *Ontology and Ethics in Sartre's Early Philosophy.* Oxford: Lexington Books.

5
Contingência e ego, intencionalidade e náusea

Steven Churchill

O primeiro passo de uma filosofia deve ser, portanto, expulsar as coisas da consciência e restabelecer a verdadeira relação entre esta e o mundo (BN1: xxvii; BN2: 7; SN: 22).

O ser é sem razão, sem causa e sem necessidade; a própria definição do ser nos apresenta sua contingência originária (BN1: 619; BN2: 639; SN: 755).

Um homem só, *tête-à-tête* com o mundo

O período inicial da carreira de Jean-Paul Sartre é frequentemente caracterizado em termos de sua dedicação à busca de sua arte literária, juntamente com o desenvolvimento de sua filosofia nascente. A imagem típica associada ao jovem Sartre do início da década de 1930, até o início da Segunda Guerra Mundial, é, portanto, a de um escritor relativamente solitário; poderíamos imaginá-lo ocupado preenchendo folhas de papel à sua frente com a prosa fluindo rapidamente de sua caneta em um café ou bar, em grande medida inconsciente dos acontecimentos ao seu redor. É possível dizer que o próprio Sartre consolidou essa visão de si mesmo, ao descrever sua autoimagem durante esse período como a de "um homem só" (SARTRE, 1977a: 45).

Por outro lado, a imagem do pós-guerra comumente associada a Sartre é a do "escritor engajado", que se vale de suas palavras como meio de abordar, e efetivamente confrontar, as causas sociais e políticas de sua época. Assim, a vida e as obras de Sartre são frequentemente divididas ao meio, com a literatura superando a política de um lado da divisão pré-guerra/pós-guerra, e a literatura servindo como veículo para o engajamento político do outro.

Com razão, essa divisão decerto simplista tem sido cada vez mais posta em questão por estudiosos de Sartre, particularmente nos anos após sua morte. Permanece para nós em aberto o reposicionamento das noções de "engajamento" ou "comprometimento", tal como se aplicam às obras de Sartre. Em vez de nos referirmos apenas aos escritos explicitamente políticos posteriores de Sartre, também podemos empregar essas noções ao nos referirmos ao desejo fundamental de Sartre de uma filosofia que se dirigisse diretamente à experiência mundana. Desse ponto de vista, a visão de Sartre de seu eu mais jovem como "um homem só" pode ser reinterpretada: embora se possa dizer que a postura geral de Sartre em relação ao papel do escritor na sociedade tenha favorecido uma indiferença à ação política direta, sua perspectiva filosófica se assemelhava invariavelmente à de um homem que procura se moldar ao mundo, como um lutador o faria em relação a seu oponente. Nesse sentido, podemos razoavelmente considerar Sartre, no início de sua carreira, como um homem que procura constantemente se envolver com o mundo cara a cara, por assim dizer, em termos filosóficos e literários.

Realismo

O esforço de Sartre em relação ao engajamento na própria matéria da existência começou com sua decisão, desde seus primeiros estudos filosóficos, "em favor do realismo" (BEAUVOIR, 1988: 157). Sartre diz, em entrevista de 1974 com Simone de Beauvoir:

> Eu me voltei completamente contra o idealismo quando o compreendi. Tive dois bons anos de filosofia antes de ir para École Normale [em 1924], e lá eu tinha apenas uma ideia – que qualquer teoria que não declarasse que a consciência percebia os objetos exteriores tal como eles fossem estava fadada ao fracasso (BEAUVOIR, 1988: 157).

Sartre entendeu em seu realismo perceptivo necessárias implicações sociopolíticas. Se alguém vê as coisas tal como elas realmente são, então é capaz de criticar a vida dos que permanecem cegos à realidade por sua própria hipocrisia moral e intelectual – para Sartre, aqueles que viviam na sociedade burguesa representavam o próprio epítome dessa hipocrisia. Do ponto de vista de Sartre, os que estavam imersos na ideologia burguesa mantinham casos vulgares, ao mesmo tempo que pregavam as virtudes da castidade e da monogamia; exploravam seus empregados, enquanto pregavam as virtudes da caridade e bondade. Em outras palavras, a burguesia vivia, segundo Sartre, chafurdada em autoilusão – em momento posterior, ele descreveria com profundidade o fenômeno da autoilusão em seu primeiro grande trabalho filosófico, *O ser e o nada: um ensaio de fenomenologia ontológica* (SARTRE, 1943a; 1958a; 2015 SN), nos célebres termos de má-fé – a recusa de reconhecer a verdadeira extensão da própria liberdade e de assumir o peso completo da responsabilidade que ela implica. Sartre descreveu essa marca impetuosa de realismo político perceptivo como sua "estética de oposição". Ele desenvolveu essa perspectiva em meio a um grupo de discussão informal na École Normale Supérieure, em Paris. Reunindo-se esporadicamente durante todo o período em que Sartre frequentou na École Normale, de 1924 a 1929, o grupo era intermitentemente formado pelo próprio Sartre, sua companheira de longa data Simone de Beauvoir (a partir de 1929) e amigos, incluindo Raymond Aron, Paul Nizan e outros; eles se referiam como *les petits camarades* – colegas de classe, iguais, camaradas. Beauvoir descreve seu ponto de vista sobre o grupo nos seguintes termos:

> [Eles] tentavam provar que os homens não eram espíritos rarefeitos, mas corpos de carne e osso, atormentados por necessidades físicas e cruamente envolvidos em uma aventura brutal que era a vida [...], tudo o que me pediram foi que eu ousasse fazer o que tinha sempre desejado fazer: olhar a realidade de frente (BEAUVOIR, 1963: 336-337).

Embora o realismo tenha sido decisivo para o desenvolvimento intelectual inicial de Sartre e Beauvoir, cada um de seus companheiros acabou por seguir seu próprio caminho intelectual. Nizan, por exemplo, escreveu contra o realismo marxista muito antes do próprio interesse de Sartre pelo marxismo.

Contingência radical (contra o romantismo inicial de Nietzsche)

Enquanto isso, a interpretação do realismo de Sartre o levou a lidar intensamente com a contingência da existência, de modo que a contingência se tornou a "grande ideia" definidora do início de sua carreira. Dizer que a existência é contingente é sustentar que não há mão orientadora da necessidade que governe a existência. O mundo não *tem de* ser como é, de modo que as coisas *poderiam* ser de outro modo; de fato, nada *precisa* ser. Nesse ponto, toda a extensão do radicalismo associado à ideia de contingência de Sartre começa a ficar clara; dizer que tudo é possível em um mundo contingente significa exatamente isso. Simone de Beauvoir escreve sobre a visão inicial de contingência de Sartre em termos de uma postura deliberadamente *perigosa* de sua parte. Beauvoir relata que, em debates com Raymond Aron sobre a contingência:

> Sartre foi a extremos sem precedentes em sua absoluta rejeição aos universais. Para ele, leis e conceitos gerais e todas essas abstrações não passavam de conversa furada: as pessoas, ele sustentava, concordavam em aceitá-los porque mascaravam efetivamente uma realidade que os homens julgavam assustadora. Ele, por outro lado, queria lidar com essa realidade viva (BEAUVOIR, 1983: 31).

As implicações práticas do radicalismo inicial de Sartre com relação à contingência não são menos do que dramáticas: na análise de Sartre, seria preciso tolerar a possibilidade de que um copo que caísse não fosse ao chão e se quebrasse, mas permanecesse flutuando no ar, ou ganhasse asas e voasse, ou fizesse outras coisas além disso. Em outras palavras, era preciso compreender toda a realidade sustentada por convenções cada vez mais frágeis, em oposição a um sólido elenco de leis comprovadamente verificáveis. A física, a matemática e as ciências puras em geral teriam de experimentar uma drástica revisão (quando não descartadas por completo), caso a visão de Sartre fosse levada à sua conclusão lógica. A "teoria da contingência" de Sartre, como ele a chamava, coincidia com sua sede realista de autenticidade pessoal e política; uma perspectiva da existência como contingência, portanto, é concebida em frontal oposição à noção de que existe (ou deveria existir) uma ordem necessária das coisas, a qual serve de justificativa cabal à manutenção do *status quo*.

Ao tentar compreender os fundamentos filosóficos da visão de Sartre de leis e princípios aparentemente "necessários" e assim por diante, ocultando a contingência subjacente da existência, podemos examinar a relação de Sartre com a filosofia de Friedrich Nietzsche. Ao procurar examinar a relação Nietzsche-Sartre, deve-se notar que o próprio Sartre tendia a minimizar a extensão da influência de Nietzsche em sua filosofia. Quando questionado sobre o assunto em uma entrevista em 1975, Sartre afirmou que se lembrava de "dar um seminário sobre Nietzsche no meu terceiro ano na École Normale" (ou seja, em 1927), e que Nietzsche "me interessou como muitos outros" (ou seja, como muitos outros filósofos); Sartre afirmou, no entanto, que, em última análise, Nietzsche "representou nada em particular aos meus olhos" (SARTRE, 1981b: 9). Essa postura ambivalente posterior em relação à influência que recebera da filosofia de Nietzsche parecia figurar convincentemente ao lado do ataque juvenil perpetrado pelo filósofo contra os nietzschianos da École Normale. Sartre lançou balões de água sobre eles aos berros de "Assim xingava Zaratustra!", em referência zombeteira à obra-prima de Nietzsche, *Assim falava Zaratustra* (SARTRE, 1981b: 9).

Apesar da aparente reticência de Sartre em relação a Nietzsche, porém, existem evidências genuínas para sugerir que a perspectiva de Nietzsche influenciou o desenvolvimento da ideia de contingência em Sartre. O seminário do terceiro ano a que Sartre se referia, por exemplo, desenvolvia a questão "Nietzsche era um filósofo?" Ao respondê-la, Sartre defendeu a tese de Nietzsche como não filósofo, que havia revelado até que ponto todos os conceitos de valor eram, em última análise, contingentes, no sentido de que não eram imanentes ou de outra forma "do mundo"; pelo contrário, conceitos de valor eram imposições dos indivíduos aos objetos que os cercavam. Sob um olhar mais detido, afirmou Sartre, essas estruturas aparentemente "necessárias" da verdade e do sentido, que supostamente sustentam nossa existência, revelam-se inconstantes, transientes e, de fato, absurdas. A ideia de Nietzsche como um não filósofo que, todavia, empenhara-se em reavaliar noções fundamentais de verdade e sentido, parece coincidir com as opiniões que Sartre conservou em relação a Nietzsche por algum tempo – antes mesmo de 1927. Em 1924, por exemplo (quando tinha cerca de 19 anos), Sartre registrou em um de seus cadernos sua perspectiva de Nietzsche nos seguintes termos: "*Nietzsche.* Um poeta que teve a infelicidade de ter sido confundido com um filósofo [...] ele sempre terá sucesso com aqueles que preferem a forma das ideias a sua troca" (SARTRE, 1990: 471).

Além do trabalho de Sartre exposto em seminário e de suas afirmações quando jovem sobre Nietzsche, resta a se considerar o trabalho criativo de Sartre, de meados do final da década de 1920. Em 1926, contando vinte e poucos anos, Sartre mencionou "escrever sobre a contingência" (SARTRE, 1974a: 5-6) em sua correspondência com Simone Jollivet (também conhecida como Simone Camille-Sans), seu primeiro amor "sério", anterior a Simone de Beauvoir. Jollivet foi uma atriz talentosa, estrela dos teatros e cinemas franceses, antes de conhecer a depressão e o alcoolismo, em momento posterior da vida. Durante seu breve romance (frustrado pela incapacidade de Sartre de viajar regularmente a Toulouse para visitar Jollivet), ela revelou a Sartre seu fascínio pela filosofia de Nietzsche. Em resposta, Sartre escreveu um romance semiautobiográfico, por volta de 1927-1928, pensado como uma atualização dos relacionamentos de Nietzsche com Richard Wagner e sua esposa Cosima – o chamado triângulo de Tribschen (SARTRE, 1990: 189-286). Em *Uma derrota*, Sartre não afirma explicitamente a contingência da existência (ao menos não na seção que resta do romance, intitulada "Empédocles"). Decerto, Sartre pretendia que o romance servisse como uma espécie de confessionário literário de revelações pessoais sobre seus relacionamentos na época (ambos com Jollivet e outros), não como uma alegoria explicitamente filosófica. No entanto, Sartre posiciona a figura do filósofo – por meio da personagem de Fréderic (e, portanto, dele próprio) – como um indivíduo capaz de conceber as possibilidades (mas também as restrições fundamentais) que surgem em um mundo em que somos livres para interpretar nossa situação de variadas formas, uma vez ausentes os estados de coisas "necessários". Apesar de seu papel no desenvolvimento das ideias de Sartre e também de sua técnica literária, *Uma derrota* foi rejeitado pela Gallimard.

Na mesma época (1927-1928), Sartre trabalhou em outro projeto de romance nietzschiano, *Er, o armênio*. Sartre pretendia realizar essa reformulação do mito de Er, que aparece na conclusão de *República*, de Platão, como um exame do tema da contingência em relação aos conceitos de valor moral. Na versão do mito de Platão, um homem chamado Er (filho de Armenios) morre em batalha. O corpo de Er resiste à decomposição. Ele ressurge de sua pira funerária dois dias depois e conta aos outros sobre sua jornada no pós-vida. Assim, o mito introduz a ideia de que pessoas morais são recompensadas e pessoas imorais são punidas após a morte.

Na interpretação sartriana do mito, contudo, bem e mal estão ausentes do próprio mundo, representado em uma inocência moral. Sartre afirma que Prometeu (o mítico Titã responsável por criar humanos a partir do barro e punido pelos deuses por roubar o fogo para uso da humanidade) afirma que a situação da humanidade seria melhorada se os deuses fossem derrotados. Prometeu afirma que "quando os deuses forem derrotados, não haverá mais mal na terra" (SARTRE, 1990: 322). Esse sentimento é amplamente semelhante ao que Nietzsche expressa em um aforismo intitulado "Do paraíso" em *A gaia ciência* (NIETZSCHE, 2001a; 2001b: § 259). O papel bíblico clássico da serpente como a tentadora que provocou a queda de Adão e Eva da graça é reavaliado por Nietzsche, com a serpente agora posicionada como portadora de uma concepção antiobjetivista da moralidade, que pinta o absolutismo moral como uma forma de fanatismo divinamente sancionado. Nietzsche faz a serpente dizer: "Bem e mal são os preconceitos de Deus" (NIETZSCHE, 2001a: 150; 2001b: 184).

As primeiras tentativas de Sartre de expressar intuições relativas à contingência mediante sua experimentação com ideias nietzschianas podem muito bem ser entendidas como carentes de profundidade filosófica; de fato, no caso de sua tentativa de assumir o lugar de Nietzsche em *Uma derrota*, o esforço literário de Sartre pode parecer pretensioso, em vez de uma homenagem genuína. No entanto, se unirmos as primeiras intuições de Sartre a respeito do realismo a sua visão radical de contingência, ficamos com a visão de que o estado aparentemente "necessário" das coisas serve, de fato, para ocultar uma realidade onde não há garantias. Não apenas descemos, por assim dizer, pela toca do coelho de Alice, como viajamos nele em alta velocidade e sem fim à vista – num vazio aparentemente sem fundo. Essa é uma perspectiva que pode ser examinada, em particular, mediante a metafísica inicial da tragédia de Nietzsche.

Em *O nascimento da tragédia*, Nietzsche (1993; 2007) afirma que a civilização é uma ilusão constituída na superfície do poder de luta que constitui o todo da existência. Nietzsche se refere a esse poder de luta como a vontade (em um aceno à filosofia de Arthur Schopenhauer). A vontade foi representada na tragédia grega antiga, segundo a interpretação de Nietzsche, pelo coro de sátiros. Nietzsche afirma que os gregos antigos foram capazes de afirmar sua existência desfazendo-se do véu da civilização que os moldava no papel de sujeitos ou pessoas individuais e retornando ao seu estado original de natureza em unidade primordial como sátiros, como pura vontade. Desse modo, argumenta Nietzsche, os gregos foram capazes de alcançar um profundo "consolo metafísico" (NIETZSCHE, 1993: 39; 2007: 52), apesar de seus sofrimentos existenciais; afinal, a vontade é mostrada como "indestrutivelmente poderosa e cheia de alegria", na visão de Nietzsche (NIETZSCHE, 1993: 39; 2007: 52). Essa afirmação suprema da vida, no entanto, só poderia ser alcançada com o esforço dos gregos de lidar com as consequências existenciais de sua realização da ilusão da civilização; ao perceber o absurdo da existência, segundo Nietzsche, sentimo-nos "enojados" (NIETZSCHE, 1993: 40; 2007: 53). *Apesar* desse nojo derivado do absurdo, argumenta Nietzsche, os gregos encontraram seu descanso, de fato sua salvação, em sua arte, em suas tragédias. A porção dialógica da tragédia antiga, de acordo com Nietzsche, era governada pelo impulso artístico associado a Apolo, deus grego da luz, do saber e das visões oníricas. Enquanto isso, o aspecto orquestral e musical da tragédia permanecia sob o impulso artístico associado ao deus do excesso extático, Dionísio. Ao permitir que esses dois impulsos artísticos opostos venham de encontro um ao outro em uma luta titânica, afirma Nietzsche, os gregos criaram uma forma de arte suprema (NIETZSCHE, 1993: 32-40; 2007: 48-53).

É provável que a perspectiva do jovem Nietzsche do absurdo "nauseante" (NIETZSCHE, 2007: 52-53), da existência ressoa fortemente entre os estudiosos de Sartre, apesar do fato de Nietzsche não imbuir a experiência do caráter psicológico preciso que Sartre lhe atribui.

No primeiro romance publicado por Sartre, intitulado *A náusea* (SARTRE, 1938; 2007; 2006b), o narrador, Antoine Roquentin, um historiador deprimido de 30 anos, é repetidamente atingido por ataques de náusea, que ele registra juntamente com outros acontecimentos e pensamentos cotidianos, inicialmente em páginas soltas e depois em um caderno. Depois de anos de viagem, Roquentin se estabelece na fictícia cidade portuária de Bouville (traduzida aproximadamente do francês, Bouville significa "cidade da lama") para se concentrar em sua pesquisa histórica sobre a vida e o tempo de uma figura política fictícia do século XVIII, o Marquês de Rollebon.

No inverno de 1932, no entanto, Roquentin experimenta pela primeira vez o "enjoo adocicado" (SARTRE, 2007: 11; 2006b: 23) que ele chama de "Náusea" (SARTRE, 2007: 18; 2006b: 32). A partir de então, essa curiosa sensação de uma repulsa acachapante e assustadora avança lentamente em todos os aspectos de sua existência (incluindo sua pesquisa histórica, sua vida sexual e seus relacionamentos com outras pessoas em geral), levando-o aparentemente além dos limites de sua sanidade. Roquentin atribui seu mal-estar, inicialmente, ao fracasso de um projeto central em sua vida. O assunto de sua pesquisa histórica, o marquês, não mais "ganhará vida" ante seus olhos, por assim dizer. A "segunda" morte do marquês, nesse sentido, rouba a Roquentin uma justificativa para seu trabalho e, de fato, para sua própria existência (SARTRE, 2007: 96; 2006b: 126). Roquentin também tenta se refugiar em seu passado, com uma inglesa falante de francês chamada Anny, de quem fora íntimo; logo fica claro, no entanto, que as lembranças que Roquentin guarda de Anny não coincidem mais com a mulher que tem diante de si. O leitor se pergunta se a imagem que Roquentin conservava de Anny tivera em algum momento substância real (SARTRE, 2007: 135; 2006b: 170). Os sentimentos de repulsa e nojo de Roquentin ("a Náusea") lhe são por fim revelados como tivessem sua fonte não em algum projeto, evento ou relacionamento, mas no fato de Ser, no fato puro e simples de existir *em si*. O fato da existência é assim revelado, não como uma designação epistemológica abstrata conferida às coisas pelos acadêmicos, mas como *presença* real e imediata no mundo.

Roquentin fica impressionado com a aparência de uma raiz da castanheira próxima ao banco onde está sentado em um parque. Essa se mostra literalmente a "raiz" de todo o drama que se desenrolou até esse ponto. Ele percebe que a árvore perdeu o significado para ele, sua essência *como* um castanheiro, essência que ele julgara estável, permanente e até eterna. Por fim, essa remoção de essências que foram, de fato, acumuladas primeiramente por uma frágil convenção, aplica-se a *tudo* para Roquentin. Diz ele:

> Já não me lembrava de que era uma raiz [isto é, a raiz do castanheiro]. As palavras se haviam dissipado e com elas o significado das coisas, seus modos de emprego e os frágeis pontos de referência que os homens traçaram em sua superfície. Estava sentado, um pouco curvado, a cabeça baixa, sozinho diante dessa massa negra e nodosa, inteiramente bruta e assustadora. E depois tive essa iluminação.
>
> Fiquei sem respiração. Nunca, antes desses últimos anos, tinha pressentido o que queria dizer "existir". Era como os outros, como os que passeavam à beira-mar com suas roupas de prima-

> vera. Dizia como eles: "O mar *é* verde; aquele ponto branco lá no alto *é* uma gaivota, mas eu não sentia que aquilo existisse, que a gaivota fosse uma "gaivota-existente"; geralmente a existência se esconde. Está aqui, à nossa volta, em nós, ela somos *nós*, não podemos dizer duas palavras sem mencioná-la, e afinal não a tocamos (SARTRE, 2007: 127; 2006b: 159-160).

Sartre logo leva Roquentin a passar dessa experiência com a raiz da árvore, que *implica* a ideia de contingência, a uma concepção mais formalizada de contingência que deixa claro o peso da responsabilidade associada à liberdade radical a que ela dá ensejo. Desta vez, diz Roquentin:

> O essencial é a contingência. O que quero dizer é que, por definição, a existência não é a necessidade. Existir é simplesmente *estar aqui*; os entes aparecem, deixam que os *encontremos*, mas nunca podemos *deduzi-los*. Creio que há pessoas que compreenderam isso. Só que tentaram superar essa contingência inventando um ser necessário e causa de si próprio. Ora, nenhum ser necessário pode explicar a existência: a contingência não é uma ilusão, uma aparência que se pode dissipar; é o absoluto, por conseguinte a gratuidade perfeita. Tudo é gratuito: este jardim, esta cidade e eu próprio. Quando ocorre que nos apercebamos disso, sentimos o estômago embrulhado; e tudo se põe a flutuar você percebe isso, vira seu coração de cabeça para baixo e tudo começa a flutuar [...]: é isso a Náusea; é isso que os Salafrários [...] tentam esconder de si mesmos com sua ideia de direito. Mas que mentira pobre: ninguém possui o direito; eles são inteiramente gratuitos, como outros homens, não conseguem deixar de se sentir demais. E em si mesmos, secretamente, são *demais*, isto é, amorfos e vagos, tristes (SARTRE, 2007: 131; 2006b: 164-165).

Apesar das semelhanças prescientes que consideramos em relação às primeiras visões de Sartre e Nietzsche sobre a ilusão de estados de coisas aparentemente "necessários", ocultando o absurdo da contingência subjacente à existência, Roquentin não é um discípulo dionisíaco nos moldes do jovem Nietzsche; ele não encontra alívio à sua náusea (sem falar a afirmação extática da vida) na suprema luta e expressão artística, mesmo depois de sua revelação no parque. É verdade que Roquentin vê uma ligeira esperança de se reinventar na conclusão de seu diário, sugerindo que pode desistir de escrever história e passar à ficção, depois de ver um espaço em potencial para si mesmo enquanto escuta sua canção favorita, *Some of these days*. Ele afirma que essa ficção hipotética teria de ser: "Uma história, por exemplo, como as que não podem acontecer, uma aventura. Seria preciso que fosse bela e dura como aço e que fizesse com que as pessoas se envergonhassem de sua existência" (SARTRE, 2007: 178; 2006b: 220).

Esse tênue esboço de uma possível trama ficcional sucede afirmação anterior de Roquentin, segundo a qual "mais valia que eu escrevesse um romance sobre o Marquês de Rollebon" (SARTRE, 2007: 58; 2006b: 79). Em outras palavras, a ficção semibiográfica é trocada por Roquentin pela ficção propriamente dita, como um possível meio de fundamentalmente recobrar forças. Podemos ler Sartre aqui afirmando, por meio de Roquentin, que a ficção realmente nos *aproxima mais* da "verdade das coisas" do que a não-ficção, como é o caso da biografia histórica. Em vez de tentar ressuscitar uma existência histórica e tratá-la como se fosse real no presente, a exemplo de Roquentin em sua tentativa e fracasso em seu estudo do marquês, pode-se aceitar a *irrealidade* fundamental da ficção em sua capacidade de penetrar as profundezas da existência. Vimos que isso é possível com relação à ideia de contingência de Sartre – e, portanto, de Roquentin. De fato, podemos ler *A náusea* como o romance hipotético de Roquentin, incorporando elementos biográficos com intrigas dignas de uma aventura. A esperança de Roquentin de revitalização pessoal por meio da criatividade, porém, é expressa como um tipo de esperança provisória, jamais como essa espécie de afirmação poderosa da vida prevista por Nietzsche. Enquanto Nietzsche oferecia uma visão da salvação comunitária em face da contingência sob a forma de uma arte terapêutica, Sartre sustentava que a contingência não poderia ser superada, nem mesmo aplacada, por uma força afirmativa (artística ou qualquer outra), pois tal poder estava simplesmente *ausente* de um mundo verdadeiramente contingente.

Em 1929, ano em que se formou na École Normale, Sartre submeteu suas intuições filosóficas a um periódico literário (*Les Nouvelles littéraires*) buscando propostas de estudantes. Em seu texto, Sartre escreve (em parte) para ressaltar a visão antirromântica e antivitalista da contingência que ele vinha desenvolvendo em contraste com o jovem Nietzsche. Sartre argumenta que não pode haver "tal coisa" como uma Vontade indestrutivelmente poderosa e prazerosa subjacente a todas as coisas; isso se faz evidente, na análise de Sartre, pela fragilidade geral e a debilidade da existência. Sartre argumenta que "tudo é muito fraco" para ter sido sustentado por uma fonte de energia tão viva. Na realidade, Sartre se opõe ainda mais ao romantismo de Nietzsche, ao atribuir explicitamente uma sensação de morbidez a essa fraqueza; ele escreve que "todas as coisas carregam as sementes de sua própria morte" (BEAUVOIR, 1963: 342-343). Sartre parece mais tarde recorrer a essa crítica inicial do vitalismo romântico de Nietzsche em *A náusea*, quando Roquentin diz:

> Havia aqueles imbecis que vinham me falar da vontade de poder e de luta pela vida. Então nunca tinham olhado para um animal ou uma árvore? Desejariam que eu tomasse aquele plátano, com suas placas de alopecia, aquele carvalho meio apodrecido, por forças jovens e ardentes se erguendo impetuosamente para o céu. E aquela raiz? Certamente seria preciso que me fosse representada como uma garra voraz, dilacerando a terra, arrancando-lhe seu alimento (SARTRE, 2007: 133; 2006b: 167).

Para Sartre, portanto, uma visão de todas as coisas sustentadas por uma vitalidade nutrida pela luta em curso requer um excessivo embelezamento do estado real das coisas, tal como ele o entende. As coisas são entendidas por ele em termos de uma apatia mortal, uma *insensibilidade* generalizada.

Fenomenologia: um caminho adiante

O desejo fundamental de Sartre de manter seu radicalismo enquanto formalizava suas ideias realizou-se, por fim, pelo seu envolvimento com a fenomenologia de Edmund Husserl. O termo fenomenologia deriva de duas palavras gregas antigas: *phainómenon* (o que aparece) e *lógos* (estudo). Assim, a fenomenologia é uma metodologia filosófica para o estudo dos fenômenos que aparecem nos atos de consciência; o objetivo central da fenomenologia reside, portanto, em revelar a natureza da consciência e seus objetos, por meio da descrição metódica e meticulosa das aparências na experiência. Husserl afirma que o objeto é sempre dado a um sujeito, e o sujeito é sempre direcionado a um objeto; em outras palavras, Husserl consegue habilmente abolir a divisão sujeito/objeto entre a consciência e o mundo.

A partir de 1933, Sartre leu pouca filosofia além de Husserl; esse período de intenso estudo terminaria por volta de 1939, para dar lugar à sua leitura atenta da filosofia de Martin Heidegger. Ao debruçar-se sobre o trabalho de Husserl com tanta paixão, Sartre certamente deixou para trás a simplicidade impetuosa e intuitiva de seu realismo anterior. De fato, pode-se pensar que Sartre afastou-se de sua intransigente afirmação inicial: a saber, que a filosofia deveria se basear no pressuposto de que a consciência percebe as coisas pura e simplesmente como são. Em lugar de abandonar suas intuições realistas anteriores, porém, Sartre se viu realizando sua fruição legítima, apreendendo o real como ele é, por meio da descrição fenomenológica. Embora Sartre não tenha interpretado o próprio Husserl como uma filosofia do realismo *per se*, ele julgava compartilhar com Husserl o objetivo geral de travar contato direto com o mundo tal como ele realmente é. Sartre estava convencido, então, de que a filosofia podia abordar diretamente o mundo enquanto ele via e tocava as coisas, enquanto ele amava e debatia, enquanto bebia e fumava em bares; tudo agora se revelava pronto para a discussão filosófica.

É claro que Sartre também enfrentou certos desafios ao se tornar um fenomenólogo. Talvez o mais premente tenha sido integrar suas sensibilidades realistas e intuições suplementares acerca da contingência existencial a uma estrutura fenomenológica; a análise de Husserl das estruturas da consciência e da experiência consciente teria de ser purificada de quaisquer elementos que se colocassem no caminho da visão radical e total da contingência de Sartre.

Sartre conheceu, para sua felicidade, uma bem-vinda oportunidade de resolver os fundamentos filosóficos de sua fenomenologia existencial. Deixando seu primeiro cargo acadêmico como professor de filosofia do ensino médio em Le Havre, no interior da França, Sartre viajou a Berlim e, durante os anos de 1933 e 1934, estudou intensamente na Maison Académique Francaise, o instituto francês da capital alemã, os escritos de Husserl; entrementes, Raymond Aron ocupava o lugar com Sartre em Le Havre. Durante esse período, Sartre completou dois textos filosóficos que a um só tempo se basearam em aspectos cruciais da filosofia de Husserl e dela se afastaram: um longo ensaio intitulado *A transcendência do ego* (SARTRE, 1957a; 2015a) e um breve texto intitulado "Intencionalidade: uma ideia fundamental da fenomenologia de Husserl" (SARTRE, 1970). Além desses textos filosóficos, Sartre também trabalhou na redação de seu *Factum sur la contingence*, um precursor de *A náusea*. Já vimos ser possível (na verdade, desejável) interpretar a perspectiva sartriana inicial da contingência em relação à dramatização da descoberta de contingência de Roquentin em *A náusea*. Dado que Sartre escreveu seus textos filosóficos em Berlim, juntamente com a redação do *Factum*, parece razoável interpretar também *A transcendência* e "Intencionalidade" em relação a *A náusea*.

Ego

Em *A transcendência do ego*, Sartre argumenta que a concepção de Husserl de um ego transcendental, no sentido de estar incluso na consciência, contradiz sua visada anterior. Em suas *Investigações lógicas*, publicadas em 1900-1901, Husserl levanta a possibilidade de que o ego não habite de fato a consciência; ele sugere que o ego possa ser um objeto inerte *para* a consciência (HUSSERL, 2001a: 202-204). No primeiro volume de seu trabalho de 1913, *Ideias pertencentes a uma fenomenologia pura e a uma filosofia fenomenológica* (HUSSERL, 1983; 2006), no entanto, Husserl afirma que essa perspectiva envolveria um tipo estranho de transcendência para o ego. Ele descreve essa transcendência como não fosse constituída – uma transcendência dentro da imanência.

Na perspectiva de Husserl, tratava-se de uma posição filosófica estranha e, à medida que sua filosofia se desenvolveu, ele não se viu mais em condições de pensá-la como uma possibilidade (HUSSERL, 1983: 133). Sartre argumenta que a guinada filosófica de Husserl em relação ao ego é incoerente com sua noção de intencionalidade da consciência: pode-se até dizer que Sartre acusa Husserl de estar em "má-fé" a esse respeito. Sartre argumenta que, se a consciência é fundamentalmente a consciência "de" algo no mundo, como Husserl afirma que é, então nenhum objeto psíquico, muito menos um ego transcendental, deve permanecer incluso na consciência. Consequentemente, Sartre arranca o ego de seu suposto esconderijo em algum lugar "atrás" da consciência e o deixa exposto às dificuldades da existência. Em seu parágrafo introdutório, Sartre descreve sucintamente sua perspectiva filosófica, bem como seus objetivos, nos seguintes termos:

> Para a maioria dos filósofos, o ego é um "habitante" da consciência. Alguns afirmam sua presença formal no seio das *Erlebnisse* [termo de Husserl para "atos" ou "estados" de consciência] como um princípio vazio de unificação. Outros – na maioria psicólogos – pensam descobrir sua presença material, como centro dos desejos e dos atos, em cada momento de nossa vida psíquica. Nós gostaríamos de mostrar aqui que o ego não está nem formalmente nem materialmente *na* consciência: está fora, *no* mundo; é um ser do mundo, como o ego de outro (SARTRE, 2004c: 1; 2015a: 13).

A consciência em Sartre se esvazia do ego, torna-se um *nada* absolutamente transparente. A consciência purificada de um ego transcendental está em constante processo de transbordar a si mesma, de alcançar o mundo na busca livre de suas possibilidades. A percepção de Sartre da autoconstrução é entendida aqui em termos de um processo espontâneo, momento a momento, nunca totalmente "finalizado" em seu devir. Aqui, então, está uma formulação incipiente da famosa máxima de Sartre: "a existência precede a essência" (SARTRE, 2001: 28; 2010: 18).

A escolha do título de Sartre é instrutiva aqui, em seu duplo significado. A "transcendência do ego" pode ser de início entendida como se referisse simplesmente ao assunto da investigação de Sartre, na medida em que Sartre quer mostrar que o ego é transcendente, na medida em que não é um habitante da consciência, segundo sua própria perspectiva. Ao mesmo tempo, porém, o título também pode ser compreendido como uma exortação ativa de Sartre ao seu leitor, para que transcenda a concepção cultural e intelectualmente difusa, invocada por Husserl, de um ego "transcendental", no sentido de ser incluso na consciência. Em outras palavras, o título escolhido por Sartre pode ser entendido como movimento de captura tanto da concepção de ego que ele está defendendo quanto da concepção de Husserl a que ele se opõe. Fundamentalmente, Sartre considera essa visão de individualidade e autocriação como a base ideal para uma ética e uma política voltadas ao exterior, temporais, e acima de tudo, reais.

Tendo agora esboçado os argumentos apresentados por Sartre em contraste com Husserl em *A transcendência do ego*, podemos agora examiná-los de perto.

Sartre reconhece com gratidão que o método fenomenológico de Husserl o coloca, como filósofo, em meio aos objetos de sua experiência. No entanto, Sartre procura mostrar que Husserl *duplica* desnecessariamente sua concepção de individualidade; Husserl identifica um eu psicofísico mundano, facilmente referido por nós e pelos outros enquanto vivemos na atitude natural, e um ego transcendental, que sobrevive à *epoché* como aspecto da estrutura fundamental da consciência. Sartre refere-se ao ego transcendental de Husserl como o "eu" e ao ego empírico e mundano como o "*moi*". Na concepção de Sartre, os próprios termos fornecidos pela metodologia de Husserl necessariamente excluem a existência de um "eu" que esteja "atrás" do "*moi*"; crê-se que a *epoché*, pondera Sartre, envolva uma suspensão de tais juízos e preconceitos existenciais fundamentais (SARTRE, 2004c: 5; 2015a: 18-19).

A crítica de Sartre à insistência de Husserl em um ego transcendental não apenas se baseia em sua afirmação de que a implementação husserliana da fenomenologia (e em particular a *epoché*) carece de cuidado e rigor filosóficos, como também afirma que a concepção de Husserl do ego transcendental resultaria em um ato explícito de *violência* perpetrada sobre a consciência. Sartre concebe o ego transcendental de Husserl como se "escorregasse" em cada momento de atividade consciente como "uma lâmina opaca", o que levaria à "morte" da consciência (SARTRE, 2004c: 7; 22-23). Um ego transcendental agiria para governar e, portanto, sobrecarregaria a consciência, na perspectiva de Sartre, e ele afirma que a consciência não pode ser demarcada "senão por ela própria" (SARTRE, 2004c: 7; 22). Sartre reconhece que se poderia argumentar que um ego transcendental é a *fonte* da consciência, sem que se entenda que um ego transcendental é o *mestre* da consciência. No entanto, afirma Sartre, nada pode ser a fonte da consciência, exceto a própria consciência.

Na análise de Sartre, a consciência é purificada de um ego transcendental pesado, restando apenas um "moi" mundano. Ele procura, então, explicar nossa experiência de um "eu" que permanecesse, em certo sentido, "atrás" ou "debaixo" de nossa experiência imediata. Segundo Sartre, Descartes não se enganara quando seu método introspectivo e sistemático de dúvida revelou o *cogito*, ou o "eu penso"; tampouco Husserl, quando discerniu que um ego transcendental não perturbava a *epoché* (SARTRE, 2004c: 9, 25). Segundo Sartre, Descartes e Husserl erraram, sim, em presumir que encontravam um "eu" ali presente *desde sempre*. O que realmente se passava para Descartes e Husserl (assim como para qualquer pessoa que empreendesse introspecção semelhante) era, diz-nos Sartre, a descoberta da consciência personalizada, criada instantaneamente *por meio* da reflexão. Em outras palavras, Sartre entende que a introspecção não *revela* um "eu"; mas, em vez disso, o *cria*, no exato instante em que ocorre a introspecção (SARTRE, 2004c: 11; 27).

Desse modo, Sartre afirma que devemos abordar com extrema cautela a ideia de que seja possível obter terreno sólido para o conhecimento por meio da reflexão introspectiva, uma vez que ela configura uma espécie de miragem psicológica sedutora, geralmente dúbia, se não de todo desonesta, no tocante às informações que nos pretende fornecer. De fato, na seção final de *A transcendência do ego*, Sartre afirma que todos os dramas que as pessoas normalmente associam à sua "vida interior", incluindo dúvidas, remorso e várias crises emocionais do tipo que as pessoas tendem a registrar nos diários, não são características de nosso "eu interior" postas a nu pela introspecção; Sartre argumenta, sim, que essas formas de matéria subjetiva interior são "simples representações", que se materializam junto com o "eu", sob introspecção (SARTRE, 2004c: 43; 61). Sartre *não está* afirmando, é preciso dizer, que nossas "vidas interiores" não são de consequência para nós em termos de nossa postura em relação à existência; pelo contrário, sua afirmação é de que tendemos a tratar o que ele julga serem pensamentos e sentimentos essencialmente transitórios e efêmeros como se fossem elementos imutáveis de nossa personalidade, por assim dizer, que não podem ser confrontados, muito menos superados.

É especialmente interessante que, em *A transcendência do ego*, Sartre invoque o diário como exemplo do que considera a loucura inerente ao autoexame. Afinal, é precisamente esse o formato empregado com grande efeito literário em *A náusea*. Se as asserções de Sartre sobre a autoexposição em *A transcendência do ego* são algo a ser aceito, devemos ao menos considerar a possibilidade de que Sartre pretende que as anotações do diário de Roquentin sejam entendidas como um exercício fundamentalmente fútil, revelando pouco mais do que pistas falsas e meias-verdades. Esses relatos, afinal, são apresentados por uma testemunha fraca: o "eu" introspectivo de Roquentin (SARTRE, 2007: 3; 2006b: 11-13). Por outro lado, também podemos interpretar que Sartre afirma que se pode superar a ilusão criada pelo "eu" introspectivo (mesmo que apenas momentaneamente), prestando atenção aos objetos de nossa experiência mundana (SARTRE, 2007: 2; 2006b: 12).

Ao afirmar que um ego transcendental está ausente da consciência, mas também que a *aparência* de um "eu" é criada quando empreendemos uma reflexão introspectiva, Sartre faz uma declaração ainda mais forte; a saber, que um "eu" está ausente da consciência *irreflexiva*. Inicialmente, esse fenômeno parece de impossível descrição, dado que a consciência irreflexiva resiste, por definição, a ser objeto de reflexão, sem falar a uma descrição fenomenológica.

Cabe a Sartre demonstrar como podemos expressar a ausência do "eu" na consciência irreflexiva de maneira que não frustre o próprio objetivo do exercício, invocando a reflexão personalizada. Sartre argumenta que a consciência irreflexiva pode ser demonstrada com o recurso à memória: recuperando cuidadosamente uma experiência na qual não entramos em reflexão, coloca Sartre, podemos descrever essa situação sem "perturbar" sua qualidade irreflexiva. Sartre confere alguma substância ao papel que imagina aqui para a memória, por meio da experiência de ler um livro particularmente cativante.

Suponha que eu tente recriar o momento em que estava completamente "envolvido", por assim dizer, pela leitura de um livro, de modo que não estivesse mais refletindo sobre o fato de minha leitura como um ato personalizado, de modo que eu não estivesse mais refletindo sobre o fato de que era "eu" quem estava lendo. Esse foi o exato momento em que uma consciência irrefletida, nas palavras de Sartre, apareceu. Quando tento recriar esse preciso momento, percebo que, embora esteja consciente "do" livro, consciente "das" personagens, da trama e assim por diante, também estou ciente de que não há um "eu" presente nessa experiência. Portanto, não se trata de descrever uma experiência em que "eu" estou lendo a respeito de um detetive à procura de um assassino; há apenas o comportamento duro do detetive, seu gosto por cigarros e uísque, a figura voluptuosa de sua amante, a crueldade sádica do assassino, e assim por diante. Tudo está *acontecendo*, mas não há o sentido de que algo esteja acontecendo para *mim* (SARTRE, 2004c: 12; 2015a: 23). Dessa maneira, a ausência de um "eu" na consciência irreflexiva é demonstrada, sem o recurso *à* reflexão (ou pelo menos sem o recurso ao tipo de reflexão que prejudicaria o argumento de Sartre). Embora reconheça que essa demonstração de consciência irrefletida carece da certeza *apodítica* tipicamente associada à descrição fenomenológica devido à falibilidade da memória, Sartre ainda considera esse método o único adequado para demonstrar a ausência do eu na consciência irreflexiva.

Na sequência de sua satisfeita demonstração de que um ego transcendental está ausente da consciência (mesmo uma consciência irreflexiva), ele oferece uma explicação de como se constitui o único ego que ele *de fato* aceita – o "eu" psicofísico e temporal.

Sartre declara que sua concepção do ego se constitui de estados, qualidades e ações, com o ego servindo à unificação de cada uma dessas entidades tais quais são constituídas em relação à consciência. Feita uma distinção entre as várias entidades que compõem o ego tais quais são constituídas em relação à consciência (SARTRE, 2004c: 12; 2015a: 39), Sartre faz uma afirmação bastante surpreendente: a saber, que essa relação entre o "moi" com suas várias entidades e a consciência deve ser descrito em termos exclusivamente *mágicos* (SARTRE, 2004c: 26; 2015a: 44). Segundo Sartre, esse pensamento "mágico" é necessário porque a espontaneidade vivida da subjetividade consciente não pode ser captada por uma estrutura fenomenológica padrão que se preocupa principalmente com objetos, mais do que psíquicos, físicos. Sartre afirma que, enquanto os objetos físicos são inertes e reciprocamente limitados e definidos por sua relação com outros objetos, a consciência é absoluta e espontânea. Para demonstrar como essa relação "mágica" entre o "moi" e a consciência funciona na prática, Sartre invoca um exemplo emocional concreto, o de repulsa. Em termos cotidianos, normalmente pensamos em sentimentos de repulsa por alguém como o *efeito* de um estado de ódio. No entanto, a espontaneidade da consciência que Sartre prevê significa que tais elos causais absolutos entre um estado (neste caso, ódio) e um episódio de consciência (neste caso, sentimentos de repulsa por alguém no mundo) são invalidados. Sartre argumenta que, na ausência de uma relação causal firme entre estados psíquicos e episódios de consciência, devemos confiar na noção "mágica" de *emanação*, segundo a qual um estado não "causa" um resultado ou efeito específico em sentido absoluto, mas em vez disso, um efeito *deriva* de um estado (SARTRE, 2004c: 25; 2015a: 43).

O uso do termo "emanação" aqui é deliberadamente evocativo da teologia, em particular da doutrina da Santíssima Trindade. Assim como o Filho e o Espírito Santo "derivam" de Deus, o pai, pela emanação, e não por qualquer tipo de relação causal padrão,

Sartre sustenta que ideia semelhante pode ser aplicada ao seu exemplo do episódio de consciência envolvendo a repulsa. Ele afirma que o episódio consciente de repulsa não é um *efeito* do ódio, mas sua *emanação*. A despeito do que se faça da afirmação de Sartre aqui, a tese central que ele propõe em relação à constituição do ego é bastante clara: o ego age para unir suas próprias partes componentes (estados, qualidades e ações), mas a espontaneidade absoluta da consciência significa que a relação entre a consciência e o "moi" não pode ser traduzida de maneira fenomenológica típica. A concepção de Sartre do ego, portanto, enfatiza até que ponto qualquer tentativa de "conter" ou delinear a consciência em sua pura espontaneidade, particularmente em termos de sua relação com o "moi", está fadada a escorregar por entre os dedos. As noções "mágicas" representam, portanto, nossa única esperança real de descrever a interrelação entre estados psíquicos, por um lado, e episódios de consciência, por outro (SARTRE, 2004c: 26; 2015a: 44).

Sartre dedica a parte final de *A transcendência do ego* a observações sobre o que julga serem as principais conquistas de seu ensaio. Sartre afirma que sua concepção do ego como "lá fora", no mundo, assim como o ego de um outro, supera dois grandes enigmas filosóficos que também confrontaram Husserl: o problema de outras mentes e o problema do solipsismo. No que diz respeito a Sartre, sua concepção da transcendência do ego nos permite passar da teorização da consciência em seu isolamento na reclusão das mentes individuais a sua compreensão como fenômeno inerentemente temporal (e, portanto, *público*) (SARTRE, 2004c: 43; 2015a: 61).

Mais do que isso, a perspectiva de Sartre demonstra uma motivação inerentemente *existencial* para a *epoché* husserliana. Sartre sustenta que nossa principal motivação para repelir a postura natural não deve simplesmente derivar de preocupações com a coerência interna das reivindicações de Husserl em relação a um ego transcendental, embora essas preocupações sejam obviamente pertinentes ao projeto de Sartre de purificar a consciência. Pelo contrário, afirma Sartre, a *epoché* atinge sua função adequada, demonstrando até que ponto viver na postura natural significa "mascarar à consciência sua própria espontaneidade". Na perspectiva de Sartre, portanto, viver imerso na postura natural nos permite evitar a angústia que se seguiria ao reconhecimento de toda a extensão da liberdade que essa espontaneidade implica. De fato, Sartre afirma que essa percepção da espontaneidade da consciência serve para explicar as origens de certas formas de doença mental, em oposição às explanações psicanalíticas predominantes em voga na época (SARTRE, 2004c: 47; 2015a: 66).

Uma comparação com *A náusea* aqui novamente se mostra instrutiva. A descoberta de Roquentin da contingência da existência ocorre no contexto do que parece ser um distúrbio psicológico profundo. Ele experimenta diversas alucinações, problemas de sono pontuados por pesadelos, paranoia e depressão severa, entre outros sintomas. De fato, ele demonstra um entendimento precoce de sua condição quando decide que terá de realizar sua própria "análise psicológica" e se preocupa que sua formação como historiador lhe permita tão somente descrever seu estado psicológico nos termos mais gerais (SARTRE, 2007: 4; 2006b: 15). Dada a afirmação de Sartre em *A transcendência do ego* de que uma "vertigem da possibilidade" (SARTRE, 2004c: 47; 2015a: 66) pode de fato ser a verdadeira causa subjacente do sofrimento psicológico em muitos casos, parece razoável compreender a situação de Roquentin em termos dessa "vertigem".

De qualquer forma, a *epoché* não é mais motivada somente pela racionalidade, mas por uma compreensão apaixonada da experiência da angústia e o desejo de confrontá-la. Em sua observação final, Sartre considera as implicações políticas e éticas de sua perspectiva. Curiosamente, os alvos de Sartre aqui são "teóricos de extrema-esquerda" que acusam a fenomenologia de ser um idealismo (SARTRE, 2004c: 50; 2015a: 69). Em certos aspectos, a posição de Sartre aqui parece proporcional à perspectiva clássica que se tem dele neste ponto inicial de sua carreira, como filósofo politicamente desengajado em comparação com sua filosofia posterior, cujo aspecto político estava sem dúvida alinhado com a esquerda radical.

Por outro lado, porém, podemos interpretar a reprimenda sartriana à esquerda no tocante à fenomenologia como a simples afirmação de que a esquerda que declara que a fenomenologia representa uma forma de idealismo está realmente fazendo um *desserviço* à sua causa – afinal, esses críticos, poder-se-ia argumentar, estão deixando de apreciar e aproveitar o poder da fenomenologia de descrever nossa situação política e auxiliar filósofos politicamente comprometidos a promover mudanças concretas. A afirmação ousada de Sartre aqui é que "não é preciso nada mais" (SARTRE, 2004c: 52; 2015a: 70) para uma abordagem positiva e aberta da ética e da política, uma vez que sua concepção de um ego mundano seja aceita.

Intencionalidade

Até o momento, examinamos os argumentos apresentados por Sartre no mais longo dos dois textos filosóficos que ele escreveu em Berlim, a saber, *A transcendência do ego*. Podemos agora passar à consideração do texto mais curto: "Intencionalidade: uma ideia fundamental da fenomenologia de Husserl". Nesse ensaio, Sartre reafirma vigorosamente sua convicção – em concordância com Husserl – de que a consciência é fundamentalmente intencional, fundamentalmente a consciência "de" alguma coisa. Mais do que isso, Sartre também argumenta que a consciência se esgota completamente em seu objeto. Segundo Sartre, a consciência nada mais é do que escapar a si mesma no outro – seu objeto. Dessa maneira, Sartre dá vazão a sua ideia de que a consciência não é um processo que possa ser formalmente observado ou compreendido como tal: a consciência é *pura* intencionalidade somente, na perspectiva de Sartre. Ao tentar purificar a consciência de tudo, exceto sua intencionalidade, sua direcionalidade em relação ao seu objeto, Sartre usa a prosa descritiva da fenomenologia. Segundo Sartre:

> A consciência está purificada – clara como um vento forte. Não há nada nela além de um movimento de evasão, um deslizar para além de si. Se, por mais impossível que seja, você pudesse entrar "dentro" de uma consciência, seria capturado por um turbilhão e lançado de volta para fora, no meio da poeira [...] pois a consciência não tem "dentro". É precisamente esse ser-além-de-si,

> essa fuga absoluta, essa recusa de ser uma substância, é o que a torna uma consciência (SARTRE, 1970: 4).

Sartre usa, entrementes, uma prosa descritiva similar para atacar formalmente o idealismo subjetivo em que havia sido educado. Sartre escreve evocativamente (e, de fato, provocativamente) sobre o idealismo subjetivo como "filosofia digestiva". Na opinião de Sartre, o idealismo subjetivo na França foi guiado pelo credo de que "conhecer é comer". Sartre lamenta que:

> Todos acreditamos que essa mente aracnídea prendeu as coisas em sua teia, cobriu-as com seu cuspe branco e engoliu-as lentamente, reduzindo-as à sua própria substância. O que é uma mesa [...]? Um certo arranjo de "conteúdos da consciência" [...] Ó filosofia digestiva! (SARTRE, 1970: 4).

Ao pensar a visão idealista subjetiva da mente no papel de uma aranha que devora sua presa, e o sujeito aprisionado na "úmida intimidade gástrica" (SARTRE, 1970: 4) desse processo digestivo metafórico, Sartre conferiu vívida clareza a sua crítica central ao idealismo subjetivo: o objeto experimentado não é a coisa em si; o sujeito experimenta "conteúdos da consciência" constituídos por seus próprios processos mediadores. Os sujeitos, portanto, experimentam apenas *a si mesmos*.

Como foi o caso em *A transcendência do ego*, as perspectivas que Sartre desenvolve em "Intencionalidade" podem ser entendidas em relação a *A náusea*. Roquentin nos fornece, desde o início, um relato da experiência de estar consciente dos objetos, à luz de seu projeto particular de jantar usando um garfo ou fumar um cachimbo. Ele está ciente do fato de que, quando tenta captar e usar qualquer um deles, está projetando essa intenção no objeto, e isso se manifesta no sentimento de que algo mudou "em [suas] mãos" (SARTRE, 2007: 4; 2006b: 15) quando ele tenta fazê-lo. Ele está confuso quanto ao fato de seu garfo, por exemplo, "agora ter uma determinada maneira de ser segurado" ou se é ele quem produz o ato de espetar a comida (SARTRE, 2007: 4; 2006b: 15). O que temos aqui, portanto, é uma perspectiva indecisa sobre a ordem intencional das coisas, por assim dizer, mas uma consciência, no entanto, do conceito de intencionalidade como aspecto fundamental de uma ideia de consciência apresentada por Sartre. Em outras palavras, ao que tudo indica Roquentin passa de forma aparentemente natural de uma consciência de seu ser consciente a uma "disseminação" desse entendimento pelos objetos de sua experiência. Em suma, ele está consciente de estar consciente "dos" objetos de sua experiência.

Talvez o aspecto literário mais pertinente da "intencionalidade" seja, no tocante a *A náusea*, a imagem de digestão. Ao conceber a experiência da contingência de Roquentin em termos de ataques de náusea, Sartre expressa a noção de que a descoberta da contingência de Roquentin é demais para ele engolir, demais para ele digerir. Ao mesmo tempo, pode-se entender que Sartre amplia a crítica ao idealismo subjetivo desenvolvido em "Intencionalidade". Uma vez que Roquentin não pode digerir o fato da contingência, sua "indigestão", por assim dizer, pode ser lida como paródia negativa do papel estomacal que Sartre afirma ser assumido pela mente em uma visão de mundo idealista subjetiva. Roquentin não pode assimilar o mundo em "conteúdos da consciência", que se dissolvem lentamente na "úmida intimidade gástrica" (SARTRE, 1970: 4) de sua interioridade mental. Em vez disso, tudo de que ele tenta se apossar simplesmente o lança de volta ao mundo, em meio à náusea.

Conclusão

Iniciamos nossa investigação da primeira filosofia de Sartre guiados pela intuição de que é possível ver o jovem Sartre não como o filósofo insular que posteriormente se engaja no mundo, mas como um homem ativamente envolvido desde o início de sua carreira em uma luta para derrubar todas as barreiras que o impediam de agarrar a vida. Para esse fim, atravessamos as cruas intuições realistas iniciais de Sartre até suas intuições sobre a contingência radical da existência. Sugeri que uma leitura da perspectiva inicial da contingência de Sartre como reação antirromântica e antivitalista à primeira filosofia de Nietzsche, em particular, oferece uma forma útil de interpretar os fundamentos conceituais desse aspecto da filosofia nascente de Sartre. Abordamos, então, o impasse proposto pelo realismo de Sartre e sua visão da contingência via idealismo subjetivo, com a fenomenologia oferecendo a Sartre um caminho a seguir a partir desse impasse. Diante da importância radical da fenomenologia existencial para Sartre, consideramos uma leitura de dois dos primeiros trabalhos filosóficos de Sartre (*A transcendência do ego* e "Intencionalidade: uma ideia fundamental da fenomenologia de Husserl") que os mostra vinculados à preocupação de posicionar a consciência e, portanto, a experiência consciente da existência em um constante "ir além" de si mesma, tendendo constantemente para o mundo. Ao longo de nossa discussão desses textos iniciais, tratamos da relação entre a filosofia primeira de Sartre em sua forma ensaística e sua dramatização literária em *A náusea*. Tratar os três trabalhos – *A transcendência*, "Intencionalidade" e *A náusea* – como um "conjunto" interrelacionado de textos permite que as intuições conceituais iniciais de Sartre sejam entendidas não como simples ideias psicologicamente insulares que foram substituídas ou superadas por sua filosofia do pós-guerra, "engajada" e movida pela política. Em vez disso, pode-se identificar corretamente na filosofia primeira de Sartre as bases de uma estrutura conceitual fundamentalmente "engajada" por si mesma com o mundo.

Leitura complementar

BARNES, H.E. (1959). *Humanistic Existentialism*: The Literature of Possibility. Lincoln: University of Nebraska Press.

BROMBERT, V.H. (1961). *The Intellectual Hero*: Studies in the French Novel 1880-1955. Londres: Faber & Faber.

KAUFMANN, W. (1975). *Existentialism from Dostoevsky to Sartre*. Nova York: New American Library.

ROLLS, A. & RECHNIEWSKI, E. (orgs.) (2006). *Nausea: Text, Context, Intertext*. Amsterdã: Rodopi.

6
Sartre: romancista e dramaturgo

Adrian van den Hoven

Sartre, o romancista

Sartre começou sua carreira como romancista em 1938 com *A náusea* e terminou com o terceiro volume da série *Os caminhos da liberdade* (SARTRE, 1949a), bem como fragmentos de um quarto volume (publicado postumamente como *A última chance*; SARTRE, 1981a). Em 1940, como prisioneiro de guerra em Trier, Alemanha, Sartre escreveu (e apresentou) sua primeira peça, um mistério natalino chamado *Bariona, ou o Filho do Trovão* (SARTRE, 1962b); ele encerrou sua carreira de dramaturgo em 1965 com sua adaptação de *As troianas*, de Eurípides.

A náusea é uma ilustração perfeita da concepção de Fernandez do romance "que se desvela no presente, à imagem da própria vida" (SARTRE, 1947a: 15). Os acontecimentos desse diário se desenrolam de maneira descontínua e aleatória, e Roquentin, o narrador solitário, assim o faz "para que possam ser percebidos com clareza" (SARTRE, 1981a: 5; 2006b: 11). Sua passagem fundamental "No jardim público" ilustra a experiência de contingência de Roquentin e, uma vez que ocorre perto do final do romance, exige que essa revelação se mantenha constantemente em mente caso se deseje chegar a uma interpretação adequada. Roquentin (1981a: 153-155) descobre que o "essencial é a contingência" (2006b: 164, que é "o absoluto ou o absurdo" (2006b: 162) e que o universo é "a gratuidade perfeita" (2006b: 165). Como resultado, ele vê a maioria dos esforços humanos como tentativas patéticas de disfarçar a realidade e de obscurecer, embelezar ou edulcorar a verdadeira posição do homem no mundo. Isso se aplica a artes tais quais a escrita de romances, a escultura, a arquitetura, o teatro. O *ragtime Some of These Days* e figuras geométricas escapam a essa restrição pois, como inexistentes intangíveis, eles inspiram em Roquentin a esperança de que talvez possa salvar-se retrospectivamente escrevendo "uma história, por exemplo, como as que não podem acontecer, uma aventura [...] que se adivinhasse [...] algo que não existisse, que estaria acima da existência [...] e que fizesse com que as pessoas se envergonhassem de sua existência" (1981a: 210; 2006b: 220).

A náusea representa uma busca por uma compreensão lúcida do lugar do homem no universo. Daí que Roquentin satiriza a tentativa do Autodidata de adotar o conhecimento do mundo lendo o catálogo da biblioteca em ordem alfabética; ele também percebe que os romances reorganizam os eventos para que se adequem a um desfecho e abandona sua biografia de Rollebon, pois lhe parece que está ressuscitando a si mesmo, não a seu assunto. Anny, sua ex-amante, por sua vez o rejeita. Essa atriz havia visto a vida em termos teatrais como "situações privilegiadas" que exigiam a criação de "momentos perfeitos" (SARTRE, 1981a: 169; 2006b: 185). Ela abandonara essa crença, mas não está disposta a se reconciliar com ele, não obstante ele lhe tenha contado sua epifania no parque. Ele também perde o Autodidata. Descobre-se que humanista era pedófilo e é flagrado acariciando meninos na biblioteca pública. Depois de levar do bibliotecário um soco no rosto, ele desaparece. Após essa série de abandonos, perdas e descobertas dolorosas, Roquentin decide retornar a Paris, viver como *rentier* e vegetar. Sua segunda epifania ocorre enquanto escuta o *ragtime Some of These Days* pela última vez. Como figuras geométricas e música não existem, ele projeta a música como uma possível solução para seu dilema. Ela não contribui para a superabundância de existentes e permite postular a criação de uma obra puramente imaginativa.

A primeira experiência de Roquentin com a náusea é reveladora. Na praia, ele tenta imitar garotos que estão lançando seixos para que ricocheteiem na superfície da água. Ele pega um seixo, mas para antes de arremessá-lo: "o seixo era achatado, seco de um lado, úmido e lamacento do outro. Eu o segurava pelas bordas, com os dedos muito afastados, para não me sujar" (SARTRE, 1981a: 6; 2006b: 12). A mistura no seixo de certos elementos básicos – o mineral, a água e a lama –, bem como o encontro pseudo-homossexual com os meninos, relacionam essa experiência do absurdo à sua epifania no jardim público e ao encontro fatídico do Autodidata na biblioteca. Em seguida, Roquentin tenta descrever um estojo de papelão – é "um paralelepípedo retangular" (SARTRE, 1981a: 5; 2006b: 11) –, mas logo em seguida desiste. A perspectiva, introduzida por Dührer e desde então usada para fornecer um ponto de vista estável do mundo, não está cumprindo seu papel. No entanto, uma vez que se sente novamente "muito à vontade [...] instalado no mundo", ele se mostra em condições de descrever o mundo do lado de fora de sua janela a partir de um ponto de vista estável: "Esse é meu quarto, virado para o nordeste. Embaixo, a rua dos Mutilés e o canteiro de obras da nova estação. Da minha janela, na esquina do bulevar Victor-Noir, vejo a flâmula vermelha e branca do Rendez-vous des Cheminots" (SARTRE, 1981a: 6; 2006b: 12-13). Essa perspectiva estável, porém, é ilusória; quando ele aproxima o rosto do espelho, observa:

> o que vejo está muito abaixo do macaco, na fronteira do mundo vegetal, no nível dos pólipos. [...] [Os olhos] são algo vítreo, mole, cego, margeado de vermelho; pareceriam escamas de peixe. [...] Uma penugem sedosa e branca cobre os grandes declives das faces, dois pelos saem das narinas: é um mapa geológico em relevo. E, apesar de tudo, esse mundo lunar me é familiar (SARTRE, 1981a: 23; 2006b: 30).

Como humano, ele desceu aos reinos aquático, vegetal e mineral. A perspectiva hierárquica tradicional do homem entrou em colapso: seu substituto é uma concepção fantasmagórica de homem na qual todos os elementos do universo se misturam. Essa consciência lúcida de si mesmo como criação composta o leva a rejeitar a burguesia em termos contundentes: os "cidadãos dignos que cumpriram seus deveres e dispõem de direitos" (SARTRE, 1981a: 98-113; 2006b: 106-122) e cujos retratos estão no museu de Bouville ("Vila da Lama" ou "Vila da Vaca"). Eles olham de cima para baixo a Roquentin, esse indivíduo solitário "sem importância coletiva" (SAR-

TRE, 1981a: 1; 2006b: 7), mas ele os considera todos "salafrários" (SARTRE, 1981a: 113; 2006b: 122). Esse trabalho satírico, paródico e crítico é esclarecedor. Obriga-nos a ver além dos véus distorcidos e ilusórios que a arte, a cultura e a filosofia (humanismo) nos impuseram e a reconhecer a realidade em todas as suas manifestações esmagadoramente brutas e não humanas. *A náusea* representa um confronto abrangente com o absurdo da existência da humanidade e, paradoxalmente, é também uma corajosa tentativa de ver além dela e criar um espaço "humano" para nós.

Os contos coligidos em "O muro" (SARTRE, 1939c; 1969a) estão de acordo com a concepção de Fernandez do *récit* segundo a qual "a ação tem lugar no passado; ela tem a função de explicar, e a ordem cronológica não chega a disfarçar o quadro causal subjacente" (SARTRE, 1947a: 16). O conto "O muro", ambientado na Guerra Civil Espanhola, apresenta os condenados à morte Tom, Juan e Pablo. Aqui, Sartre é admiravelmente bem-sucedido no retrato da angústia psicológica dos condenados que compartilham a ciência de que vivem seus últimos dias. Pablo, no entanto, o narrador, é posto em liberdade depois de acidentalmente trair seu líder Juan Gris em uma tentativa de ridicularizar o inimigo. Ao descobrir isso, Pablo explode em "risos" (SARTRE, 1981a: 233). Ele se encontra, então, de costas para o muro, em vez de encará-lo, mas sua tentativa de farsa converte-se em tragédia.

Já "O quarto" conta a história do senhor e da senhora Darbédat, sua filha Eve e seu marido Pierre, que parece estar ficando louco. Senhor Darbédat é o retrato da saúde de ferro, sua esposa é uma dona de casa hipersensível, e Eve é conivente com Pierre em seu mergulho no universo da loucura. Nesse conto, a loucura é vista como fuga para um universo imaginário que as pessoas de "bom senso" julgam impossível penetrar.

Em "Erostrato", a contraparte moderna do "herói" mítico homônimo falha pateticamente em ganhar fama postumamente. À maneira surrealista, ele saca um revólver carregado na rua, puxa o gatilho três vezes, mas por engano desce a rua errada e vê-se em meio a uma multidão. Ele dispara outras duas vezes e esconde-se em um banheiro. Em vez de usar a sexta bala, ele abre a porta no último momento. O gesto do surrealista final resultou em uma tragédia sem sentido.

"Intimidade" satiriza romances modernos, como encontrados nas revistas femininas. Lulu vive com seu marido "impotente" Henri (SARTRE, 1981a: 280), mas imagina uma fuga romântica com seu amante Pierre. Rirette, a amiga de Lulu, empenha-se em fazer com que Lulu deixe o marido e mude-se para o Midi com Pierre. Pierre, porém, acaba por se revelar um homem mimado pela mãe, e Lulu logo retorna ao seu marido impotente, pois na verdade ela prefere a fragilidade deste aos modos ostensivamente viris de Pierre. Outro fracasso: Lulu prefere "gestos" dramáticos a mudanças reais.

"A infância de um líder", em certa medida baseado na própria infância de Sartre, é em primeiro lugar uma tentativa de satirizar o verniz burguês do "dever" e da "responsabilidade" e seu merecimento de ocupar um "papel dominante" na sociedade francesa. Lucien é tudo menos um líder: ele experimenta a homossexualidade, o surrealismo, as mulheres e a política fascista, mas finalmente segue os passos do pai. Ele pode muito bem pensar que passou por uma "metamorfose" e tornou-se um "líder", mas uma mirada no espelho revela sua "aparência infantil". Nesse momento, ele decide "cultivar um bigode" para parecer "mais terrível" (SARTRE, 1981a: 388). Esses exercícios verbais hábeis ilustram o domínio perfeito de Sartre do gênero e demonstram claramente sua capacidade de identificar o movimento de fuga das pessoas à má-fé e ao imaginário.

Diferentemente de *A náusea*, a série *Os caminhos da liberdade* produz um retrato muito mais amplamente social e político. A descoberta por Sartre de *1919*, de John dos Passos, leva-o a tentar incorporar os aspectos mais intimamente pessoais e público-sociais da existência humana no gênero romance. A série assume, daí, a forma de uma crônica, que aborda as vidas do professor de filosofia Mathieu Delarue, sua amante grávida Marcelle, o mais jovem Ivich, e outras personagens, cujos acontecimentos se desenrolam em fins da década de 1930. A série começa com *A idade da razão* (SARTRE, 1945a; 1947e; 2012a). O segundo volume é o mais bem-sucedido.

Em *Sursis* (SARTRE, 1945c; 1947f; 2012b), Sartre faz uso da técnica de foco narrativo múltiplo, tomada de John dos Passos e outros, para tematizar a assinatura do Acordo de Munique, que trouxe paz temporária à Europa ocidental, mas foi desastroso para a Tchecoslováquia. A obra ilustra perfeitamente os talentos ecléticos de Sartre como romancista, pois consegue recriar admiravelmente a angústia, a confusão e o falso alívio do período que resultaram da política de apaziguamento. Por fim, *Com a morte na alma* (SARTRE, 1949a; 1950b; 2012c) traz o que parecem ser os momentos finais de Mathieu, que do alto de uma torre atira nos alemães que avançam. Ele "atirava" contra todos os seus "escrúpulos passados" por "quinze minutos" (SARTRE, 1981a: 1344; 2012c: 238); mas não é morto. Em *A última chance* (incluído em SARTRE, 1981a), o quarto volume incompleto, encontramos Mathieu e outros em um campo de prisioneiros de guerra. Por fim, Sartre esperava demonstrar a "conversão" de suas personagens principais em pessoas comprometidas. As metamorfoses que haviam vivido, de elaborada dramatização, também revelariam os limites do projeto de Sartre. Seus "tipos" de traço bastante realista jamais teriam se tornado "genuinamente" heróis ou vilões existenciais.

Sartre, o dramaturgo

O primeiro drama de Sartre, *Bariona* (SARTRE, 1962b; tb. presente em SARTRE, 2005a, a exemplo das demais peças de Sartre debatidas abaixo), mistura elementos de sua própria filosofia com fontes bíblicas e literárias e demonstra sua concepção do teatro como um mundo à parte e distinto do nosso, no qual a fala, os gestos e objetos operam como sinédoques em relação à psiquê dos espectadores e, assim, permitem uma compreensão completa da mensagem subjacente. Bariona aceita a exigência dos romanos de um aumento excessivo de impostos, mas em seguida impõe o celibato forçado a seu povo, para que a tribo morra. Ele chega a insistir que sua esposa aborte. No entanto, quando as pessoas escutam falar do Salvador, elas desobedecem a suas ordens e fogem para Belém. Bariona os segue e, quando olha nos olhos de José, converte-se instantaneamente e decide assumir o exército romano para salvar a vida do Salvador. O "olhar" desempenhará papel importantíssimo em *O ser e o nada*, publicado em 1943. O ato de desafio de Bariona prefigura a recusa desafiadora de Orestes em se curvar à autoridade de Júpiter e a recusa quixotesca de Hugo em aceitar a última mudança de direção do partido.

A segunda peça de Sartre, *As moscas*, montada durante a ocupação nazista, é uma reformulação da história de Orestes. Ele retorna a Argos para reencontrar suas raízes, mas descobre que a cidade está sob uma maldição. A cidade representa o regime de Vichy. À maneira de Pétain, Júpiter impõe uma falsa hierarquia de valores, e rei e rainha conspiram ao seu lado e incutem um sentimento de culpa em seus cidadãos. Electra, sua irmã, implora a Orestes que mate Clitemnestra, sua mãe, e seu novo marido, Egisto, ambos responsáveis pelo assassinato de seu pai. Ele o faz; dominada pela culpa, porém, Electra decide permanecer na cidade; Orestes, porém, declara-se livre, abandona a cidade e assume total responsabilidade por seu ato assassino. A decisão de Orestes é frequentemente criticada: ele deveria ter ficado e assumido o trono. Ao recusá-lo, no entanto, rejeitando o sistema de falsos valores de Júpiter, ele acaba por desempenhar um papel exemplar, dizendo aos parisienses que estes não precisam aceitar o sistema de falsos valores de Vichy, pois eles também são livres!

Entre quatro paredes é merecidamente o drama mais conhecido de Sartre. Ele se encaixa em seu critério de que a ação deve ser desenvolvida em um lugar distante – neste caso, o inferno –, para tornar-se puro teatro. Uma vez que Garcin, Inès e Estelle estão mortos, todos os seus atos estão reduzidos a meros gestos. O inferno de Sartre transforma a representação tradicional: não há fogo, enxofre ou instrumentos de tortura; as personagens são torturadas por seu passado e pelos que ainda estão vivos, torturam-se umas às outras no presente e continuarão a fazê-lo para sempre. Nesse trio impossível, composto por um mulherengo covarde, dado a arroubos de agressividade (Garcin), uma determinada lésbica sado-masoquista (Inès) e uma frívola mulher da sociedade, assassina de crianças (Estelle), todos são espelho e juiz uns dos outros. Eles já não podem desfazer seu passado e precisam "viver" para sempre plenamente conscientes do que se tornaram. Como em *Bariona*, o olhar é crucial; os "múltiplos olhos" que o encaram fazem Garcin perceber que "o inferno são os outros" (SARTRE, 2005a: 127-128). Ninguém jamais escapará do olhar acusador dos demais e ficará para sempre preso em seu carrossel infernal.

Em *Os vencedores* e na farsa *Nekrassov*, vemos Sartre desviar-se da regra de que a ação dramática deve estar situada à grande distância no tempo e no espaço; em certa medida, contudo, a farsa extravagante cria seu próprio espaço e tempo. *Os vencedores*, similar em muitos aspectos a "O muro", é ambientado nos Vercors e lida com a *milice* francesa e os *maquis*; mas, diferentemente de "O muro", onde o sofrimento dos homens é psicológico, os *maquisards* são torturados no palco – assim, Sartre peca contra uma regra capital do teatro neoclássico francês, a exclusão da violência. Dada a audiência burguesa de Sartre, a reação foi previsível, e a peça foi um fracasso. Quando em "O muro" Pablo acidentalmente trai seu líder, ele é libertado, mas esse não é o caso dos *maquisards*. Eles também enviarão os *miliciens* em uma caçada selvagem e lograrão em seu ardil porque Jean, seu líder, é libertado; porém, apesar da promessa dos *miliciens*, os *maquisards* são de todo modo executados. Por outro lado, a tortura que sofrem é inútil, pois até que Jean seja introduzido aos demais, eles não conhecem seu paradeiro.

A prostituta respeitosa resultou na acusação contra Sartre de antiamericanismo. Sartre visitou os Estados Unidos em 1945 e escreveu sobre o racismo no *Le Figaro* e, posteriormente, tornou-se conhecido defensor do terceiro mundo; no entanto, essa peça ilustra tanto o peso emocional das relações raciais do sul do país quanto denuncia o sistema de valores daquela sociedade hierárquica. Sartre lera sobre o julgamento dos garotos de Scottsboro e era conhecedor de Faulkner, e o resultado é uma peça em que os brancos, dominantes, se livram de assassinatos, ao mesmo tempo que aterrorizam negros e subjugam o *white trash*. Lizzie é uma prostituta nova-iorquina que viaja de trem ao sul na esperança de se estabelecer e ser sustentada por senhores ricos e idosos. Esse cenário improvável complica-se pelo fato de, no sul segregado, ela dividir sua cabine com dois negros. Quando um grupo de homens brancos entra, tem início uma briga, um dos negros é baleado, e outro escapa. Lizzie é apanhada em uma boate por Fred, primo do assassino, e eles passam a noite juntos no apartamento que Lizzie recentemente encontrara. Na manhã seguinte, o negro que havia fugido bate à porta e implora que ela testemunhe a seu favor no tribunal. A honesta Lizzie concorda, mas não conta com Fred, o racista puritano e lascivo. Ele deixa duas notas de dez dólares em cima da mesa para incriminá-la. Assim, quando a polícia, que está em conluio com Fred, chega, há provas de que ela é uma prostituta. Lizzie também tem um lado móvel socialmente ascendente sentimental e, quando o pai de Fred, o senador, assume o caso da mãe do assassino, ele consegue forçar Lizzie a assinar uma declaração segundo a qual seu filho Thomas é a vítima inocente. Enquanto isso, o libidinoso Fred atira em outro negro que está sendo linchado e vê o rosto de Lizzie nas chamas. Se seu pai fora grande responsável pela superioridade dos brancos sobre os negros, Fred, por sua vez, canta os louvores da elite branca sobre párias sociais como prostitutas. Quando Lizzie concorda em se tornar sua amante tida e mantida, Fred proclama que tudo está em ordem. Quando Sartre passou a realizar viagens a convite do Partido Comunista, ele permitiu que o final mudasse e, no último momento, Lizzie e o negro escapam em um carro da polícia. Dado que a polícia foi mostrada conspirando com a elite branca, o final soa improvável. No entanto, a peça é uma boa indicação do pensamento de Sartre sobre o poder penetrante que a elite exerce sobre aqueles que ela considera os párias sociais.

É justo considerar *Dirty Hands* uma obra-prima, mas sua conclusão aparentemente anticomunista causou grande constrangimento a Sartre, que viajava a convite do partido. Ela está de acordo com a concepção de teatro de Sartre: é ambientada em um país distante e nos apresenta um universo em que as leis regentes do tempo e do espaço estão suspensas. Passamos da casa de Olga ao escritório de Hoederer e deste de volta à casa da primeira. Em três horas, passamos do presente ao passado, no qual a maior parte da ação se dá em uma espécie de presente em suspenso. Isso coloca o jovem idealista Hugo em disputa com o político realista Hoederer, mas o que o torna o drama interessante é o prolongado *flashback* que recria o período em que Hugo foi secretário de Hoederer e assassino contratado. Hugo, porém, acaba por matar Hoederer não por razões políticas, mas porque vê sua esposa nos braços dessa "figura paterna". Quando, no último momento, ele descobre que o partido reabilitou Hoederer, ele rejeita essa última reviravolta política e desafiadoramente permite ser eliminado para justificar suas próprias crenças e as estratégias de Hoederer. A peça nos deixa suspensos entre o idealismo juvenil e as exigências da *realpolitik*. "Mentir ou não mentir" torna-se a questão final (NOUDELMANN & GILLES, 2004: 297-299).

O drama *O diabo e o bom Deus*, novamente situado em lugar e tempo distantes, brinca com o paradoxo do bem e do mal e ilustra que Goetz, ao interpretar os dois papéis em momentos alternados, apenas incorre em autoengano e que esse não é o derradeiro ato de desafio que pensava ser. Somente quando aceita fazer o que pode fazer melhor, isto é, liderar o exército, é que ele realiza seu verdadeiro papel. Ironicamente, ele diz a Nasty que "não nasceu para comandar", mas deseja "obedecer", de onde Nasty ordena-lhe que assuma a liderança "do exército" e, desse modo, "obedeça" (SARTRE, 2005a: 499). Quando a seguir ele mata um líder que prefere "morrer" a "obedecer", ele proclama: "Assumo o comando contra minha própria vontade; mas não desistirei. Acredite, se houver possibilidade de vencer esta guerra, eu a vencerei [...] Sim, o reinado do homem começou". E finalmente: "Ficarei sozinho com o céu vazio acima da minha cabeça, pois não tenho outra maneira de estar com você. Temos de lutar essa guerra, e eu a lutarei" (SARTRE, 2005a: 501). Novamente, uma série de gestos vazios termina com um ato final definitivo, mas também traz à tona o desamparo do herói moderno, que deve agir sem a orientação divina que ele procurara em vão.

A adaptação que Sartre realiza de *Kean*, de Dumas, mostra sua maravilhosa compreensão da importância de gestos e atos e da "teatralidade" em geral. Kean é admirado como um gênio no palco, porém desprezado como um ator medíocre. Filho ilegítimo, ele está carregado de ressentimento contra a aristocracia, e é apenas quando transgride as regras, deixa seu papel e ordena aos aristocratas que "fiquem quietos" porque "no palco ele reina supremo" (SARTRE, 2005a: 638) que ele recupera a dignidade. A peça representa a vitória da meritocracia sobre a aristocracia, e Kean a confirma casando-se com Anna, que será sua gerente durante o dia e amante à noite.

Nekrassov satiriza não apenas a imprensa francesa de direita, como também sua própria filosofia. É um maravilhoso *tour de force*, mas não nos convence de que todos os desertores da União Soviética são impostores. A antipatia de Sartre pela burguesia era um fato bem conhecido, mas essa peça mostra os limites de sua posição de "viajante a convite do partido". Uma vez ignorada a mensagem obviamente falaciosa, a peça pode ser vista como uma exibição magistral de seu entendimento da arte paródica, tal como realizada pelos Keystone Cops e outros.

Ao contrário de *Os vencedores*, *O condenado de Altona* é uma tentativa muito mais sutil de denunciar a tortura praticada pelo exército francês na Argélia. Instalado na Alemanha, o drama abrange um vasto período, de Lutero e a ascensão do capitalismo ao alemão *Wirtschaftswunder* do pós-Segunda Guerra Mundial. Por isso, também pode ser visto como um comentário mordaz acerca do conluio entre as principais figuras industriais e qualquer governo que esteja no poder. Uma vez que Sartre trabalhava concomitantemente em *Freud: The Secret Passion*, a peça ilustra mais uma vez, como fizera em *Dirty Hands*, a fatídica relação pai-filho – na qual, neste caso, o filho, incapaz de afrouxar os laços que o unem ao pai, torna-se o "Açougueiro de Smolensk"; assim, Sartre consegue "desmistificar o heroísmo militar, mostrando sua ligação com a violência incondicional" (SARTRE, 2005a: 1.015). Nessa obra-prima teatral, Sartre explora todos os recursos da mídia, do cinema, do rádio e do gravador, e ilustra os princípios da psicologia existencial em que os *flashbacks* e as prolepses obrigam Frantz a admitir seus próprios crimes de guerra. Como em *Entre quatro paredes*, a ação ocorre em dois níveis. O sequestro deliberado e a loucura fingida de Frantz são tentativas desesperadas de justificar a derrota da Alemanha como um desastre, pois ele precisa negar o evidente renascimento econômico da Alemanha e se esconder de seu próprio fracasso. Pai e filho cometem suicídio juntos: a cegueira de ambos diante da terrível realidade que criaram não lhes deixa outra saída. No entanto, na medida em que nos identificamos com Frantz, reconhecemos nossa própria "cumplicidade na criação desse horrível universo" (SARTRE, 2005a: 1.028). A esperança de Sartre era que o público francês "reconhecesse a si nos alemães retratados" e que "a miragem teatral desaparecesse para dar espaço à verdade que se esconde por trás de si" (SARTRE, 2005a: 1.016).

Concluo com as observações de Sartre sobre sua adaptação de *As troianas*, um fracasso nas bilheterias e o fim de sua carreira como dramaturgo. Essa denúncia de guerra "termina com uma nota de total niilismo. [...] Nela, os deuses morrem assim como os humanos, e tal morte é a moral da tragédia" (SARTRE, 2005a: 1.051). A visão de Sartre de um mundo sem Deus prospera sempre em momentos dramáticos: tanto na prosa quanto no teatro, é o ato transformador que faz o homem e... faz toda a diferença.

Agradecimento

Gostaria de agradecer a Walter Skakoon pela perspicácia das sugestões.

Leitura complementar

HOWELLS, C. (1988). *The Necessity of Freedom*. Cambridge: Cambridge University Press.

O'DONOHOE, B. (2005). *Sartre's Theatre*: Acts for Life. Berna: Peter Lang.

SARTRE STUDIES INTERNATIONAL (2012). "A Symposium on Sartre's Theater". In: *Sartre Studies International*, 18 (2), p. 49-126.

7
Psicanálise e psicanálise existencial

Betty Cannon

Ao longo de seu trabalho, Sartre demonstrou um profundo e amplo interesse na teoria psicológica em geral e na psicanálise em particular. Seus escritos sobre temas psicológicos começaram com sua tese na École Normale Supérieure, em 1927, mais tarde publicada, sob forma revisada, como a primeira edição de *A imaginação* (SARTRE, 1936; 1972a; 2008a). A ela, seguiram-se dois tratados filosófico-psicológicos clássicos, *Esboço de uma teoria das emoções* (SARTRE, 1939a; 1975; 2008b) e *O imaginário: uma psicologia fenomenológica da imaginação* (SARTRE, 1940; 2004a; 1996b). O primeiro trabalho filosófico importante de Sartre, *A transcendência do ego* (SARTRE, 1936-1937; 1957a; 2015a), é tanto psicológica quanto filosoficamente significativo. Obviamente, Sartre dedica uma seção de sua obra-prima filosófica, *O ser e o nada* (SARTRE, 1943a; BN1; BN2; SN), ao desenvolvimento das premissas de uma psicanálise existencial.

O interesse de Sartre pela psicanálise tomou novos rumos em 1956, quando ele realizou extenso trabalho de pesquisa e leitura a partir de uma encomenda do produtor John Huston para que escrevesse um roteiro sobre a vida de Freud. Editado postumamente e publicado pelo eminente psicanalista francês J.-B. Pontalis, amigo e colega de Sartre, *Freud, além da alma* (SARTRE, 1986a) é surpreendentemente vivaz, favorável a Freud e fiel ao relato Freud/Jones sobre o nascimento da psicanálise (JONES, [1953] 1961). Uma leitura cuidadosa revela que a maioria das evidências para o inconsciente descobertas por Freud pode ser interpretada de duas maneiras: segundo a teoria do inconsciente de Freud e a teoria da má-fé de Sartre. A releitura de Freud por Sartre nesse momento pode ter influenciado a histérico-epilepsia de Flaubert em *O idiota da família* (SARTRE, 1971-1972; 1981c; 1987; 1989a; 1991a; 1993c; 2014b-2015b). Ao mesmo tempo, a exposição de Sartre acerca das dificuldades de Flaubert demonstra um aprofundamento de sua própria teoria da má-fé para explicar mais amplamente o papel do corpo na criação de sintomas. É também possível dizer que, quando Sartre observa em *Questões de método* que apenas a psicanálise "permite reencontrar o homem inteiro no adulto, isto é, não só suas determinações presentes, mas também o peso de sua história" (SARTRE, 1968: 60; 2002b: 57), ele estava pensando em seu recente encontro com Freud ao escrever o roteiro.

Pontalis entendia que a relação profundamente "ambígua" de Sartre com a psicanálise "terá de ser escrita e talvez seu trabalho tenha de ser reinterpretado à luz dela" (SARTRE, 1979: 220). A verdade é que Sartre deu a Freud uma enorme quantidade de crédito, embora discordasse dele em muitas questões cruciais. Sartre reconhece que a psicanálise existencial não poderia ter existido antes da invenção da psicanálise freudiana. Ele entende que sua versão da psicanálise é constituída somente de um conjunto de princípios e não chega a oferecer algo como a aplicabilidade no trabalho com pacientes que ocupa as páginas da literatura psicanalítica. As psicobiografias de Sartre fornecem exemplos, mas não clínicos. A psicanálise existencial, diz Sartre, "ainda não encontrou o seu Freud" (EN: 734; SN: 703). Em vez disso, as "descobertas finais" da ontologia "devem servir de princípios para a psicanálise existencial" (EN: 735; SN: 703). Esses princípios são sartrianos, embora Sartre tenha aprendido muito com Freud. Mais tarde, Sartre acolheu o trabalho de R.D. Laing, profundamente influenciado por Sartre e que exemplifica uma perspectiva psicanalítica compatível com a sua (LAING & COOPER, [1964] 1971: 6; SARTRE, 1979: 204).

Este capítulo visa a tecer comparações e contrastes entre as psicanálises existencial e freudiana, concluindo com uma breve consideração de como Sartre pode ser útil hoje para a psicanálise.

Teoria e método de Freud: o apelo à ciência natural

Freud, a exemplo de muitos psicólogos de diferentes perspectivas, de seu tempo ao nosso, procurou amparar sua abordagem na ciência natural de seu tempo. Sua posição é fundamentalmente determinista e materialista. Diz Freud que a intenção de seu "Projeto para uma psicologia científica", que integra sua correspondência, postumamente publicada, com seu amigo Wilhelm Fliess, é "fornecer-nos uma psicologia que seja uma ciência natural; seu propósito, a saber, é representar processos psíquicos como estados quantitativamente determinados de partículas materiais especificáveis e, assim, torná-los claros e esvaziados de contradições" (FREUD, [1950] 1953-1974: 355). Em outras palavras, o objetivo de Freud é reduzir a psicologia à neurofisiologia, objetivo por vezes expresso pelos psicólogos nos dias atuais.

Freud não publicou o projeto durante a vida, pois percebeu que a ciência simplesmente não estava lá. No entanto, ele não abandonou a tentativa de fundamentar a psicanálise em explicações e metáforas derivadas das ciências naturais, como alegaram alguns teóricos pós-freudianos. Ele nunca seguiu seu próprio preceito de que a psicanálise deveria se purgar de tudo, exceto das "ideias psicológicas auxiliares" (FREUD, [1916-17] 1953-1974: 21). As quatro principais hipóteses de sua metateoria psicológica são todos postulados científicos, no sentido de que se valem das metáforas da ciência natural com o objetivo de estabelecer a validade da psicanálise. A hipótese mais *experience-distant* dentre elas, a teoria da pulsão da hipótese econômica, é baseada no fluxo, inibição e deslocamento de energia – metáforas derivadas de teorias de carga e descarga tomadas à física, metáforas hidráulicas adaptadas da descoberta do motor a vapor, e do estudo de Freud com Brucke e Meynert, seus mentores em neurofisiologia.

O fluxo de energia no organismo é primeiramente concebido em termos de forças psicobiológicas – pulsões libidinais e agressivas no jovem Freud, e em seu trabalho maduro final, instintos de vida e morte, Eros e Tânatos. Freud acredita que a energia do instinto não pode ser criada nem destruída, é ao menos teoricamente mensurável, pode ser condensada ou deslocada de seus objetos originais para outros (como na transferência), "convertida" de uma forma para outra (como na cegueira histérica) e recolher-se em face do mundo externo ao ego ou a um objeto perdido (como no narcisismo ou no luto).

A "catexia" é um conceito que implica a quantidade de energia ligada a um objeto, a uma ideia ou ideias ou a uma parte do corpo. Antes de catexiar a mãe e o seio, o bebê está envolto em um narcisismo primário sem objeto. O narcisismo secundário envolve o investimento do ego, não do objeto. Certa quantidade de narcisismo é normal. Estar envolvido em um amor não correspondido drena energia do ego daquele que ama e, portanto, leva ao empobrecimento. O objetivo final do organismo, segundo Freud, é o retorno à carga de energia zero. O prazer é um princípio mecânico que envolve a redução física de quantidades de energia no organismo. Como diz Freud, ele "decorre do princípio da constância" (FREUD, [1920] 1953-1974: 9).

Embora muitos psicanalistas atuais descartem ou minimizem a teoria da pulsão, ela é o mecanismo que faz a máquina freudiana funcionar. Todas as hipóteses – dinâmicas (forças conflitivas na psiquê), topográficas (consciência, pré-consciente e inconsciente) e estruturais (ego, superego e id) – exigem-na. O repositório das pulsões é o id, e a fonte da realidade, o ego, onde a energia pulsante é neutralizada ou sublimada, deslocada ou defendida. A internalização de proibições contra a pulsão de satisfação combinada à angústia da castração leva ao desenvolvimento do superego, que pode obter parte de sua virulência a partir de pulsões agressivas originadas no id. Por não terem a angústia da castração, as mulheres não desenvolvem superegos adequados (FREUD, [1930] 1953-1974).

A neurose se desenvolve quando as pulsões exigem gratificação e se deparam com a resistência do mundo e / ou do superego. Resultam daí satisfações substitutas na forma de sintomas, uma vez que a energia não pode ser destruída, mas apenas deslocada na psiquê. Por exemplo, a lavagem compulsiva das mãos substitui o desejo de lidar com fezes ou outras atividades "sujas". Dora, paciente de Freud

([1905] 1953-1974), desenvolve uma tosse histérica como substituta de seu desejo por sexo oral. Na psicose, o ego pode ser dominado pelas pulsões e, assim, perder o contato com a realidade.

Na neurose, mecanismos de defesa e resistência, como colocados pela hipótese dinâmica, impedem que o ego veja os desejos repudiados (decorrentes das pulsões) que estão na raiz de seus problemas. O complexo se desenvolve quando conflitos intrapsíquicos e suas soluções substitutas são empurrados para o inconsciente e zelosamente guardados pelo censor que fica, como sentinela, entre a consciência e o inconsciente. Mais tarde, Freud remove a força repressora do censor no superego e, depois, nas defesas do ego. A angústia resulta quando o material reprimido ameaça invadir a consciência.

Na visão de Freud, a maneira pela qual a metodologia da psicanálise funciona pode ser explicada nos termos dessas hipóteses – de fato, agradava a Freud dizer que desenvolveu as hipóteses como maneira de explicar o material clínico. O objetivo da terapia é rastrear o desenvolvimento da pessoa, explicado pela dinâmica baseada na teoria acima, da primeira infância ao presente. Fixações em vários estágios psicossexuais (oral, anal, fálico e genital) e gratificações substitutas que levam ao desenvolvimento de sintomas são os dados primários a serem analisados. No decorrer da terapia, as defesas devem ser analisadas, e as resistências ao material inconsciente (que em geral se manifesta como resistência à terapia), superadas. O complexo de Édipo, a angústia de castração, as fixações psicossexuais e as fantasias e sintomas resultantes devem ser confrontados. Os símbolos que aparecem nos sonhos e em outros materiais são geralmente de natureza universal, resultantes de suas raízes nos impulsos e fixações no desenvolvimento psicossexual, e podem ser encontrados no decorrer da análise. A análise da transferência de energia das correções libidinais precoces para o analista se torna um caminho primário para a cura.

O método de Freud envolve pedir ao analisando o comprometimento com um processo no qual este diz tudo que lhe venha à mente. Isso é chamado de "regra fundamental". O analista escuta com uma postura de "atenção uniformemente suspensa", de modo a permitir que o material inconsciente surja sem interferência ou preferência. Isso é feito, geralmente, com o analisando deitado em um divã com o analista atrás de si, a fim de incentivar o material inconsciente a fluir de forma mais espontânea e desinibida. O analista interpreta o material inconsciente que emerge na forma de transferência, resistência, defesas, sintomas, símbolos, fantasias, sonhos, padrões repetitivos e "encenação" para que ele se torne consciente. Como diz a famosa frase de Freud, é essa conscientização do material inconsciente que leva à cura: "Onde estava o id, deve advir o ego". O fluxo é restaurado pela remoção dos bloqueios à consciência e se possível encontrando saídas ou sublimações realistas para a energia da pulsão reprimida. Haja vista que a civilização está repleta de "descontentamento" na forma de bloqueios à gratificação instintiva (FREUD, [1930] 1953-1974), a cura pode significar não mais, como diz Freud, do que permitir que o analisando passe da sintomatologia neurótica à "infelicidade comum" (FREUD, [1895] 1953-1974: 305).

A abordagem de Sartre: investigação fenomenológica e o projeto fundamental de ser

Embora Sartre sempre se mostrasse admirado das grandes descobertas de Freud (o impacto da infância na vida adulta, a onipresença da autoilusão e o uso do relacionamento presente entre analista e paciente para que se explorem as profundezas das dificuldades do analisando), ele ao mesmo tempo contestou seriamente a metapsicologia de Freud. Suas objeções estão enraizadas na fenomenologia existencial, que rejeita as premissas da ciência positivista aplicada aos seres humanos. A fenomenologia é, antes de tudo, uma resposta ao dualismo cartesiano: elimina a divisão entre mente e corpo, eu e mundo, pensada pelo filósofo francês do século XVII, René Descartes, – perspectiva que influenciou profundamente o desenvolvimento da ciência moderna. O fundador da fenomenologia, Edmund Husserl, apresenta uma visão da consciência como instância intrinsecamente intencional e relacionada ao mundo. Não existe um eu sem o mundo, nem mundo (no sentido da tese específica) sem o eu. Por intencionalidade, Husserl não sugere que a consciência tenha motivos ou intenções ocultos na psiquê, como no uso comum da palavra "intenção". Antes, ele quer dizer que a consciência está sempre consciente de algum objeto real ou imaginado. A intenção existe não atrás do ato de se tomar posse do mundo dessa ou daquela forma, mas no próprio ato.

Sartre leva a fenomenologia de Husserl um passo adiante. Seguindo Heidegger, que juntamente com Husserl teve grande impacto em sua filosofia, Sartre se opõe até ao "ego transcendental" de Husserl, que constitui o mundo dos significados e dos objetos. Para Sartre e Heidegger, não há ego transcendental. Existe apenas consciência (*Dasein*, ou "estar lá", na filosofia de Heidegger) experimentando o mundo dessa ou daquela maneira. É da perspectiva da fenomenologia existencial que Sartre rejeita as hipóteses fundamentais de Freud. Nessa perspectiva, não existe algo como uma psiquê com substância e estrutura. Não há ego, superego e id, consciência, pré-consciente e inconsciente, quaisquer pulsões psicobiológicas por trás de atos intencionais, nenhuma dinâmica interna separada do mundo em que uma pessoa vive. Existe apenas consciência vivida no corpo tomando posse do mundo dessa ou daquela maneira.

Por isso, quando Sartre diz que a psicanálise individual procura compreender o projeto fundamental de ser de um indivíduo, ele não está simplesmente falando sobre o complexo freudiano em outra linguagem. Como diz Sartre, tanto o complexo quanto o projeto são totalidades, não uma coleção de respostas aleatórias, e ambos se referem a uma "infinidade de significações polivalentes" (BN1: 570; BN2: 591; SN: 697). No entanto, o complexo é um padrão de emoções, memórias, percepções e desejos no inconsciente pessoal organizados em torno de um tema comum e alimentados por pulsões. O projeto é, ao contrário, a escolha consciente, vivida corporalmente ao nível mais profundo e original, de uma maneira de estar no mundo. O complexo é determinado. O projeto fundamental é escolhido livremente, embora essa escolha esteja sempre situada – ou seja, é sempre uma combinação do que o mundo traz e do que eu faço daquilo que o mundo traz.

Tanto o complexo quanto o projeto original estão organizados em torno de desejos, mas a palavra "desejo" significa coisas distintas em cada forma de psicanálise. Para Freud, o desejo refere-se ao instinto sexual e seus objetos, modulados através dos estágios psicossexuais. Para Sartre, o desejo refere-se à falta fundamental do ser (o nada ou a não-coisa) que é a consciência. A sexualidade é apenas uma de suas manifestações. Meu desejo não deriva de uma pulsão generalizada que está por trás da experiência. Manifesta-se na minha experiência à medida que me relaciono com os objetos dessa experiência de várias maneiras. É motivado pelo desejo de preencher a falta fundamental. É o desejo de usar objetos e outras pessoas para criar um eu substancializado.

O projeto fundamental, diferentemente do complexo freudiano, não é fixado na infância. É menos uma totalidade no sentido estático de uma totalização, uma maneira contínua de interpretar o eu e um mundo que está sempre em movimento e mudança. Seu significado presente, embora permeado por suas origens na infância, não é redutível a essas origens. Como Sartre diz em *Questões de método*, uma vida se desenvolve em "espirais"; "passa repetidamente pelos mesmos pontos, porém em diferentes níveis de integração e complexidade" (SARTRE, 1968: 106). Podemos encontrar pausas abruptas e "conversões radicais" para uma maneira diferente de estar no mundo. Isso acontece, por exemplo, quando Genet, em *Saint Genet*, biografia escrita por Sartre (1952; 1963; 2002c), deixa a vida de crime à qual parecia destinado para se tornar escritor – ou quando uma pessoa muda radicalmente no decorrer da análise.

O projeto fundamental, como o complexo, tem suas origens no passado, que Sartre diz se tratar de "profundidade-por-detrás de todos os meus pensamentos e sentimentos" (BN1: 141; BN2: 164; SN: 198). Sartre chega a concordar com Freud, a dizer que ambas as formas de psicanálise devem explorar "o acontecimento crucial da infância e a cristalização psíquica em torno dele" (BN1: 569; BN2: 590; SN: 697). O projeto, contudo, não é como o complexo freudiano, determinado por esses eventos da infância. Em vez disso, a criança escolheu (no nível da intencionalidade básica não reflexiva) viver de uma certa maneira e desenvolver o projeto. A criança Genet, por exemplo, escolheu ser "o ladrão que eles diziam que eu era" (SARTRE, 1963; 2002). Obviamente, a escolha nem sempre é viável (e no caso do mal mental, talvez jamais seja). Mas é uma escolha. Sou eu quem vivo minhas circunstâncias dessa maneira, ou melhor, respondo mecanicamente a elas.

A razão de sintomas presentes poderem parecer determinados pelas circunstâncias passadas é que recordamos as circunstâncias vividamente e não vemos outra forma em que as poderíamos ter vivido. Isso ocorre parcialmente assim porque decidimos vivê-las dessa forma e não de outra. Curiosamente, o próprio Freud reconhece em uma passagem bastante notável que o determinismo só funciona de frente para trás. Quando tentamos passar da neurose atual para a infância original, tudo parece inevitável. No entanto, quando se chega às circunstâncias originais, tornamo-nos cientes de que poderia ter havido um desenlace distinto e que ele poderia ter sido justo e compreensível. Por isso, como diz Freud: "A síntese jamais será tão satisfatória quanto a análise; em outras palavras, a partir de um conhecimento das premissas, não poderíamos ter previsto a natureza dos resultados" (FREUD, [1920] 1953-1974: 267). Freud considera que o fracasso da previsão ocorre porque nunca podemos conhecer todos os fatores etiológicos em uma neurose. Sartre acha que isso acontece porque somos livres.

O projeto fundamental não é apenas orientado pelo passado. É presente e também orientado pelo futuro. O momento atual é, evidentemente, onde vivemos e onde as mudanças ocorrem. Sartre descreve o presente simplesmente como "presença ao ser" (BN1: 121-122; BN2: 145; SN: 181-182). Qualquer terapia que seja eficaz deve estar profundamente presente a essa presença – e deve incentivar as pessoas em tratamento a serem cada vez mais presentes (em vez de tentarem fugir ao passado ou ao futuro). No entanto, o presente não é algo estático. O projeto fundamental se move no tempo – na verdade, para ser mais preciso, temporaliza-se. É um *pro-jeto*, um estar me lançando à frente a partir do passado em direção ao futuro. Se o passado é o seu chão, o futuro é o seu significado.

Daí Sartre dizer que a psicanálise deve ser "inteiramente flexível" e se adaptar às "menores mudanças no sujeito" – reconhecendo que diferentes abordagens podem ser adequadas para diferentes analisandos ou para o mesmo analisando em um momento diferente da terapia (BN1: 573; BN2: 594; SN: 701). Também deve ser um empreendimento profundamente relacional e colaborativo – uma tarefa conjunta na qual "cada pessoa se arrisca e assume suas responsabilidades" em vez de um processo hierárquico (SARTRE, 1979: 201). Por fim, é a "intuição final do sujeito", não as interpretações do analista, que é "decisiva" na psicanálise existencial (BN1: 574; BN2: 594; SN: 702).

Em *Questões de método* (SARTRE, 1968; 2002) e na *Crítica da razão dialética* (SARTRE, 1960c; 2002), Sartre propõe uma metodologia para as ciências sociais em geral, a qual ele chama de método progressivo-regressivo. O momento regressivo é o método usual de investigação das ciências sociais. Ela analisa e procura trazer à luz todas aquelas condições aparentemente objetivas da situação de uma pessoa (ou grupo), incluindo circunstâncias históricas e sociomateriais e até mesmo linguagem e cultura. O momento progressivo, por sua vez, usa a compreensão, colocando-me como ser humano na pele do outro de modo a entender o significado humano de um evento ou ação passada. Essa "compreensão pré-ontológica e fundamental que o homem tem da pessoa humana" (BN1: 568; BN2: 589; SN: 696) também é o ponto de partida da psicanálise existencial. Ao mirar o passado, isso significa não tanto a tentativa de encontrar causas e condições quanto de buscar motivos e sentidos. Significa descobrir o passado como escolha, não como condicionamento. Isso libera o futuro: se fui livre, sou livre. Frequentemente, a dimensão direcionada ao futuro do projeto de uma pessoa pode ser evocada pela pergunta: "O que isso faz (ou fez) para você fazer/se sentir/pensar/responder [dessa maneira específica]?"

O projeto fundamental é sempre uma tentativa de resolver o problema do ser, em vez de uma resposta puramente mecânica a forças internas ou condições externas. Esse é o problema da necessidade de se criar um eu substancial e, ao mesmo tempo, permanecer livre – ser algo ou alguma coisa, como dizemos coloquialmente. Sartre diz que o significado desse desejo é "em última análise, o projeto de ser Deus" – o *ens causa sui* da filosofia escolástica (BN1: 567; BN2: 587; SN: 693). Uma vez que é impossível para um ser humano ser livre e algo substancial ao mesmo tempo, Sartre faz sua famosa declaração: "O homem é uma paixão inútil" (BN1: 615; BN2: 636; SN: 750). No entanto, todas as várias formas de fazer, ser e ter (com fazer e ter colapsando, por fim, no ser) são tentativas de resolver o problema de ser – de criar sentido ali no futuro trazendo à existência um eu substancializado como valor.

Todas as nossas maneiras de nos relacionarmos conosco e com os outros são tentativas para resolver o problema de ser. Todas as nossas formas de temporalizar, espacializar e nos relacionarmos com objetos no mundo, todas as nossas formas de nos inserirmos (ou fracassar na inserção ou recusá-la) na linguagem e na cultura, todas as nossas ações, maneirismos, gostos e gestos são modos de tentar resolver o problema de ser. Sartre diz: "não há um só gosto, um só tique, um único gesto humano que não seja revelador" (SN: 696). Nossos gestos, expressões faciais, postura corporal e todas as várias maneiras de viver nosso corpo são tentativas de resolver o problema de ser. Como Sartre diz: "Um gesto remete a uma *Weltanschauung* e sentimos é assim" (BN1: 457; BN2: 479; SN: 564). É a tarefa da psicanálise existencial decifrar essa *Weltanschauung*.

Ao tentar elucidar a solução do analisando ao problema de ser, no entanto, o psicanalista existencial não está à procura de uma solução que primeiro seja inventada e depois vivida. O projeto fundamental não é racional, mas "antecede a toda a lógica" (BN1: 570; BN2: 591; SN: 697), e não pode ser conhecido exatamente em sua integridade porque não é diferente do nosso modo não reflexivo mais visceral de viver nossas vidas no mundo. No entanto, pode ser conhecido o suficiente para nos permitir olhar para o que estamos fazendo e tomar outros rumos e mudar. Portanto, o psicanalista existencial não apenas explorará os dados comuns da psicanálise: "os sonhos, os atos falhos, as obsessões e as neuroses". Ele também considerará os "os pensamentos despertos, os atos realizados e adaptados, o estilo etc." (BN1: 575; BN2: 595; SN: 703). Ele será capaz de entender que uma pessoa "se exprime inteir[a] na mais insignificante e mais superficial das condutas" (BN1: 568; BN2: 589; SN: 696).

O resultado dessa investigação deve ser autoevidente "não porque seja o mais pobre e abstrato, mas por ser o mais rico" e mais concreto (BN1: 563; BN2: 584; SN: 689). Devemos explorar a maneira única do analisando de resolver o problema de ser. Se essa pessoa é psicótica, por exemplo, quereremos saber não apenas que ela considerava intoleráveis as condições de sua existência e, portanto, necessitava fugir à fantasia ou à imaginação. Também gostaríamos de saber por que ela prefere ser Jesus Cristo e não Adolf Hitler ou Gêngis Khan. Quereremos encontrar, tanto quanto possível, a pessoa em si, não uma coleção de pulsões ou um conjunto de desejos inconscientes ou qualidades ou estados generalizados. Devemos descobrir o projeto fundamental da pessoa não por trás da experiência concreta vivida, mas naquela própria experiência em si.

A resposta de Sartre ao problema da autoilusão

A psicanálise existencial, como a psicanálise freudiana, deve explicar o fato de que a vida do analisando está repleta de autoilusão. Freud explica a autoilusão em termos de dinâmicas e desejos inconscientes. Sartre explica isso em termos da divisão entre a consciência pré-reflexiva e reflexiva e as estruturas da má-fé. A consciência pré-reflexiva é simples atenção em nível visceral, intencionalidade básica. É vivida corporal, consciente e intencionalmente, mas de forma não necessariamente verbal, uma vez que, como Sartre diz, a linguagem é fundamentalmente para os outros. Sartre diz que a consciência pré-reflexiva "é atravessada por uma luz forte, sem poder exprimir aquilo que essa luz clarifica". É assim não porque estamos lidando com um "enigma não resolvido, como supõem os freudianos" (BN1: 571; BN2: 591; SN: 698). De fato, tudo está lá, luminoso, disponível; o que falta são os meios que permitiriam a conceituação. A verdade não está oculta no inconsciente. Na verdade, não é de forma alguma inconsciente, mas desconhecida no sentido de não ter ainda conhecido reflexão. O analisando, como Sartre diz, deve vir a conhecer o que ele já entende.

A razão pela qual a consciência e o conhecimento não são idênticos é que há um golfo de "nada intransponível" entre a consciência que reflete e a consciência refletida (BN1: 274; BN2: 298; SN: 352). Esse golfo não representa um ressurgimento do inconsciente freudiano por outro nome. O abismo intransponível surge porque, quando a consciência se volta à tentativa de fazer de si um "pseudo"-objeto, o eu que reflete e o eu refletido não são o mesmo. No momento de reflexão, estou sempre refletindo sobre um eu passado. Estou tentando captar a mim mesmo da perspectiva do outro.

Daí surgem as possibilidades para todos os tipos de distorções. Algumas delas derivam da minha tentativa de recuperar meu eu-objeto mediante olhar a mim mesmo através dos olhos de um outro, especialmente de outros feitos de originalidade e poder, que foram capazes de me ver como um objeto no mundo. A experiência do que Sartre chama de "o olhar" do outro me torna desconfortavelmente consciente disso, pois experimento o olhar do outro primeiro em vergonha e, mais tarde, em orgulho (BN1: 252-302; BN2: 276-326; SN: 326-384). Também preciso que o outro me veja, de modo que há um impacto igualmente negativo a situação de outros poderosos e autênticos deixarem de me ver e me validar. Seus olhares, toques e palavras são importantes para o meu desenvolvimento como pessoa. Todos nós experimentamos as distorções derivadas dos olhares (ou da ausência dos olhares) de outros autênticos e poderosos. Nossos modos de criticar ou ignorar a nós mesmos imitam os deles. Daí que Sartre diz que Flaubert, cujas necessidades físicas foram atendidas, mas que era ignorado como pessoa, desenvolve uma personalidade passiva. A falta de reconhecimento como pessoa desempenha também um papel importante nos exemplos de Laing de "insegurança ontológica" (LAING, [1959] 1979). Isso inclui casos em que pacientes psicóticos que não foram tratados como pessoas no início de suas vidas têm maior probabilidade de tratar a si mesmos e/ou a outros como não fossem seres reais ou como fossem objetos, não sujeitos.

A autoilusão surge do desejo de ver ou me transformar em um tipo específico de objeto – para mim e/ou para os outros. Na verdade, a própria crença de que posso ser um objeto como outros objetos no mundo, um eu substancializado tal como uma mesa é uma mesa, é uma distorção. É um ato do que Sartre chama de má-fé, ou mentir para mim mesmo sobre a natureza da minha existência, porque não sou um objeto, mas um sujeito livre. Daí que todas as minhas tentativas de me captar como objeto, levando por fim ao desenvolvimento do ego no sentido sartriano como um construto de consciência reflexiva (não um lugar de orientação da realidade, como em Freud), são má-fé. Elas negam minha posição como sujeito livre. Embora não seja possível ou desejável viver sem um ego (aquele que o fizesse seria provavelmente um psicótico ou um simples cata-vento ao sabor de quaisquer correntes), um ego rigidamente desenvolvido é uma fonte primária de autoilusão (cf. BARNES, 1991, sobre aspectos positivos do ego). Daí Sartre diz em *A transcendência do ego* que "talvez seu papel essencial [do ego] seja mascarar à consciência sua própria espontaneidade" (SARTRE, 1957a: 100; 2015a: 66).

Mesmo ver a mim mesmo como um objeto infeliz, ruim, inferior, ineficaz, egoísta ou censurável é uma questão de má-fé. No entanto, essa posição, como todas as solidificações do ego, serve ao propósito de me dar ao menos um senso de identidade. Ela me permite imaginar que sou alguma coisa e evitar o nada que de fato sou. Daí que as pessoas frequentemente se aferrem com teimosia a essas identidades. Ademais, muitas das defesas freudianas emanam desse desejo de objetificação do eu. Já vimos como a introjeção dos outros originais me auxilia a desenvolver um sólido senso do eu (ainda que distorcido). Da mesma forma, Sartre descreve em *Saint Genet* e *Antissemita e judeu* como o outro desprezado ou "mau" confirma o homem "justo" ou sectário no sentido da sólida superioridade ao projetar todas as qualidades potencialmente renegadas em Genet como o ladrão ou no judeu como figura marginal (SARTRE, 1963; 1965b). Não estamos lidando aqui com processos inconscientes, mas com manobras de má-fé.

Uma vez que existem dois polos para a realidade humana – liberdade e facticidade –, também existem dois polos para a má-fé. Na verdade, o que realmente sou é uma liberdade em situação, não uma simples facticidade ou uma liberdade sem balizas. Se eu não estiver disposto, por qualquer motivo, a aceitar a tensão implícita nesses dois polos, liberdade e facticidade, posso tentar fugir em uma direção ou outra. Posso sobre-enfatizar a facticidade, tentando me transformar em algo sólido, como na forma da má-fé discutida acima. Ou então posso tentar escapar a uma liberdade sem balizas, fingindo ser absolutamente livre no sentido de não sofrer o impacto de minhas presentes circunstâncias, de meu passado, de minhas condições socioeconômicas, dos relacionamentos e assim por diante. Essa segunda manifestação da má-fé, em suas formas mais extremas, pode levar à mania ou à psicose – assim como a outra pode levar à depressão severa ou à grandiosidade do narcisismo. Em casos mais brandos, a segunda forma pode levar à "fobia do compromisso" ou à sua negação.

Ambas as formas de má-fé ajudam a demonstrar o fenômeno da autoconfiança sem recorrer ao inconsciente – embora, naturalmente, a psicanálise existencial não negue que exista uma história pessoal que provoque a adoção de uma estratégia ou de outra. As estratégias em si, no entanto, não são processos inconscientes de uma perspectiva sartriana, mas formas de fugir da verdade da condição humana em uma direção ou outra.

"Reflexão purificadora" e mudança

A consciência reflexiva não é, no entanto, algo a ser evitado em favor de uma espontaneidade impulsiva. Na verdade, a reflexão não pode ser evitada. Sartre descreve um certo tipo de reflexividade que, na verdade, nos revela nossa liberdade. Até agora, discutimos a reflexividade apenas no plano do que Sartre chama de reflexão acessória ou impura. É "impura" porque está contaminada com o desejo de me tornar objeto. No entanto, existem duas outras formas de reflexão que Sartre discute brevemente em *O ser e o nada*. Elas são pura reflexão e reflexão purificadora. São essas formas de reflexão que podem levar uma pessoa a reconhecer a imagem de si mesma "como se estivesse se vendo em um espelho" (BN1: 573; BN2: 594; SN: 701) – e, assim, fazer uma nova escolha de uma maneira de ser no mundo. Esse é o objetivo da psicanálise, sartriana ou freudiana, segundo Sartre.

A pura reflexão, que Sartre descreve como a "simples presença" da consciência reflexiva para a consciência refletida (BN1: 155; BN2: 177; SN: 213) é a um só tempo "forma originária da reflexão e sua forma ideal". É a forma original, uma vez que sem ela nenhuma outra forma poderia existir. É a forma ideal porque ela não tenta criar um eu objeto. O golfo intransponível entre consciência reflexiva e pré-reflexiva não desaparece, mas tampouco é contaminado pelo motivo de construir um eu objeto. A reflexão purificadora dá um passo além. Ela nos permite captar toda distorção reflexiva, com suas raízes na infância, que nos mantém enredados nas estruturas da má-fé que formam a neurose. Sartre diz que o nada que a consciência é não pode ser conhecido pela consciência pré-reflexiva, nem capturado como um objeto psíquico pela reflexão impura, mas que "[s]ó é acessível à reflexão purificadora" (BN1: 199; BN2: 222; SN: 263).

A reflexão purificadora está associada ao jogo (BN1: 582; BN2: 602; SN: 709). Ele diz que "o jogo, em oposição ao 'espírito da seriedade', parece a menos possessiva das atitudes" (BN1: 580; BN2: 601; SN: 709). O espírito de seriedade, é claro, é aquela posição materialista-determinista de má-fé na qual afirmo ser um objeto, não um sujeito. O jogo, por outro lado, permite a leveza, não o peso, do ser. Sartre diz que o jogo é capaz de "manifestar e presentificar [...] a liberdade absoluta que constitui o próprio ser da pessoa" (BN1: 581; BN2: 601; SN: 710). Por isso, como sugeri em outro lugar, poderia ser apropriado descrever o antídoto ao espírito de seriedade como o espírito do jogo (CANNON, 2009; 2011; no prelo). D.W. Winnicott ([1971] 1985: 38) descreve a psicanálise como "duas pessoas juntas em um jogo" – ou, onde uma delas (espera-se que o analisando) é incapaz de jogar e aprender a jogar junto. O analisando assim se torna capaz de escapar das limitações do "mundo sério" e criar algo que não é uma mera repetição do passado, mas algo irredutivelmente novo.

Pode-se dizer, daí, que a reflexão purificadora, em conjunto com o jogo, cria um espaço para mudanças radicais na terapia. Ela pode levar ao aparecimento de um daqueles *instantes* psicológicos que Sartre chama de "a imagem mais clara e comovedora de nossa liberdade" (BN1: 476; BN2: 498; SN: 586). São momentos de "duplo nada" (BN1: 435; BN2: 457; SN: 574), onde passado e presente, eu e mundo, transformam-se juntos à medida que eu avanço na direção do futuro em uma nova forma. Eles são acompanhados muitas vezes de sentimentos de angústia, bem como de leveza e alegria. A angústia que surge nesses momentos não é uma angústia neurótica em torno do "retorno do recalcado". É, em vez disso, uma angústia existencial sobre o encontro com o nada, com a própria liberdade. O psicanalista existencial, ao avançar em direção à "cura", terá o cuidado de não incentivar o cliente pura e simplesmente a passar de um sentido de eu solidificado a outro. Em vez disso, ele terá em mente a ideia de Sartre de que o "principal resultado" da psicanálise existencial deve ser de "renunciar ao *espírito de seriedade*" (BN1: 626; BN2: 646; SN: 763). Sua tarefa é permitir-nos passar a um lugar onde entendemos a liberdade, a nossa e a dos outros, como valor.

O método de Freud, que Sartre diz "vale[r] mais do que seus princípios" (BN1: 573; BN2: 594; SN: 701), pode realmente incentivar a reflexão purificadora. A regra fundamental e a atenção expectante equilibrada podem criar o espaço para que uma pessoa se engaje na reflexão purificadora ao deixar de lado as exigências da realidade cotidiana e o motivo de apresentar-se de certa forma em favor de uma simples curiosidade sobre o que está acontecendo (cf. THOMPSON, 1994a; 1994b, para uma perspectiva existencial da técnica de Freud). Sartre, de fato, observa que a psicanálise freudiana "acha-se muitas vezes à beira de uma descoberta existencial, embora sempre termine no meio do caminho" (BN1: 573; BN2: 594; SN: 701). Certamente, esse sentimento de reconhecimento em nível visceral que o analisando experimenta, quando a análise atinge um determinado ponto, e o analisando sente estar vendo a si mesmo claramente como se estivesse refletido em um espelho, é uma descoberta existencial. Essa experiência não é mera reconstrução intelectual. Sartre diz que o analisando não concorda simplesmente com uma hipótese. Em vez disso, ele experimenta sua verdade: "ele toca e vê o que ele mesmo é" (BN1: 574; BN2: 595; SN: 702). O analista considera o "testemunho involuntário do sujeito [...] precioso", já que agora "pode passar das investigações propriamente ditas à cura" (BN1: 573; BN2: 594; 701).

A insuficiência da psicanálise freudiana não está tanto em seu método, mas no fornecimento de princípios que possam explicar o que se passou. Sartre diz que a experiência do analisando não pode ser explicada em termos de material inconsciente que se torna consciente. Se o complexo fosse realmente inconsciente, se ele existisse em um domínio à parte da consciência, o analisando não seria capaz de reconhecê-lo. Em vez disso, a "iluminação" do sujeito "não é verdadeiramente compreensível a menos que ele jamais tenha deixado de ser consciente de suas tendências profundas; ou melhor, a menos que essas tendências não se distingam de sua própria consciência". Em outras palavras, a experiência do analisando só faz sentido se "a interpretação psicanalítica não o fizer tomar consciência daquilo que ele é [, mas fizer], sim, com que tome conhecimento de seu ser" (BN1: 574; BN2: 595; SN: 702). Só faz sentido se o analisando for capaz de articular no nível reflexivo o que ele anteriormente havia experimentado apenas pré-reflexivamente.

Sartre e a psicanálise contemporânea

Discuti as implicações da filosofia de Sartre para a psicanálise pós-freudiana até 1991, quando publiquei *Sartre and Psychoanalysis* (CANNON, 1991). Ali, sugiro que as ideias de Sartre sobre o olhar do outro e a importância do relacionamento explicam melhor do que a teoria das pulsões de Freud as necessidades da primeira infância de relação e espelhamento descobertas por muitos dos pós-freudianos. Eu penso que a revolução na metateoria psicanalítica só se acelerou desde então. Os psicanalistas relacionais, intersubjetivos e interpessoais contemporâneos seguiram com o abandono da teoria da pulsão freudiana que havia começado com os analistas discutidos em *Sartre and Psychoanalysis*. Ao fazê-lo, desenvolveram uma ênfase relacional ainda mais forte (cf. MITCHELL, 2000). Seguindo Daniel Stern (1985), muitos rejeitam a ideia do "narcisismo primário sem objeto" de Freud – observando que a pesquisa mostra que as crianças na primeira infância são desde o início relacionais. Muitos também criticam a natureza hierárquica do relacionamento analítico clássico em linhas semelhantes às críticas de Sartre, insistindo que a análise deve ser a ação de "duas pessoas".

Alguns psicanalistas contemporâneos consideram o próprio inconsciente "relacional" (cf. esp. BROMBERG, 2006; 2011). Se com isso eles querem dizer que existe uma conexão corporal não verbal vivida entre analista e analisando que deve ser explorada, Sartre concordaria com a ideia, se não com a terminologia. Muitos analistas contemporâneos atualmente dão atenção a aspectos não verbais da análise, a saberes "implícitos" e "explícitos" (incluindo saberes interpessoais), ao corpo e à intuição do "cérebro direito" e à racionalidade do "cérebro esquerdo", importantes tanto como fontes de informações analíticas quanto para entender como a análise "cura". Os pesquisadores estão até comparando interações "pré-reflexivas" entre mães e bebês com interações semelhantes na análise (cf. BEEBEE et al., 2005). Há também ênfase na espontaneidade e novidade na interação analítica. Pensa-se na ênfase de Philip Bromberg na importância de "surpresa" e "novidade" e nos "momentos agora" de Daniel Stern (2004), que lembram um dos instantes psicológicos de Sartre. Por outro lado, os analistas contemporâneos às vezes misturam níveis de discurso, combinando a linguagem biológica corpo-cérebro com a linguagem da experiência, de uma maneira que Sartre desaprovaria. Sartre, por exemplo, se oporia à ideia de "cérebros direitos se comunicando com cérebros direitos" (SCHORE, 2011). Como ele e R.D. Laing ([1959] 1979) depois dele enfatizam, não experimentamos estruturas cerebrais, mas pessoas que se comunicam – não obstante com o cérebro enquanto substrato subjacente à consciência.

Alguns analistas contemporâneos realmente vão além do dualismo cartesiano para desenvolver uma aproximação com a fenomenologia e o existencialismo. Eles se referem a seus trabalhos como "psicanálise pós-cartesiana" (STOLOROW, 2011). Entre eles estão Robert Stolorow e George Atwood, que discutem assuntos como "inconsciente pré-reflexivo" (STOLOROW & ATWOOD, 1992). Segundo meu entendimento, o que eles têm em mente é algo próximo à ideia de Sartre de consciência pré-reflexiva. A ideia de Donnell Stern (2003) do inconsciente como "experiência não formulada" e a conceituação de Christopher Bollas (1987) do "conhecido não pensado" também nos lembram da ideia de Sartre de experiência pré-reflexiva. Certamente, a "linguagem da ação" de Roy Schafer (1976), influenciada pelo trabalho de Sartre, havia longamente tentado restaurar a agência ao "inconsciente". O conceito "inconsciente" para designar "não verbal" parece ser problemático em todos os pesquisadores acima mencionados, sobretudo porque a maior parte da experiência corpórea vivida descrita tem pouco a ver com o inconsciente dinâmico de Freud. Na verdade, é pré-reflexivo no sentido de Sartre: é vivido e experimentado corporal, pessoal e interpessoalmente, mas não é conhecido conceitual ou reflexivamente.

A psicanálise existencial sartriana ainda não encontrou seu Freud. Nenhum psicanalista em atividade usou a filosofia de Sartre para desenvolver uma abordagem sistemática. De fato, ninguém desde Laing o fez. Com exceção de Roy Schafer, Roger Frie (1997) e eu, poucos levaram a sério o trabalho de Sartre na psicanálise existencial. Os psicanalistas em atividade interessados em fenomenologia e existencialismo, como Ludwig Binswanger e Medard Boss antes deles, foram mais frequentemente atraídos por Heidegger do que por Sartre. Esse grupo inclui Robert Stolorow e M. Guy Thompson. Embora eu tenha desenvolvido uma abordagem psicodinamicamente orientada baseada no trabalho de Sartre, não se trata de pura psicanálise. A Psicoterapia Existencial Aplicada (PEA) é, em vez disso, uma síntese de *insights* existenciais e psicanalíticos com intervenções extraídas da Gestalt-terapia, da psicoterapia orientada para o corpo e outras abordagens experimentais.

No entanto, o trabalho de Sartre parece ser fértil de ideias e sugestões que poderiam ser úteis, em nosso tempo, para a psicanálise e a psicoterapia de orientação psicanalítica – juntamente com outras formas de terapia profunda.

Leitura complementar

BARNES, H.E. (1981). *Sartre and Flaubert*. Chicago: University of Chicago Press.

BARNES, H.E. (1991). "The Role of the Ego in Reciprocity". In: ARONSON, R. & van den HOVEN, A. (orgs.). *Sartre Alive*. Detroit, MI: Wayne State University Press, p. 151-159.

BARNETT, L. & MADISON, G. (orgs.) (2001). *Existential Therapy*: Legacy, Vibrancy and Dialogue. Londres: Routledge.

CANNON, B. (1991). *Sartre and Psychoanalysis*: An Existentialist Challenge to Clinical Metatheory. Lawrence: University Press of Kansas.

CANNON, B. (2009). "Nothingness as the Ground for Change". In: *Existential Analysis*, jul., p. 192-210.

Parte II

Ontologia: liberdade, autenticidade e autoconstrução

8
Nada e negação

Sarah Richmond

Embora o título de *O ser e o nada* registre a importância do conceito do nada [*le néant*] no principal livro filosófico de Sartre, seria um erro pensar que o nada entrou em seu pensamento filosófico – ou escrita – apenas em 1943. O conceito aparece com frequência, não obstante algumas variações, nos ensaios "fenomenológicos" anteriores de Sartre.

Em *O imaginário* [*L'Imaginaire*], o estudo de Sartre sobre a imaginação, publicado em 1940, o conceito do nada e os conceitos associados a ele – negação, recusa, nadificação – desempenham um papel essencial (SARTRE, 1940; 2004a; 1996b). Um grande objetivo desse trabalho é rejeitar uma influente concepção filosófica da imaginação como capacidade de conceber imagens mentais; segundo tal concepção, elas são concebidas como estados imanentes de consciência, semelhantes em tipo a sensações. Sartre argumenta vigorosamente contra essa visão (da qual o mais conhecido proponente é provavelmente David Hume), apresentando uma série de objeções à própria ideia de que a imaginação envolve a presença de "imagens" na mente. Sartre argumenta que a atividade imaginativa envolve um relacionamento com o objeto imaginado que requer uma *ruptura* radical, por parte da consciência, com o mundo. Além disso, ele nega a existência de quaisquer "imagens" na mente. Em vez disso, devemos entender que a consciência imaginativa, como a consciência em geral, é direcionada a um objeto. Mas os objetos com os quais o exercício da imaginação nos coloca em contato são *irreais*. A consciência imaginativa "a consciência deve poder formar e colocar objetos afetados por um certo caráter de nada" (SARTRE, 2004a: 183; 1996b: 238).

Além disso, a ideia do nada já está intimamente ligada, no pensamento de Sartre sobre a imaginação, à liberdade da consciência. A "conclusão" de Sartre para *O imaginário* coloca que, para qualquer consciência ter a capacidade de imaginar, é condição necessária que ela seja livre – e, além disso, que a imaginação manifeste uma liberdade que, de fato, qualquer consciência concebível deve possuir.

Como o objetivo principal deste capítulo é estabelecer e avaliar as afirmações que Sartre faz sobre o nada em *O ser e o nada*, não discutirei seu trabalho anterior sobre a imaginação em mais detalhes. No entanto, é importante observar até que ponto *O imaginário* foi, para Sartre, um "ensaio" para o projeto mais ambicioso de *O ser e o nada*. Um uso semelhante da metodologia fenomenológica para apoiar uma caracterização ontológica específica da consciência – em termos de liberdade – é também aparente em outros trabalhos iniciais. Desde o início, então, o interesse de Sartre pela fenomenologia coexistia e era um instrumento para o seu desejo de demonstrar a existência da liberdade humana, e seu senso de que a maneira de fazer isso era estabelecer uma conexão essencial da consciência com o nada.

É justo dizer, no entanto, que em *O ser e o nada* o conceito do nada se torna muito mais proeminente. Em uma carta a Simone de Beauvoir, datada de 24 de janeiro de 1940 (o ano em que *L'Imaginaire* foi publicado), Sartre anuncia que acaba de descobrir que se pode conferir ao nada um papel organizador na "metafísica" que ele está desenvolvendo: "eu escrevi um pouco sobre metafísica... 'Que confusão!', você dirá. Nem um pouco: ela está bem organizada em torno da ideia do nada, ou do puro evento no coração do ser" (SARTRE, 1983a: II, 56). Em *O ser e o nada*, Sartre anuncia que seu projeto é a "ontologia fenomenológica" e argumenta que uma ontologia adequada deve levar em consideração o nada, "ao lado" do ser. A promoção do conceito a um papel mais central se reflete no fato de que, após introduzi-lo, no primeiro capítulo da parte I, Sartre dedica duas das subseções seguintes a uma comparação de sua concepção do nada com a de dois predecessores influentes, Hegel e Heidegger. Em outras palavras, o nada se mostra suficientemente importante na filosofia de Sartre para garantir a inclusão em uma narrativa histórica detalhada, na qual Sartre também é cuidadoso em apontar as vantagens de sua própria compreensão do conceito, em comparação com as anteriores.

A exposição de Sartre sobre o nada em *O ser e o nada*

Sartre introduz o tópico em um estágio inicial de *O ser e o nada*. Após a introdução, que examina o domínio do ser em geral, a primeira parte é intitulada "O problema do nada". O caminho de Sartre a esse problema é a necessidade, que a introdução não chega a abordar, de compreender como as duas "regiões" descritas até aquele ponto – o Para-si e o Em-si – estão relacionadas uma com a outra. Como cada um desses tipos de ser é, segundo Sartre, uma "abstração" – incapazes de existir em isolamento entre si –, precisamos encontrar um fenômeno "concreto" que nos permita examiná-los à medida que são representados concretamente. Acompanhando de perto a metodologia de Heidegger em *Ser e tempo*, Sartre sugere que escolhamos, como nosso exemplo inicial, a própria atividade na qual nós, como perseguidores do conhecimento, estamos empenhados normalmente: a atividade de fazer uma pergunta ou, como Sartre costuma colocar, "interrogação". A partir desse ponto, seu caminho diverge do de Heidegger: Sartre deseja concentrar-se especificamente no fato de que, para qualquer questão, existe a possibilidade de uma resposta negativa. Isso é verdade para todas as perguntas, argumenta Sartre, não apenas para as que admitem uma resposta sim/não:

> Há interrogações que, aparentemente, não comportam resposta negativa – como, por exemplo, a que fizemos antes: "Esta atitude nos revela o quê?" Mas, na verdade, sempre pode-se responder com um "nada", "ninguém" ou "nunca" (EN: 39; BN1: 5; BN2: 29; SN: 45).

Sartre continua argumentando que julgamentos negativos do tipo "S não é P" não podem explicar totalmente o nada (ou não-ser – *non-être* – termo alternativo que Sartre usa de forma intercambiável). Julgamentos negativos são baseados no nada, e não o contrário. Com essa afirmação, Sartre concorda com Heidegger, que demonstrou o mesmo ponto em sua conhecida análise do "*das Nichts*" apresentada em sua preleção inaugural "O que é metafísica?", oferecida em Freiburg em 1929. As ideias de Sartre sobre o nada são fortemente influenciadas por essa preleção, à qual ele se refere explicitamente em *O ser e o nada*. (Foi dessa preleção que Carnap tomou as sentenças que ele declarou serem "pseudoafirmações" sem sentido em seu igualmente famoso artigo de 1932 "A eliminação da metafísica pela análise lógica da linguagem"; CARNAP, [1932] 1959.)

O cerne do argumento de Sartre de que, além da negatividade envolvida em julgamentos negativos, o *nada* requer reconhecimento ontológico é seu exemplo bem conhecido do insucesso de Pierre em aparecer no bar onde ele é esperado. A estratégia de Sartre aqui é, em primeira instância, fenomenológica, não no sentido estrito de Husserl, mas no sentido filosófico mais amplo associado a apelos a "como é" passar por algum tipo de experiência. Sartre procura demonstrar que, quando consideramos como é descobrir a ausência de Pierre no bar, vemos que a experiência envolve um elemento de "encontro" com o não-ser de Pierre que precede o nível em que um julgamento pode ser feito e, portanto, não pode ser levado em conta em termos de julgamento. Ao mesmo tempo, Sartre discorda do tratamento "eliminativista" de Bergson do conceito do nada, que nega que exista algo nesse conceito que não possa ser derivado da ideia da função lógica da negação.

Assumindo o ponto de vista da pessoa que, ao marcar um encontro com Pierre no bar, o espera encontrar lá, Sartre descreve a atividade do olhar que perscruta o espaço para localizá-lo. Nessa experiência, sugere Sartre, existe a intuição da *ausência de Pierre*, uma experiência posteriormente passível de relato, quando se diz: "Eu vi que ele não estava" (Sartre toma de empréstimo a Husserl o termo "intuição"; podemos entendê-lo aqui como equivalente a "percepção"). O ponto de Sartre é que, se, ao procurar por Pierre, deparamo-nos, digamos, com uma cliente de casaco marrom, essa experiência não é *apenas* a percepção de uma mulher de casaco marrom. Em vez disso, parte do que se vê, ao ver a mulher, é que ela *não é Pierre* – a experiência de cada pessoa, ao ser visualmente examinada, é *modificada* pela possibilidade de ser Pierre, de modo que a pessoa não aparecida de Pierre "infesta" o espaço. Se alguém comparar essa perspectiva com a experiência do bar que outra pessoa, que *não* espera ninguém em particular, poderia ter, é clara a diferença entre as duas experiências. A outra pessoa, olhando para a mulher de casaco marrom, a apreende à sua maneira. Poderíamos dizer que essa pessoa a vê simplesmente como uma mulher de casaco marrom, enquanto esse que procura Pierre a vê como uma-mulher-de-casaco-marrom-que-não-é-Pierre.

Para dar substância a essa formulação sobre a percepção, Sartre se baseia, como em outras partes de seu trabalho, nos recursos da psicologia da Gestalt. Segundo a teoria da Gestalt, as experiências sensoriais envolvem tipicamente um "campo" perceptivo, que pode ser organizado de formas distintas por diferentes sujeitos, segundo suas expectativas e sua orientação prática. O campo perceptivo é tipicamente articulado em uma *forma* saliente – o objeto de atenção explícita – contra um *fundo* mais ou menos indiferente.

Tomando de empréstimo essa distinção entre fundo e forma, Sartre sugere que, no caso da pessoa que tem um encontro com Pierre, o bar como um todo configura o fundo de uma forma específica e antecipada – a de Pierre. Como ele não está lá, porém, a forma é experimentada como uma ausência. Vale a pena citar em detalhe a explicação de Sartre de como, nessas circunstâncias, o "objeto" da minha intuição acaba sendo "ofuscação do nada":

> Quando entro nesse bar em busca de Pierre, todos os objetos assumem uma organização sintética de fundo sobre a qual Pierre é dado como "devendo aparecer" [...] essa primeira nadificação de todas as formas, que aparecem e submergem na total equivalência de um fundo, é condição necessária à aparição da forma principal, no caso a pessoa de Pierre. E essa nadificação dá-se à minha intuição; sou testemunha do sucessivo desvanecimento de todos os objetos que vejo, em particular desses rostos que por

> um instante me retêm ("Será Pierre?") e que se decompõem de imediato, precisamente porque "não são" o rosto de Pierre. Porém, se descobrisse enfim Pierre, minha intuição seria preenchida por um elemento sólido, ficaria logo fascinado por seu rosto e todo o bar iria organizar-se à sua volta, em presença discreta. Mas, precisamente, Pierre não está. [...] Na realidade, Pierre está ausente de todo o bar: [...] o bar mantém-se como fundo, persiste em oferecer-se como totalidade indiferenciada unicamente à minha atenção marginal [...]. Só faz-se fundo para uma forma determinada [...] apresenta-a a mim por todo lado, e essa forma que desliza constantemente entre meu olhar e os objetos sólidos e reais do bar é precisamente um perpétuo desvanecer-se, é Pierre que se destaca como nada [...]. De modo que é oferecida à intuição uma espécie de ofuscação do nada [...] (EN: 44; BN1: 9-10; BN2: 34; SN: 50-51).

Essa experiência perceptiva em que tudo se impregna do nada configura, assim, a base para o julgamento que posteriormente ganha corpo, segundo o qual "P não está": o julgamento negativo depende da "intuição" antecedente e prejulgativa.

O que devemos fazer disso? Penso que Sartre demonstrou de forma convincente que há algo fenomenologicamente particular nas experiências que parecem implicar o nada, mas isso é o bastante para estabelecer, contra o eliminativista, que o nada precisa ser reconhecido como um elemento da ontologia? A exposição de Sartre convida a objeção de que a experiência da ausência de Pierre no bar é meramente subjetiva, à medida que depende da crença ou expectativa anterior de que Pierre estará lá: a "intuição" de sua ausência não é, afinal, algo que ali está "para todos verem", mas uma função da expectativa do espectador (na verdade, Bergson dispensaria a ideia de "intuição" dessa maneira, como registrasse uma incompatibilidade entre a aparência real do bar e o modo como se esperava que ele parecesse).

Por surpreendente que possa parecer, uma vez que esse reconhecimento parece enfraquecer seu argumento, Sartre está de fato feliz em admitir que a experiência da ausência de Pierre sofrida pelo amigo *é* uma função da expectativa do amigo; mas, recusando-se a ver esse ponto como um problema em sua exposição, ele o toma em uma direção completamente diferente sem que o diminua.

Sartre concorda que a ausência de Pierre é relativa ao sujeito, tanto quanto dependa da expectativa do observador. A ausência de Pierre difere da de uma série de outras personagens igualmente ausentes (Sartre menciona Wellington e Valéry), cujas ausências no bar são "puramente formais" e não figuram intuitivamente na experiência de ninguém ali:

> E, decerto, a ausência de Pierre pressupõe uma relação primeira entre mim e o bar; há uma infinidade de pessoas sem qualquer relação com o bar, à falta de uma espera real que as constate como ausentes. Mas, precisamente, eu esperava ver Pierre, e minha espera fez chegar à ausência de Pierre como acontecimento real alusivo a este bar [...] (EN: 44-45; BN1: 10; BN2: 34; SN: 51).

Não se supõe, porém, que essa admissão diminua a "realidade" do nada; não devemos concluir que, porque a ausência de Pierre é aparente apenas para o amigo, a "intuição" é uma ilusão. Pelo contrário, afirma Sartre, mostra que o nada está *associado à* consciência humana e nos diz algo sobre a sua "localização". Sartre mostra-se satisfeito em aceitar que sem consciência não haveria o nada.

Na seção V do capítulo, Sartre aborda a questão de onde vem o nada. Deve-se ter em mente que o nada, enquanto não-ser, não tem ser. Ele não pode, portanto, ser explicado nos termos do Em-si, porque essa "região" do ser, como Sartre coloca, é "plena positividade" – ele não "contém o nada como uma de suas estruturas" (EN: 57; BN1: 22; BN2: 46; SN: 64). Mas de onde então pode vir? Como não-ser, o nada não pode ter o poder de se produzir, não pode ser ou fazer qualquer coisa.

Talvez para se distanciar da afirmação controversa de Heidegger "*Das Nichts selbst nichtet*" (traduzida como "O nada nadifica"), Sartre emite uma advertência lógica sobre o risco do mau uso do conceito do "nada". Evidenciando uma postura mais ortodoxa em relação à lógica do que a de Heidegger e antecipando a objeção (que discuto na seção a seguir) que A.J. Ayer faria contra ele – Sartre adverte que seria incorreto usar o "nada" como sujeito de *qualquer* verbo:

> [...] não se pode conceder ao nada a propriedade de "nadificar-se". Porque, embora o verbo "nadificar" tenha sido cunhado para suprimir do nada a mínima aparência de ser, há que convir que só o *ser* pode nadificar-se, pois, como quer que seja, para nadificar-se é preciso *ser*. Ora, o nada *não é* (EN: 57; BN1: SN: 23; BN2: 46; SN: 65).

Portanto, se nada pode ser produzido pelo ser ou pelo nada, Sartre conclui que deve haver algum ser que de alguma forma "é" o seu próprio nada: "[*o*] *ser pelo qual o nada vem ao mundo deve nadificar o nada em seu ser*" (BN1: 23; BN2: 47; SN: 65; ênfase de Sartre). Deve haver um ser "impregnado" do nada, um ser dinâmico "com a propriedade de nadificar o nada, sustentá-lo com seu próprio ser, escorá-lo perpetuamente em sua própria existência, *um ser pelo qual o nada venha às coisas* (BN1: 23; BN2: 47; SN: 65; ênfase de Sartre). E o único ser que se encaixa no projeto, argumenta Sartre, é a consciência.

De fato, argumenta Sartre, a própria possibilidade de fazer uma pergunta – a conduta que Sartre inicialmente se propõe a investigar – exige a capacidade de "se destacar" do ser, a fim de colocá-la em questão. É necessário um recuo ou afastamento [*recul*] do ser, e o nada torna isso possível.

O itinerário que nos levou à ausência de Pierre no bar agora acaba sendo redundante. Parecia que a "resposta negativa" que qualquer pergunta pode suscitar nos levara a ver o nada como um elemento "real" no mundo – dado à intuição –, mas a pergunta adicional sobre sua fonte mostra que, na verdade, é a consciência que antes de tudo o introduz ali. Sartre poderia ter chegado a esse ponto sem todas as voltas que envolvem Pierre argumentando pura e simplesmente, como o faz, que o nada – ou, assumindo o disfarce de um novo nome – a liberdade, é condição necessária da capacidade humana de fazer uma pergunta.

A assimilação do nada da consciência à sua liberdade, e o contexto da investigação racional, em *O ser e o nada*, podem parecer alinhar Sartre com a tradição do pensamento, de inspiração kantiana, em que a liberdade é considerada um requisito de racionalidade. De fato, nossa liberdade enquanto seres racionais é frequentemente ilustrada por nossa capacidade de "questionar" – como quando nos afastamos de nossas crenças imediatas para questionar sua fundamentação e decidir, com base no julgamento reflexivo, se devemos referendá-las ou nos desfazermos delas. De fato, a liberdade que Sartre atribui à consciência humana não tem nenhuma ligação conceitual particular com a racionalidade: para Sartre, a adesão às normas da racionalidade é *em si* uma escolha. A esse respeito, "nada" é um termo útil para indicar a "tenuidade" da caracterização da consciência de Sartre.

Podemos ver que a colocação de Sartre é simplesmente uma variante de sua afirmação anterior, em *O imaginário*, de que o nada é uma condição prévia da imaginação. De fato, a intercambialidade dos dois argumentos pode ser vista em ambos os textos: em *O ser e o nada*, muitas páginas depois da discussão de Pierre no bar, Sartre deixa claro que a capacidade para a qual ele considera o nada necessário é, de fato, uma capacidade humana *geral* de "se desgarrar do mundo" ["*s'arracher au monde*"] (SN: 68) e remete o leitor ao seu trabalho anterior sobre a imaginação: "A imagem deve conter em sua própria estrutura uma tese nadificadora" (BN1: 26; BN2: 50; SN: 69). Simetricamente, na conclusão de *O imaginário*, Sartre afirma que a liberdade que demonstrou ser necessária à imaginação também se manifesta na atividade consciente de maneira mais geral. Por exemplo, diz Sartre, vemos sua operação no exercício da dúvida cartesiana.

Quão aceitável é a descrição do nada de Sartre? Até aqui, nossa investigação já deve ter demonstrado o quanto esse conceito é assustadoramente escorregadio. Na próxima seção, darei maior atenção a alguns dos problemas suscitados por seus usos na obra de Sartre.

Problemas para Sartre

Uma questão importante é se o uso do nada por Sartre exige que toleremos uma contradição lógica. É certo que Sartre parece por vezes quebrar a chamada "lei da não contradição". De acordo com essa lei, à qual a lealdade é comumente considerada condição necessária à crença racional, P e não-P não podem ser ambos verdadeiros. Se Sartre parece violá-la, existe uma maneira de entender o que ele diz que podemos aceitar? Em alguns momentos, Sartre parece se comprometer explicitamente com a necessidade de contradição lógica em seu pensamento. Na introdução, ele afirma, por exemplo, que o "princípio da identidade" tem apenas uma validade "regional": ele se aplica ao Em-si, mas não ao Para-si. Assim, Sartre concorda que podemos dizer, em relação ao ser-Em-si, que "*o ser é o que é*" (BN1: xlii; BN2: 21; SN: 38; ênfase de Sartre).

Contudo, fora desse domínio, prossegue Sartre, o princípio não pode ser mantido:

> Na aparência, esta fórmula é estritamente analítica. De fato, está longe de reduzir-se ao princípio de identidade, na medida em que este é o princípio incondicionado de todos os juízos analíticos. Em primeiro lugar, designa uma região singular do ser: a do *ser Em-si* [*en-soi*] (veremos que o ser do *Para-si* [*pour-soi*] define-se, ao contrário, como sendo o que não é e não sendo o que é) (EN: 32; BN1: xli; BN2: 21; SN: 38; ênfase de Sartre).

Essa passagem também contém, na última frase, a expressão abertamente paradoxal – "sendo o que não é e não sendo o que é" – que Sartre usa em todo *O ser e o nada* para caracterizar o Para-si. Voltarei a essa expressão mais tarde.

Além dessa declaração explícita, são várias as passagens em que Sartre parece tornar o conceito do nada internamente contraditório ao reificá-lo – permitindo que ele permaneça como sujeito de um verbo – da mesma maneira contra a qual, como observamos anteriormente, sua cautela lógica produzia uma advertência.

A passagem a seguir, por exemplo, ilustra a oscilação de Sartre, no espaço de poucas linhas, entre um "nada" reificado – capaz de "insinuar-se" entre elementos do ser – e um reconhecimento incompatível de seu não-ser:

> A liberdade que se revela na angústia pode caracterizar-se pela existência do *nada* que se insinua entre os motivos e o ato. [...] E se indagar-se que *nada* é esse que fundamenta a liberdade,

> respondermos que não se pode descrevê-lo, posto que ele *não* é (EN: 69; BN1: 34; BN2: 58; SN: 78; ênfase de Sartre).

Em um dos primeiros comentários em inglês de *O ser e o nada* (escrito antes mesmo de o livro ter sido vertido ao inglês), A.J. Ayer percebeu esse movimento e se opôs à "lógica espelhada" da discussão de Sartre sobre o nada. Ayer queixa-se que Sartre usa o termo "nada" como este *nomeasse* alguma coisa (AYER, 1945: 17), o que faz em paralelo às críticas de Carnap ao uso de "*das Nichts*" por Heidegger. Ayer prossegue ilustrando o tipo de "truque" que Sartre realiza:

> Dizer que dois objetos são separados por nada é dizer que *não* estão separados; e isso é tudo o que isso significa. O que Sartre faz, no entanto, é dizer que, estando separados pelo nada, os objetos estão unidos e divididos. Há um fio entre eles; apenas se trata de um fio muito peculiar, invisível e intangível. Mas este é um truque que não deve enganar ninguém (AYER, 1945: 18-19).

Como mostra a passagem de *O ser e o nada* que citei anteriormente, é inegável que há algumas passagens no texto em que Sartre se vale desse "truque". É também, no entanto, um trabalho de muita divagação, claramente carente de edição, e em muitas de suas páginas Sartre é não raro inconsistente. Seria injusto desconsiderar o esforço de Sartre como um fracasso apenas com base em algumas passagens infelizes. Portanto, resta-nos saber se é possível extrair-lhe alguma posição convincente, a um só tempo independente dessas passagens e que lhes permita uma interpretação sem problemas.

Uma estratégia interpretativa, usada por vários defensores de Sartre, é evitar completamente os aspectos ontológicos de seu argumento. Anthony Manser, defendendo contra Ayer o uso de "*le Néant*" por Sartre, recorreu ao repúdio dos positivistas à metafísica, argumentando que Sartre não estava de fato propondo posições metafísicas. Em vez disso, Manser ofereceu uma leitura de (partes das) afirmações de Sartre que as aproxima de ideias wittgensteinianas sobre os limites de alguns de nossos conceitos; ele sugere, por exemplo, que, se registrarmos nossa falta de disposição de dizer que uma máquina está "seguindo ordens", teremos entendido algo sobre a oposição de Sartre ao determinismo psicológico. Mais recentemente, outros filósofos sugeriram que o uso mais produtivo das afirmações de Sartre é o de interpretá-las como meramente fenomenológicas. Gregory McCulloch, por exemplo, escreve que Sartre "interessa-se no que está envolvido, do ponto de vista fenomenológico, em existir [...] conscientemente, e não no que é uma entidade consciente (p. ex., cérebro, organismo biológico, substância imaterial ou qualquer outra coisa)" (McCULLOCH, 1994: 3-4).

Os comentaristas também aceitaram a afirmação aparentemente contraditória de Sartre de que a consciência "é o que não é e não é o que é", sugerindo que devemos qualificá-la – temporalmente ou de outra maneira. Existem passagens em *O ser e o nada* que corroboram essa leitura: a sugestão de Sartre sobre o que o homossexual em má-fé *deveria* dizer, caso falasse a verdade, incorpora tal caracterização temporalmente qualificada de sua identidade: "Na medida em que uma série de condutas se define como condutas de pederasta e *que assumi tais condutas*, sou pederasta. Na medida em que a realidade humana escapa a toda definição por condutas, não sou" (EN: 99; BN1: 64-65; BN2: 87; SN: 111; grifo meu).

Essas estratégias, porém, são equivocadas. Em primeiro lugar, elas representam um entendimento frágil de muitos aspectos do texto em questão. Como tentei mostrar, Sartre se propõe a oferecer uma cadeia de argumentos que leva à conclusão de que a consciência "introduz" o nada no mundo, que é *literalmente* seu veículo (a bem conhecida afirmação de Sartre "um nada pode existir, não é antes ou depois do ser, nem de modo geral, fora do ser, mas no bojo do ser, em seu coração, como um verme" não parece remotamente fenomenológica; BN1: 21; BN2: 45; SN: 64). Se a intenção de Sartre fosse convencer o leitor de sua liberdade apenas por meio de considerações fenomenológicas, esperaríamos que a experiência da angústia tivesse grande peso. Mas Sartre de fato coloca que sua alegação de que a angústia manifesta a consciência que temos de nossa liberdade a princípio não nos convencerá, por si só, de que não estamos sujeitos ao determinismo. Ele se propõe a fornecer uma *prova* distinta desse fato (que, além disso, não se baseia em fatos sobre o modo como experimentamos algo): "a angústia não surgiu como *prova* da liberdade humana, a qual nos aparece como condição necessária à interrogação" (BN1: 33; BN2: 57; SN: 77).

Em segundo lugar, remover a força ontológica das afirmações de Sartre, transformando-as em afirmações sobre como as coisas devem aparecer para nós, as torna muito mais fracas. Sartre mesmo admite que essas afirmações não podem garantir a conclusão que ele deseja: é por isso que, como acabamos de ver, ele não torna nossa experiência da angústia o ponto central a partir do qual seremos convencidos. A ele basta admitir, contra um interlocutor imaginário, que a angústia – a despeito do fato de nos *parecer* uma consciência de liberdade – pode coexistir com um determinismo psicológico do qual éramos ignorantes (BN1: 33; BN2: 57; SN: 77). Da mesma forma, se introduzirmos qualificações temporais, da maneira sugerida acima, para desativar a descrição do próprio Para-si como "sendo o que não é e não sendo o que é", a afirmação coloca apenas que a consciência está sujeita a mudanças, o que é, evidentemente, bastante compatível com o determinismo psicológico.

É claro, então, que Sartre não pretende que o nada *alicerce* nossa liberdade ontologicamente. No entanto, uma vez que se dá completo reconhecimento a essa intenção, fica claro que os requisitos conceituais do nada não podem ser atendidos.

As contas de Sartre não fecham em vários pontos. Um problema é que seu argumento geralmente caminha muito rápido. Esse é um problema sério na tentativa de Sartre de encontrar a negação como categoria lógica do nada *tout court*, na qual a explicação alternativa oferecida pela abordagem eliminativista de Bergson nunca é descartada de forma convincente: ainda que a suposta experiência do nada "preceda" o julgamento específico "Pierre não está aqui", Sartre não mostrou que essa experiência não é *informada* pela expectativa antecedente do sujeito em relação a Pierre e, portanto, depende de atividade conceitual *anterior*. Portanto, ele não demonstrou que o conceito do nada em geral não pode ser derivado de nossa capacidade de negação. Em vez disso, Sartre salta da afirmação de que o nada está necessariamente associado à consciência humana à afirmação de que, de alguma forma, está "costurado" ao tecido da consciência.

De qualquer forma, como vimos anteriormente, o exemplo de Pierre é um desvio desnecessário. Retorna-nos à afirmação de Sartre, ensaiada em *O imaginário*, de que o nada é, antes de tudo, uma condição necessária para a produção de uma interrogação. A necessidade de algum tipo de recuo [*recul*] do mundo, no entanto, não é suficiente para estabelecer a necessidade do nada. Sartre apontou que é necessária alguma atitude que não a imersão perceptiva completa no ser, mas isso não é suficiente para descartar alternativas a sua própria explicação em que tudo se impregna do nada. Sartre, é claro, descartará qualquer explicação representacional de nossa capacidade de conceber as coisas como algo além do que elas são – mas a razão dessa rejeição – de que a consciência não pode ter "conteúdo" – não é independente da conclusão que ele está tentando estabelecer. Em vez de nos levar à sua ontologia a partir de algum ponto fora dela, a linha de pensamento de Sartre parece circular dentro dela. (Sebastian Gardner [2009: 22], um dos mais habilidosos defensores de Sartre, sugere que podemos extrair uma virtude da circularidade metodológica de Sartre, uma vez que reconhecemos sua inevitabilidade. Não tenho espaço para discutir essa sofisticada linha de defesa aqui, mas a estratégia precisa ser observada.)

A maioria das teorias filosóficas é obrigada a reconhecer a existência de alternativas filosóficas convincentes; não estou sugerindo que o fracasso da teoria de Sartre em descartar adequadamente tais alternativas poderia ter sido evitado ou que seja fatal. Além disso, há um problema geral com o conceito do nada que já abordamos. O problema é o trabalho filosófico que Sartre quer que esse conceito faça. Ainda que pareçamos capazes de formular um conceito do nada, não podemos inteligivelmente conceder a ele um papel *explicativo* em relação ao ser. Sartre não pode ao mesmo tempo respeitar sua própria cautela lógica sobre o nada (permanecendo fiel ao seu não-ser) e estabelecer que o nada é a razão de nossa liberdade. Sartre representa o nada como "barreira" ao determinismo psicológico, mas se o determinismo é contido "sem" o nada, também deve sê-lo "com" ele, porque o não-ser não pode *intervir* no funcionamento do ser. Os comentaristas apontam que uma consequência bizarra da ontologia que Sartre apresenta em *O ser e o nada* é que, em termos de ser, ela não passa de materialismo. Adicionar o não-ser ao quadro não acrescenta nenhuma outra maneira genuína de instituir a liberdade humana.

Problemas sem Sartre

Sartre revela-se frequentemente mais brilhante quando critica e percebe as fraquezas das teorias que rejeita. E é digno de nota que todos os que se interessam seriamente pelas áreas do pensamento filosófico que o próprio conceito de nada de Sartre pretende revolucionar as consideram complexas e de penoso acesso. Sartre está certo ao notar, em particular, que a natureza básica da consciência humana – e sua capacidade de autoconsciência – são especialmente resistentes à explicação, em termos naturalistas ou por meio de nossos conceitos "comuns".

Desde o início da tradição fenomenológica, os filósofos julgaram impossível articular satisfatoriamente as estruturas da consciência. Franz Brentano, por exemplo (geralmente considerado o primeiro fenomenologista), empenha-se em duas doutrinas irreconciliáveis da consciência: uma, na qual o objeto da consciência é conteúdo da consciência, uma "parte propriamente" dela; e a outra, segundo a qual, no caso da autoconsciência, ou "intencionalidade secundária", o objeto da consciência é ela própria. Isso é mereologicamente impossível. Dificuldades similares podem ser encontradas nos sucessores fenomenológicos de Brentano – em Husserl, por exemplo, e sua "divisão do ego", que torna possível a reflexão fenomenológica. Discussões mais recentes da consciência geralmente fazem desses desafios o ponto de partida da discussão. (E a conhecida frase de David Chalmers, "o difícil problema da consciência", transformou a dificuldade de explicar os aspectos subjetivos da consciência em um *slogan*.) À luz dessa história, poderíamos considerar um mérito da exposição de Sartre o fato de ela abraçar as contradições que foram um obstáculo para outros e almejar dar-lhes uso produtivo.

Além disso, Sartre mostra agudeza de pensamento ao compreender as muitas áreas da filosofia em que o fenômeno da não existência (como os não sartrianos o colocariam) se apresenta e é pouco compreendido. Juntamente com os objetos imaginários que Sartre discute em *O imaginário*, os filósofos têm se esforçado para explicar a ontologia de entidades ficcionais, dos objetos impossíveis (como o quadrado redondo) e os objetos mencionados em enunciados de sua não existência. A elaboração de Sartre do conceito de nada visa a explicar esses objetos estranhos e unificá-los dentro de seu campo.

Argumentei que a tentativa de Sartre de realizar a transição, do fenômeno de julgamentos negativos para um "nada" que supostamente fornece a base destes, é insuficientemente motivada. Em relação a seus rivais filosóficos, podemos ver Sartre cometer o mesmo erro: por mais evidente que essas teorias rivais *não* sejam bem-sucedidas, não se segue, infelizmente, que a mudança para o nada forneça uma solução.

Leitura complementar

GARDNER, S. (2009). *Sartre's Being and Nothingness*: A Reader's Guide. Londres: Continuum, p. 33-38.

MANSER, A. (1961). "Sartre and 'le Néant'". In: *Philosophy*, 36 (137), p. 177-187.

McCULLOCH, G. (1994). *Using Sartre*. Londres: Routledge, cap. 3.

RICHMOND, S. (2007). "Sartre and Bergson: A Disagreement about Nothingness". In: *International Journal of Philosophical Studies*, 15 (1), p. 77-95.

9
O olhar

Søren Overgaard

Introdução

As outras pessoas têm um lugar especial em nossas vidas. Muitas de nossas atividades favoritas - de esportes a conversas sérias - envolvem basicamente outras pessoas, e inúmeras coisas que *podemos* fazer sozinhos - assistir a um bom filme, provar vinho, visitar museus - tornam-se mais divertidas se nos é possível compartilhar a experiência com alguém. Ao mesmo tempo, as outras pessoas também são aquelas de quem tentamos nos esconder quando fazemos algo estúpido, constrangedor ou moralmente errado. E ainda existem as outras que podem aborrecer, irritar, ameaçar e prejudicar-nos de várias maneiras diferentes. Como todos sabemos muito bem, a vida com os outros nem sempre é pura felicidade; como coloca um personagem de *Entre quatro paredes* (SARTRE, 1945b; 1955), as outras pessoas podem ser um "inferno". A ênfase nos aspectos mais negativos da vida social humana é evidente na maior parte do que Sartre escreve sobre nossas relações com os outros em *O ser e o nada*, incluindo sua famosa análise do encontro fundamental com o outro na forma do que Sartre chama de "o olhar".

O presente capítulo oferece uma apresentação e defesa da análise do olhar em Sartre. Como ele desenvolve sua exposição em oposição ao que entende como deficiência das análises do encontro social oferecido por seus predecessores fenomenológicos, precisamos ter uma compreensão básica do que essas análises contêm. As primeiras partes do capítulo, portanto, oferecem breves sumários das análises da intersubjetividade em Husserl e Heidegger (Hegel, outro dos testas de ferro de Sartre nesse contexto, não será discutido); em seguida, descrevo as críticas mais importantes de Sartre.

Husserl: intersubjetividade

"Intersubjetividade" é o termo de escolha de Husserl para qualquer coisa que diga respeito às relações entre os sujeitos. Apresento em linhas gerais, a seguir, seu entendimento do encontro intersubjetivo mais básico.

Experimentamos nosso ambiente imediato como parte de um mundo *objetivo*. Para compreendê-lo, olhe o livro à sua frente. Parece-lhe algo cuja existência é independente da sua consciência. Você não o experimenta como algo que pode deixar de existir se você fechar os olhos ou se afastar. Você também vê que ele contém mais do que aquilo que percebe neste instante. Ele contém outras páginas ao lado das que você está lendo no momento, uma capa que você não vê porque está voltada para a mesa e assim por diante. Nada disso pode ser reduzido a algo que você conhece; pelo contrário, é assim que o livro se apresenta *a seus olhos*.

Você não apenas experimenta os livros como coisas que podem não ser percebidas por você e tem mais aspectos ou lados do que você pode experimentar de uma só vez – você também os experimenta como coisas que, em princípio, poderiam ser diferentes do que elas aparentam ser para você. Segundo Husserl, isso reflete o fato de que o livro não aparenta ser sua "formação sintética *privada*" (HUSSERL, 1995: 91; 2013: 130), mas lhe chama a atenção como algo que outras pessoas também podem experimentar. O livro, como parece a você, não é apenas seu objeto experimental privado, mas potencialmente também o objeto das experiências de outros sujeitos: é apresentado como "aí-para-qualquer-um" (HUSSERL, 1995: 91; 2013: 130). Isso permite que o livro, tal como os outros o experimentem, se dissocie do livro conforme você o experimenta. Dessa maneira, nosso mundo imediatamente experimentado – o que Husserl chama de "mundo da vida" (HUSSERL, 1995: 136; 2013: 170) – remete a uma intersubjetividade experimentada.

Husserl sugere que nossa experiência do significado intersubjetivo do mundo se baseia em uma experiência mais direta de outros sujeitos como tais. Na ausência de tal experiência, não há como confirmar minha experiência do mundo da vida compartilhada com os outros. Husserl acredita que a experiência direta de outro sujeito, como tal, é possível no encontro entre dois sujeitos *incorporados*. Lembre-se de que um objeto físico sempre tem mais lados ou aspectos do que os estritamente percebidos em uma única experiência perceptiva. Obviamente, isso tem a ver com o fato de eu sempre ver algo de uma perspectiva específica; e essa perspectiva, por sua vez, é determinada pela minha posição corporal no espaço. Não apenas isso: Husserl também argumenta que a sensação que tenho de haver mais do objeto do que vejo está relacionada à consciência que tenho do meu potencial (corporal) de me mover e, assim, mudar minha perspectiva. Em outras palavras, estou ciente dos lados ocultos detrás das coisas como lados que *veria* se me movesse de maneiras particulares. E como essa experiência do objeto que contém "mais" do que se percebe é essencial para que ele apareça como um objeto físico (e não, p. ex., uma pós-imagem), Husserl conclui que apenas um sujeito incorporado pode experimentar coisas físicas *como tais* (HUSSERL, 2001b: 39-53).

Esse ponto é importante para a análise husserliana do encontro com outros sujeitos. Dado que só posso ter experiências perceptivas de objetos físicos como tais se estiver incorporado, o problema de Husserl não é como posso alcançar outras mentes "por trás" de seus corpos, mas como seus corpos podem me parecer corpos do tipo certo – isto é, como outros *sujeitos* incorporados. A ideia norteadora de Husserl aqui é que devo experimentar meu próprio corpo e o corpo do outro como se formassem um "par", parecendo ambos um só tipo (HUSSERL, 1995: 112; 2013: 151). Se eu tocar um tampo da mesa com a mão, essa ação é ao mesmo tempo subjetiva e corporal; e se eu observar minha mão enquanto ela explora o tampo da mesa, ela aparece visualmente como tal. Se eu notar a mão de outra pessoa se movendo sobre o tampo da mesa, imediatamente a vejo como um órgão subjetivo que explora o tampo da mesa, exatamente como a minha mão.

Husserl enfatiza que, embora essa experiência seja uma experiência imediata (perceptiva) da subjetividade incorporada do outro e não o resultado de uma inferência (1995: 111; 2013: 149), essa experiência é fundamentalmente diferente da percepção de objetos físicos como livros, árvores e xícaras de café. Embora a xícara nunca mostre todos os lados de uma só vez, ela não possui lados ou aspectos que não possam ser percebidos. Até a porcelana sob o esmalte pode ser percebida se eu estiver disposto a arranhar ou danificar a xícara. Outros sujeitos, por outro lado, têm aspectos essencialmente imperceptíveis, pensa Husserl. Eu posso ver a alegria de outra pessoa no sorriso dela, mas exatamente como é para ela sentir essa alegria é algo em princípio além do meu alcance perceptivo (HUSSERL, 1995: 109; 2013: 147). Ao contrário de meras coisas físicas, outras pessoas "transcendem" minha experiência: elas, por assim dizer, sempre contêm mais do que eu jamais poderei experimentar.

Heidegger: ser-com

Assim como Husserl, Heidegger toma seu ponto de partida na observação de que experimentamos o mundo como se este contivesse referências implícitas a outros. Como escreve o filósofo, "[...] o mundo é sempre o mundo compartilho com os outros" (HEIDEGGER, 1962: 155; 1988: 170). No entanto, Heidegger geralmente coloca mais ênfase em nosso envolvimento prático com o ambiente ao redor do que Husserl, e, portanto, o primeiro destaca o papel de outros como *portadores* (1988: 168) potenciais de objetos mundanos (em vez de observadores). Um vestido de noiva, por exemplo, não é apenas um objeto perceptível pelos outros, assim como por mim: nele "subsiste uma referência essencial a possíveis portadores sob cuja 'medida ele é talhado'" (HEIDEGGER, 1962: 153; 1988: 168-169) da pessoa que (diferentemente de mim) o portará. "Do mesmo modo", diz Heidegger, "junto como o material empregado, também vem ao encontro o seu produtor ou 'fornecedor'" (HEIDEGGER, 1962: 153; 1988: 168-169). O campo que atravessamos quando saímos para um passeio remete ao fazendeiro que o negligencia ou administra bem; minha cópia de *The Corrections* remete ao seu autor, à livraria onde foi comprado e à pessoa de quem era um presente; e assim por diante.

O termo de Heidegger para o que Husserl chamaria de "sujeito" é "*Dasein*", ou "ser-lá". Consequentemente, ele se refere a outros sujeitos como "ser-com" (HEIDEGGER, 1962: 155; 1988: 168). Desse modo, ele obviamente quer destacar que outros são radicalmente diferentes de livros, campos e vestidos de noiva. Outros são meus co-portadores, por assim dizer: outros *Daseins* que *vestem* roupas, *leem* livros e *aram* campos. Enquanto a análise de Husserl sugeria uma imagem do outro como alguém que estivesse parado à minha frente e a quem eu reconheceria como outro sujeito pelas semelhanças entre nossos corpos e comportamentos, a análise de Heidegger sugere a imagem de alguém ao meu lado, voltado (como eu) a um mundo de objetos-para-uso.

Isso se torna mais evidente no que Heidegger diz sobre a "preocupação". Diferentemente das ferramentas e objetos que usamos – que são objetos de "ocupação", na terminologia de Heidegger (HEIDEGGER, 1962: 157; 1988: 173) – preocupação é o termo geral de Heidegger para nossos modos de nos relacionarmos com os outros. O termo não deve ser compreendido como implicasse solidariedade ou atenção pela difícil situação alheia: "O ser por um outro, contra um outro, sem os outros, o passar ao lado um do outro, o não sentir-se tocado tocados pelos outros são modos possíveis de preocupação" (HEIDEGGER, 1962: 158; 1988: 173). Tipos de preocupação que *envolvem* um mínimo de cuidado ou importância, contudo, geralmente ficam entre dois extremos, pensa Heidegger. Por um lado, eu posso "tomar o lugar" do outro, isto é, assumir "a ocupação que outro deve realizar. Este é deslocado de sua posição" (HEIDEGGER, 1962: 158; 1988: 173). No extremo oposto, há o caso em que, como Heidegger coloca, a preocupação "se antepõe" ao outro. A ideia aqui é que eu não assuma os projetos do outro (seu "cuidado"), mas os facilite. Aqui, voltamo-nos à "existência do outro e não a uma *coisa* de que ele se ocupa" (HEIDEGGER, 1962: 159; 1988: 174). O primeiro tipo de preocupação, portanto, concentra-se nos projetos do outro, naquilo que constitui o cuidado deste, e considera o outro substituível: ao cuidar de seus projetos em seu lugar, eu o substituo. O segundo tipo de preocupação é dirigida ao *próprio* outro, como aquele de quem são os projetos e que portanto não pode ser substituído.

A análise de Heidegger – como também sugerido por sua discussão sobre esses dois tipos de preocupação – geralmente é orientada a projetos, trabalho e colaboração. Simplificando um pouco, podemos dizer que, na análise heideggeriana, encontramos outros em um contexto em que "cuidamos" de algo – individual ou coletivamente. Isso sublinha uma diferença entre as colocações de Heidegger e Husserl. Talvez se possa dizer que, enquanto Husserl concebe o encontro fundamental com o outro como um encontro com um "você", ou pelo menos outro "eu" (alter ego), Heidegger sugere que o "nós" é mais fundamental. Ademais, enquanto Husserl enfatiza a transcendência do outro, Heidegger sustenta que os outros são precisamente aqueles de quem eu inicialmente (e na maioria das vezes) *não* me diferencio (HEIDEGGER, 1962: 154; 1988: 169). A bem conhecida análise de Heidegger sobre o papel dos chamados "eles" (ou "quem": das Man) ressalta ainda mais esse ponto. Como escreve Heidegger:

> Assim nos divertimos e entretemos como *impessoalmente* se faz; lemos, vemos e julgamos sobre a literatura e a arte como *impessoalmente* se vê julga; também nos retiramos das "grandes multidões" como *impessoalmente* se retira; achamos "revoltante" o que *impessoalmente* se considera revoltante. O "impessoal", que não é nada determinado, mas que todos são, embora não como soma, prescreve o modo de ser da cotidianidade (HEIDEGGER, 1962: 164; 1988: 179).

Conforme sugerido no final da citação, o "impessoal" neutro e anônimo não apenas controla nossa escolha de um smartphone, de comida para viagem e coisas afins, mas também nossas maneiras mais básicas de entendermos a nós mesmos, uns aos outros e o mundo ao nosso redor. De fato, Heidegger acredita que nossa incapacidade de nos distanciarmos daquilo que o "impessoal" diz e "quem" deve fazer é tão grande que geralmente não somos sequer nós mesmos, mas "o próprio-impessoal" ou "próprio-quem" (HEIDEGGER, 1962: 167; 1988: 182).

A crítica de Sartre

Como mencionado, a exposição de Sartre do "ser-para-outros" tem seu ponto de partida no que Sartre percebe serem as fraquezas dos entendimentos husserliano e heideggeriano. Segundo Sartre, Husserl é incapaz de escapar ao solipsismo – a perspectiva sem esperança de que apenas eu (latim: *solus ipse*) existe –, uma vez que, no entendimento husserliano, o outro só pode aparecer "como *objeto* à minha consciência" (BN1: 231; BN2: 255; SN: 301). Sartre discute um exemplo que pode ajudar a entender o raciocínio por trás dessa acusação.

Sartre imagina que estar sentado em um parque. De repente, ele percebe outro homem passar por um banco localizado à beira de um gramado. Sartre vê o homem "ao mesmo tempo como um objeto e como um homem" (BN1: 254; BN2: 277; SN: 328). O que isso envolve, segundo Sartre, é perceber como os arredores – o gramado, os bancos e assim por diante – se organizam em torno do estranho (BN1: 254; BN2: 277-278; SN: 328). Isso tem a implicação adicional de que esses arredores não estão mais organizados ou agrupados ao meu redor, mas me escapam em direção a um novo centro na forma da outra pessoa:

> [O gramado verde] dirige para o outro uma face que me escapa. Capto a relação entre o verde e o outro como uma relação objetiva, mas não posso captar o verde *como* aparece ao outro. Assim, de súbito, apareceu um objeto que me roubou o mundo (BN1: 255; BN2: 279; SN: 330).

Esse "objeto" é obviamente a outra pessoa. A inclinação significativamente orientada ao conflito que Sartre dá a sua descrição do exemplo não deve nos cegar ao fato de que a função da descrição é, a princípio, a de ilustrar a essência da explicação de Husserl (BN1: 256; BN2: 280; SN: 331). Como Husserl, Sartre enfatiza como minha experiência do outro incorporado é uma experiência a um só tempo de que o mundo não se exaure em seu ser para mim, como também ele é o que é para o outro. Como o mundo já não é mais meu, nesse sentido, talvez se possa dizer que o outro o "roubou" de mim.

Sartre julga que a exposição husserliana está correta tal como se apresenta, mas que nunca dará a Husserl o que ele quer, a saber, uma análise do encontro mais fundamental com outro *sujeito*. Pois, como Sartre escreve, "*o outro* ainda é objeto *para mim*" (BN1: 255; BN2: 279; SN: 330). Obviamente, o outro é um objeto muito especial, dado seu poder de reorganizar meu entorno; no entanto, ele ainda é meu *objeto* experimentado. O problema agora é o seguinte: se a relação mais fundamental com o outro é uma relação entre mim como sujeito da experiência e o outro como objeto experimentado, então não é possível verificar – torna-se "meramente conjetural" (BN1: 253; BN2: 276; SN: 326-327) – que o outro *seja* um sujeito da experiência como eu. Por um lado, o outro *parece* fundamentalmente diferente do gramado, dos bancos e assim por diante. Por outro lado, ele é um objeto observado exatamente como os demais são. E, a menos que exista outra maneira mais direta de se manifestar como *sujeito da experiência*, seu *status* especial parece meramente uma suposição infundada. Consequentemente, Sartre conclui que Husserl não pode escapar do solipsismo.

Sartre também não considera a exposição de Heidegger satisfatória. Enquanto Husserl concebeu o encontro com o outro no sentido do exemplo sartriano do estranho no parque, a imagem sugerida pela descrição de Heidegger é a de "uma *equipe de remo*. A relação originária entre o outro e minha consciência não é a do *você* e *eu*, e sim a do *nós*. [...] a surda existência em comum de um integrante da equipe e seus companheiros" (BN1: 246-247; BN2: 270; SN: 319). O problema com essa imagem não é que reduz o outro a um objeto e, assim, entra em colapso no solipsismo. Em vez disso, o problema é que o relacionamento do *Dasein* individual com a "equipe" é um relacionamento com uma socialidade abstrata e anônima, em oposição a outros indivíduos concretos – como "Pierre ou Anny". Mais precisamente, na medida em que os outros com quem estou "lado a lado" me são dados como indivíduos concretos, então eles devem ser dados em virtude de um tipo de experiência *distinta* da que eu tive deles, na qual eles foram apresentados como os indivíduos que são (BN1: 427; BN2: 448-449; SN: 529). Não sou capaz de conhecer a fundo os outros indivíduos ao caminhar ao lado delas (cf. BN1: 424; BN2: 446; SN: 526-527). Portanto, se eu conheço aqueles com quem caminho, deve ser porque tenho ou tive outros relacionamentos ou encontros com eles além de "ser-com" eles, lado a lado. Porém, como se supõe que "ser-com" designa a própria estrutura que possibilita todo encontro com outras pessoas em particular, nenhum encontro original pode ser considerado, na exposição heideggeriana. Portanto, essa explicação é, em última análise, solipsista, argumenta Sartre (BN1: 247-249; BN2: 270-272; SN: 319-321).

Aqui, apenas arranhamos a superfície da discussão crítica de Sartre sobre Husserl e Heidegger. Muito mais poderia ser dito não apenas para aprofundar as críticas de Sartre, mas também em nome dos objetivos de suas críticas. Mas nosso principal interesse aqui está nas conclusões que Sartre tira dessa discussão em termos da natureza de uma explicação viável do encontro com o outro.

O olhar

Tal como Sartre vê a situação, torna-se claro que nem *minha* experiência do outro (olhar ao outro), nem *nossa* experiência ou "cuidado" com algum objeto ou tarefa comum podem constituir a relação mais fundamental entre mim e outro sujeito. A alternativa óbvia, pensa Sartre, é uma relação tal que *eu* sou o objeto experimentado *do outro*. Encontro o outro como *sujeito* precisamente quando me experimento como aquele que está sendo olhado, em oposição àquele que está olhando. Assim, Sartre afirma que o encontro mais original com o outro é um encontro com "*aquele que me olha*" (BN1: 257; BN2: 281; SN: 332) – um encontro com o "olhar" do outro.

O olhar do outro não precisa ter a forma de dois olhos dirigidos a mim. O olhar "será por ocasião de um roçar de galhos de árvore, de um ruído de passos seguido de silêncio, do entreabrir de uma janela, do leve movimento de uma cortina" (BN1: 257; BN2: 281; SN: 332). De fato, é esse tipo de caso, e não a minha experiência da "convergência de dois globos oculares em minha direção" (BN1: 257; BN2: 281; SN: 332), que é a experiência paradigmática do olhar. Pois, como as próprias formulações de Sartre deixam claro, olhos são *objetos*. Se o outro que está olhando para mim é visível para mim, então eu posso – olhando para ele – fazer o olhar desaparecer atrás dos dois "globos oculares". Tais formulações podem parecer estranhas, mas o pensamento de Sartre não é de forma alguma contraintuitivo. Há um sentido no qual um sujeito pode fazer com que o olhar do outro desapareça olhando para os olhos dele como se fossem meros objetos físicos. "O olhar do outro", por outro lado, "disfarça seus olhos, parece *adiantar-se a eles*" (BN1: 258; BN2: 282; SN: 333). De fato, "o olhar do outro é a desaparição mesmo dos *olhos* do outro como objetos que manifestam o olhar" (BN1: 268; BN2: 292; SN: 345).

"O olhar" refere-se, portanto, mais a uma experiência subjetiva do que a um fenômeno "lá fora" no mundo. Ele deve articular nossa experiência da presença de outro sujeito, uma experiência que podemos ter quando ninguém está realmente lá e pode deixar de ter quando outra pessoa está realmente olhando para nós. Isso também fica claro em um dos exemplos mais famosos de Sartre: a experiência de ser flagrado espiando pelo buraco da fechadura. No começo, estou totalmente envolvido com a cena que me foi revelada pelo buraco da fechadura – sou puro olhar, por assim dizer. De repente, penso escutar passos atrás de mim, e tudo muda: agora sou o *voyeur* infame e desprezível exposto ao olhar da pessoa atrás de mim. Enquanto Sartre discute o exemplo, no entanto, verifica-se que não há ninguém ali, afinal. Isso não significa, porém, que o olhar desapareça. Quando, ao me virar, descubro que ninguém está ali, o que desaparece é apenas "a conexão contingente entre o outro e um ser-objeto em *meu* mundo", não a presença do outro como sujeito, como olhar (BN1: 277; BN2: 301; SN: 355-356). Que o olhar permanece, isso se evidencia pelas minhas bochechas ardendo e a sensação persistente que sinto de ter sido exposto.

De fato, Sartre geralmente associa a experiência do olhar a sentimentos de vulnerabilidade, desempoderamento e até escravização (BN1: 259, 265, 267; BN2: 282, 289, 291; SN: 333, 338, 341). O olhar me paralisa e torna impossível que eu aja naturalmente (ou até olhe para trás). O nervosismo que podemos sentir se precisarmos falar, cantar ou dançar diante de uma grande audiência ilustra o ponto de vista de Sartre. Não precisamos acreditar que o público é hostil para sentir que o peso do olhar dificulta a ação natural. Mesmo andar ou falar naturalmente podem ser ações quase impossíveis, quando se sente o olhar dos outros perfurando, por assim dizer, a pele.

De acordo com Sartre, a única maneira de eu escapar ao meu papel de objeto paralisado do outro é fazer do outro o *meu* objeto, assumindo novamente o papel de sujeito da experiência. Isso significa, contudo, que a relação mais fundamental com os outros se torna a do conflito, onde lutamos para objetificar um ao outro: "Enquanto tento livrar-me do domínio do outro, o outro tenta livrar-se do meu; enquanto procuro subjugar o outro, o outro procura me subjugar" (BN1: 364; BN2: 386; SN: 454). Essa perspectiva da vida social não é apenas bastante sombria; o que piora as coisas é que o conflito é bastante insolúvel:

> Mas, se olho o olhar, a fim de defender-me contra a liberdade do outro e de transcendê-la como liberdade, a liberdade e o olhar do outro desmoronam: vejo olhos, vejo um ser-no-meio--do-mundo. Daí por diante, o outro escapa-me: [...] tudo se passa como se quisesse apossar-me de um homem que fugiu, deixando apenas seu casaco em minhas mãos. Apodero-me de seu casaco, de seu despojo [...] (BN1: 393; BN2: 415; SN: 488).

É difícil ver como poderia ser de outra forma: a presença do outro como sujeito é sua presença como quem olha para mim, me objetifica. Assim, se sua exposição ao meu olhar apenas coloca um objeto diante dos meus olhos, qualquer tentativa de minha parte de conquistar o outro enquanto subjetividade há de fracassar. Nunca terei mais do que o casaco – e o problema disso é que o outro simplesmente escapa ao meu alcance, não desaparece completamente e, portanto, ainda está lá fora, olhando para mim. Como escreve Sartre, "o certo é que sou visto; o apenas provável é que o olhar esteja vinculado a tal ou qual presença intramundana" (BN1: 277; BN2: 300; SN: 355). Não importa quantas presenças intramundanas sou capaz de paralisar com o meu olhar, ainda sou olhado: nunca consigo capturar o outro como aquele que olha para mim. Sartre sugere que o outro que olha para mim tem uma presença "não numerada" ou "pré-numérica" (BN1: 281-282; BN2: 305; SN: 360). Não é realmente esse ou aquele outro *particular* que encontro quando estou sendo olhado, mas algo como o *man* neutro de Heidegger, que é todo mundo, mas ninguém em particular (cf. BN1: 282; BN2: 306; SN: 360-361).

No capítulo chamado "As relações concretas com o outro", Sartre extrai em detalhe as consequências de sua compreensão orientada ao conflito de nossos encontros com outras pessoas, resultando, por exemplo, em suas bastante conhecidas análises do amor e do sadismo. Muito do que Sartre diz sobre relações concretas com os outros é claramente uma reminiscência da dialética do senhor e do escravo de Hegel; mas, para Sartre, o reconhecimento mútuo não está presente. Pelo contrário, "assim, somos arremessados indefinidamente do outro-objeto ao outro-sujeito e vice-versa; o curso jamais se detém, e é este curso, com suas bruscas inversões de direção, que constitui nossa relação com o outro" (BN1: 408; BN2: 430; SN: 506). Assim, "jamais podemos nos colocar concretamente em um plano de igualdade, ou seja, um plano onde o reconhecimento da liberdade do outro encerrasse o reconhecimento da nossa liberdade pelo outro" (BN1: 408; BN2: 430; SN: 506).

Críticas a Sartre

Talvez a reação crítica mais comum à descrição de Sartre do olhar – e sua descrição da vida social em geral – seja culpá-la por sua inclinação extremamente negativa. Na análise de Sartre, até o desejo sexual e o amor são, em última análise, tipos de conflito irresolúvel. Mas, como Gregory McCulloch colocou bem, "muitos de nós parecem não raro andar com mais harmonia do que Sartre, na cama e fora dela" (McCULLOCH, 1994: 139). Se assim é, a descrição de Sartre não é claramente inadequada, enquanto exposição de nosso encontro mais fundamental com outras pessoas?

Não necessariamente. Jonathan Webber distingue dois aspectos da experiência do olhar que são pertinentes neste contexto. De acordo com Webber, a exposição de Sartre sobre o olhar costura uma descrição de minha "consciência de [meu] ser-para-outros, do olhar do outro", com uma apresentação da experiência da outra pessoa como se lhe fosse atribuída "uma natureza fixa" (WEBBER, 2011: 191-192). Essas são, porém, experiências diferentes, e é apenas a última, e não a primeira, que subjaz "ao conflito que [Sartre] encontra em nossos relacionamentos interpessoais" (WEBBER, 2011: 192). No entanto, a experiência em questão ocorre predominantemente "dentro do projeto da má-fé" (WEBBER, 2011: 191; cf. tb. o cap. 10 deste vol.) e, consequentemente, não é uma experiência que Sartre considera característica da nossa existência social como tal. Caso a interpretação seja correta, Sartre talvez seja criticado por não manter esses pontos claramente separados. Seu erro ao fazê-lo, contudo, na leitura de Webber, é meramente uma consequência da decisão geral de Sartre de unir ontologia fenomenológica e crítica cultural. De qualquer forma, se Webber estiver certo, podemos distinguir uma descrição "neutra" da experiência do olhar – da pura presença de outro sujeito – da elaboração orientada a conflitos das relações com os outros, características da pessoa em má-fé. E assim a primeira crítica seria evitada.

A distinção de Webber também pode ajudar a abordar outras críticas. Vários críticos observam o estranho fato de que, embora Sartre seja muito enfático, em sua crítica a Heidegger, quanto à questão de o encontro com o outro dever ser um encontro com um outro concreto, particular, o próprio Sartre por fim associa o olhar a um outro pré-numérico, o que não é exatamente um outro particular (THEUNISSEN, 1984: 241-243; ZAHAVI, 2002: 271-272; OVERGAARD, 2007: 107-113). Parece, portanto, que Sartre é inconsistente nesse ponto. De fato, ele parece renunciar a todas as tentativas de tornar inteligível enquanto encontro original, um encontro concreto com um outro particular. Esses encontros podem, em última análise, ser apenas encontros com o outro-como-objeto e, portanto, não modos originais de intersubjetividade. O encontro intersubjetivo original é um encontro com um outro onipresente, invisível e estranhamente abstrato.

Talvez, no entanto, essa crítica repouse em um duplo mal-entendido. Primeiramente, o que Sartre claramente sugere é a inutilidade da tentativa de "revide" mediante a objetificação do outro, pois tal só me permite subjugar um objeto. Agora sabemos, porém, que essa luta de olhares é algo característico da má-fé – não algo que deve integrar toda e qualquer experiência do olhar. Em segundo lugar, Sartre não coloca em termos categóricos que *não posso* experimentar o olhar na forma de uma pessoa concreta olhando para mim. Na verdade, ele contradiz explicitamente essa afirmação: "o que mais *comumente* manifesta um olhar é a convergência de dois globos oculares em minha direção" (BN1: 257; BN2: 281; SN: 332; ênfase de Sartre). Sartre parece argumentar, então, que existe uma maneira de compreender verdadeiramente o outro *através* da sensação de exposição ao seu olhar, e que isso é bem diferente de olhar ao outro (como no exemplo do parque de Sartre). Isso lhe permite sustentar que o encontro com o olhar pode ser um encontro com um outro individual e particular.

Além disso, caso Sartre estivesse a ponto de dizer que essa experiência de exposição ao olhar em um encontro concreto face a face é, sim, o encontro mais original com outro sujeito como tal, há evidências que sugerem que sua afirmação pode ser verdadeira, em pelo menos um sentido de "mais original". O psicólogo do desenvolvimento Vasudevi Reddy demonstra que são as respostas emocionais sentidas por uma criança na primeira infância (p. ex., a timidez) a serem o objeto da atenção de outra pessoa que a tornam consciente da atenção de outras pessoas como tal (REDDY, 2008: cap. 6). Como Reddy escreve, "em um primeiro momento, as crianças estão cientes da atenção dos outros quando esta é direcionada a elas próprias", e "essa consciência baseia-se na capacidade de responder emocionalmente" à atenção dos outros quando assim dirigida. Então, "à medida que o envolvimento da criança com a intenção dos outros se desenvolve em complexidade, a criança percebe a atenção dos outros quando é direcionada para outras coisas no mundo" (REDDY, 2008: 92). Lido através de uma lente sartriana, o trabalho de Reddy parece confirmar que é de fato a experiência do olhar do outro que primeiro nos revela o outro como sujeito – como alguém capaz, entre outras coisas, de lidar com o que a cerca.

Leitura complementar

McCULLOCH, G. (1994). *Using Sartre*. Londres: Routledge, cap. 8.

THEUNISSEN, M. (1984). *The Other*: Studies in the Social Ontology of Husserl, Heidegger, Sartre, and Buber. Cambridge: MIT Press [trad. C. Mccann], cap. 6.

WEBBER, J. (org.) (2011). *Reading Sartre*: On Phenomenology and Existentialism. Londres: Routledge, cap. 12 e 14.

ZAHAVI, D. (2002). "Intersubjectivity in Sartre's Being and Nothingness". In: *Alter*, 10, p. 265-281.

10
Má-fé

David Detmer

A "má-fé" diz respeito, grosso modo, ao autoengano. Embora mentir para si mesmo possa ser o exemplo mais claro do que se entende por má-fé, a maioria dos exemplos discutidos por Sartre envolve técnicas mais sutis do que meras mentiras, e pode ser mais bem caracterizada como tentativas de fugir à verdade e mantê-la escondida de si mesmo. Tal conduta é generalizada e comum, segundo Sartre, especialmente quando a verdade a ser evitada diz respeito à própria liberdade e consequente responsabilidade. Sartre, portanto, como um defensor da liberdade e da verdade, dedica muita atenção à descrição da má-fé, a explicá-la e atacá-la. De fato, a má-fé surge como um conceito central em seu pensamento, repetidamente trabalhado tanto em sua obra filosófica quanto (implicitamente) em seus escritos literários e em todas as fases de sua carreira.

O conceito de má-fé tem várias funções no trabalho de Sartre. Por exemplo:

- Ajuda o autor a explicar a ampla aceitação de certas crenças que considera obviamente falsas.
- Auxilia o autor em sua tentativa de provar que o ser da consciência deve ser radicalmente diferente do das coisas não conscientes.
- Como um conceito central em sua "psicanálise existencial", ele serve como uma ferramenta indispensável em sua tentativa de entender vidas humanas, tanto reais (como em seus estudos biográficos de Genet e Flaubert) quanto fictícias (como em seu desenvolvimento de personagens no conto "A infância de um líder" e na peça *Entre quatro paredes*, entre outras obras).

• Implicitamente em seus primeiros trabalhos, e explicitamente nos finais, funciona como um instrumento de crítica moral, pois é identificado como um vício a ser superado e contrastado com uma virtude correspondente, a da "autenticidade".

O desafio da má-fé

A própria existência da má-fé representa um desafio para Sartre, pois ela parece, à primeira vista, impossível. A razão é que a má-fé parece implicar uma contradição: "enquanto enganador, devo saber a verdade que é-me disfarçada enquanto enganado" (BN1: 49; BN2: 72; SN: 94-95). Dessa maneira, a má-fé difere dos casos de simples erro intelectual e dos casos em que uma pessoa engana a outra. Quando eu cometo um erro, não há confluência inconsistente de crença verdadeira e falsa: eu simplesmente acredito em uma falsidade. E quando engano outrem, a verdade e a falsidade são distribuídas entre duas consciências: eu conheço a verdade e levo o outro a acreditar em uma falsidade na qual eu mesmo não acredito. Se eu me enganar com sucesso, porém, poderia parecer que devo a um só tempo conhecer (para que minha negação seja considerada uma fraude, e não mero erro) e não conhecer (de modo que estou genuinamente enganado) a verdade. Mas como posso saber e não saber ao mesmo tempo?

A resposta, segundo Sartre, tem a ver com o caráter peculiar do ser da consciência. Um ser consciente, de acordo com Sartre, difere radicalmente de outros tipos de ser, na medida em que falha em coincidir completamente consigo mesmo, sempre ficando de algum modo a certa distância de si mesmo. Sua maneira de ser é atravessada por negações, dualidades e ambiguidades; e é precisamente a exploração destas que facilita a má-fé. Sartre chega a dizer que a consciência, ou, em algumas formulações, a "realidade humana", "é um ser que é o que não é e que não é o que é". Ele insiste, além disso, que é precisamente esse fato paradoxal que serve como a condição da "possibilidade da má-fé" (BN1: 67; BN2: 90; SN: 113).

Angústia

Mas o que Sartre pretende dizer com essas afirmações desconcertantes? É possível que o caminho mais fácil para compreender seu significado seja examinar seu debate sobre a angústia. Sartre começa sua análise distinguindo a angústia do medo. Enquanto o medo se refere à preocupação com uma ameaça externa, "angústia" é o termo de Sartre para a consciência reflexiva da própria liberdade. Mas por que a consciência da liberdade de alguém deve ser identificada com aflição ou preocupação, análoga ao medo e diferindo dele apenas à medida que se aplica a um objeto diferente?

Sartre explica mediante um exemplo. Suponha que eu esteja andando nas montanhas e subitamente encontre um caminho longo e estreito, sem mureta, à beira de um abismo. Experimentarei o medo quando perceber que uma ameaça externa – uma rajada repentina de vento, o deslizamento de pedras ou cascalho sob meus pés – poderia facilmente me levar a um mergulho rumo à morte. Suponha agora, porém, que eu responda ao meu medo decidindo prosseguir lentamente e com a máxima precaução. Prestarei muita atenção a cada passo e manterei máxima vigilância observando o tempo todo o vento, as rochas, o cascalho e qualquer outro elemento perigoso ao meu redor. Dessa maneira, posso minimizar bastante o risco representado por essas ameaças externas e sentir-me confiante de que poderei chegar ao fim do caminho com segurança.

Surge, no entanto, uma nova preocupação. Como posso saber *agora* que conservarei essa cautela durante todo o período em que estarei em perigo? Talvez depois de percorrer um caminho sem incidentes eu ganhe, apesar de tudo, confiança e aos poucos fique mais relaxado e menos cuidadoso. Observe que essa nova aflição se dirige, não a qualquer perigo externo, mas às minhas próprias atitudes, escolhas e ações futuras. Estou preocupado, em suma, com minha própria liberdade. Isso é a angústia.

O fenômeno da angústia, portanto, expõe uma das maneiras pelas quais não consigo coincidir comigo mesmo. Embora eu exista como um ser temporal, porque estou sempre engajado em projetos que estão enraizados no meu passado e visam a proporcionar um futuro específico para mim (como aquele em que retorno em segurança da minha caminhada nas montanhas), estou temporalmente separado do meu passado e do meu futuro, os quais, pelo menos nessa medida, me iludem e permanecem separados de mim. Meu relacionamento com o meu futuro mostra-se, portanto, inteiramente ambíguo. Por um lado, a razão pela qual estou tão preocupado com o alpinista que pode cair e morrer é que esse alpinista não é outra pessoa; mas, em algum sentido óbvio, eu próprio. No entanto, na medida em que o alpinista está temporalmente separado de mim e, portanto, além do meu controle presente, ele não sou eu. Assim, "eu sou o que não sou e não sou o que sou". Ou, para ser mais preciso, "*sou o que serei à maneira de não sê-lo*" (BN 1: 32; BN 2: 56; SN: 75). A angústia diante do futuro é, então, "a consciência de ser seu próprio devir à maneira de não sê-lo", pois "a conduta decisiva emanará de um eu que ainda não sou" (BN 1: 32; BN 2: 56; SN: 76).

Liberdade e negação

Minha falta de identidade própria, meu posicionamento à distância de mim mesmo, também pode ser abordado mediante uma análise da liberdade. Segundo a perspectiva de Sartre, toda ação livre envolve uma dupla negação. Por um lado, agir é almejar suscitar um estado de coisas que, a princípio, não existe; por outro, todo ato também se configura como tentativa de negar o que de fato existe. Suponha, por exemplo, que sinto frio e, consequentemente, levanto-me e visto um suéter. Com essa ação, tento criar um desiderato (um estado de coisas em que me sinto quente e confortável) a princípio inexistente, e procuro modificar a situação presente (em que sinto frio e desconforto). Essa dupla negatividade caracteriza o modo de ser de todas as consciências. Estou constantemente orientado ao que não existe, almejando-o e buscando-o; e faço isso com base em uma posição distanciada, e a uma fuga, do que existe.

Além disso, aquilo em relação ao que me esforço é e não é o que sou. É o que sou no sentido de que me imagino persistindo ao longo do tempo, de modo que o futuro que estou tentando criar é o *meu* futuro, e não o de outra pessoa. Contudo, não é o que sou no sentido de que estou temporariamente separado dele, e está em algum grau além da minha capacidade presente de controle (p. ex., talvez eu não consiga encontrar meu suéter; ou, se o encontrar, ele pode não me aquecer). Da mesma forma, eu sou e não sou tudo o que me caracteriza em um presente momento, como minha idade, nacionalidade, ocupação, papel social, estado emocional atual ou mesmo meu "ego". Eu obviamente os sou no sentido de que eles se aplicam a mim e me descrevem com precisão, de modo que seria tolice negar que eu sou, por exemplo, um professor de filosofia norte-americano na casa dos 50 anos. Mas não sou essas coisas no sentido de colocar uma distância entre mim e todas essas facticidades assim que as percebo ou penso nelas. Nesse ponto, elas não se tornam tanto eu como objetos *para* mim. Eu as avalio, adoto posturas em relação a elas e empreendo projetos com base nelas ou apesar delas. Elas não são eu, tampouco minhas ações, mas constituem aquilo com base no que eu ajo ao tentar negar o que é produzir o que não é.

É dessa maneira que meu modo de ser difere radicalmente do modo de ser das coisas inconscientes. Uma pedra ou uma cadeira não visam ao que não são, nem tentam negar o que são. Não formam qualquer postura em relação a qualquer aspecto de si mesmas e não tomam a si mesmas como objeto. Assim, fracassam no distanciamento de si mesmas, porém coincidem perfeitamente consigo mesmas. São o que são. Um ser consciente, pelo contrário, escapa, engana a si mesmo e se nega a cada passo. É o que não é e não é o que é.

Como enganar com sucesso: princípios gerais

Mas como, exatamente, a natureza escorregadia, ambígua e paradoxal do ser da consciência facilita a má-fé? A resposta a essa pergunta tem tudo a ver com o fato de que geralmente é mais fácil iludir com meias-verdades turvas e enganosas do que com declarações cristalinas de falsidades flagrantes. Por um lado, a clareza ajuda, e a imprecisão inibe, o projeto crítico de investigar uma afirmação de modo a determinar se ela é ou não verdadeira. Para que se refute uma afirmação, é necessário um entendimento razoavelmente claro do que ela significa. Portanto, um método eficaz de engano é empregar a ambiguidade e a imprecisão, juntamente com um apelo aos interesses e preconceitos do público-alvo, de modo a *sugerir* uma mensagem que não seria recebida de forma tão acrítica se fosse declarada abertamente. Da mesma forma, embora muitas vezes seja fácil expor declarações enganosas nas quais o elemento enganador reside no que é explicitamente declarado, é muito mais difícil (geralmente requer muito mais imaginação, energia e habilidades de pensamento crítico) expor como enganosas declarações que são, estritamente falando, verdadeiras (ou, pelo menos, parcialmente verdadeiras), mas que confundem mediante omissão e ênfase. Caso seja perguntado se uma dada afirmação é verdadeira ou não, geralmente são bastante óbvios os meios de se encontrar a resposta. Alegações falsas são todas igualmente falsas: elas afirmam algo que não corresponde ao que é. Declarações enganosas, contudo, podem enganar de várias maneiras. A possibilidade de antecipar e, assim, de investigar, todas as diferentes maneiras pelas quais uma declaração pode se fazer enganosa, porque simplesmente omite algo de fundamental importância (em vez de mentir), ou porque coloca ênfase indevida em outra coisa (mesmo sem mentir sobre ela), muitas vezes está muito além dos recursos críticos do público que se almeja enganar.

Assim, a ambiguidade da consciência, seu caráter de ser o que não é e de não ser o que é, possibilita a má-fé, ao transformar crenças enganosas sobre si mesma em meras e confusas verdades parciais e não em claras e completas falsidades. Eu me engano sobre mim mesmo, dando indevida ênfase a um aspecto do complexo ser da minha consciência, enquanto menosprezo outro, em vez de fazê-lo por meio de iludir-me com histórias a meu respeito clara e totalmente falsas.

Os mecanismos específicos da má-fé

Explorando a dualidade facticidade / transcendência

Um desses pares de aspectos que Sartre discute em detalhe é o formado por "facticidade" e "transcendência". O primeiro termo refere-se, *grosso modo*, a tudo sobre mim que é "dado", que "é". Refere-se a todos os fatos que me dizem respeito, como o fato de eu ter nascido em determinado momento e local, de eu ter um emprego específico, de ser pai de uma pessoa específica e ter feito algumas coisas específicas no passado e assim por diante. A "transcendência", por outro lado, refere-se a todas as maneiras pelas quais eu vou além dessas informações, pensando nelas, avaliando-as e, o mais importante, realizando ações com base nelas (ou apesar delas ou em oposição a eles). Em suma, "transcendência" é sinônimo de "liberdade", que Sartre entende em termos de uma negação da facticidade no contexto de alcançar um desiderato que então não existe.

Essa "dupla propriedade do ser humano" (BN1: 56; BN2: 79; SN: 102) facilita a má-fé, porque me permite o autoengano mediante (1) eu me identificar com minha facticidade, ignorando minha transcendência, (2) eu me identificar com minha transcendência, ignorando minha facticidade, ou (3) eu oscilar de maneira inescrupulosa entre a identificação com minha facticidade e a identificação com minha transcendência. Tais comportamentos podem ser empreendidos com muita sutileza, de modo que não representem nada além de um foco seletivo em uma coisa, enquanto se fecham os olhos para outra. Eles não precisam envolver a negação das verdades que se tem diante de si, pois "a mentira retrocede e desmorona ante o olhar" (BN1: 49; BN2: 73; SN: 95).

A má-fé é ainda mais facilitada pelo fato de que, segundo Sartre, o significado das facticidades nunca anuncia a si mesmo, dependendo sempre da transcendência. Ele argumenta, com base em uma cuidadosa descrição de nossa experiência perceptiva, que ver é quase sempre ver-como. Encontramos coisas em nosso campo perceptivo sob a cor de conceitos e categorias. Uma maçã pode ser percebida e vista como uma maçã, ou como um tipo específico de maçã (a *golden delicious*, p. ex.), ou como uma coisa amarela, ou arredondada, ou em cima da mesa ou como uma fruta, ou como uma coisa comestível, ou como uma coisa pequena, ou como uma coisa do supermercado, ou como algo a ser incluído em uma natureza morta, e assim por diante, ou pode não ser percebida, ou notada apenas vaga e marginalmente, como parte do pano de fundo indiferenciado de algum objeto mais interessante que está exigindo minha atenção. Se alguma coisa é percebida ou não, e caso seja, como e com que significado, isso em geral é determinado por meus interesses e projetos. (E Sartre sustenta que, em toda percepção, há uma elevação de parte do campo perceptivo ao primeiro plano e um rebaixamento de outras partes ao segundo plano.) Se estou interessado em comer, vejo a maçã como uma maçã. Se estou interessado em pintar, vejo-a como um elemento de uma natureza morta. E se estou intensamente envolvido em um projeto em relação ao qual a maçã não tem relevância, é provável que a ignore ou a observe apenas marginalmente.

Portanto, é apenas quando estou indo além da facticidade, ou transcendendo-a, que ela surge como significativa. Isso é significativo porque, caso eu tivesse ignorado algumas coisas para focar em outras, e visto as coisas que focalizei sob a cor interpretativa de certos conceitos e não de outros, apenas ou especialmente quando quis me iludir, eu estaria em guarda sempre que me envolvesse em tais comportamentos, e minhas tentativas de autoengano provavelmente fracassariam. Como a interpretação conceitual e o foco seletivo, no entanto, são partes essenciais do fenômeno da percepção enquanto tal, não posso ter nenhuma objeção de princípio ao seu uso em nenhum caso. Assim, meu foco seletivo autoilusório e enganoso na transcendência em detrimento da facticidade (ou o inverso) não precisa levar a suspeitas seja quando for. E o mesmo se aplica à minha compreensão daquilo que focalizo sob uma interpretação enganosa e autoilusória. Em suma, o fato de que a omissão, a ênfase e a interpretação são necessárias e legítimas em princípio torna mais difícil detectar seu uso ilegítimo e desonesto.

Sartre rapidamente aponta, porém, que o caráter escorregadio e ambíguo de nossa maneira de ser não exclui o pensamento preciso e honesto sobre ele. Por exemplo, especificamente em relação à facticidade e à transcendência, Sartre insiste que esses "dois aspectos da realidade humana [...] são e devem ser muito bem coordenados" (BN1: 56; BN2: 79; SN: 102). Para mostrar isso, ele apresenta o exemplo de um homem *gay* que deseja negar sua homossexualidade, bem como o de seu amigo, um "campeão da sinceridade", que deseja que ele a afirme. O homem *gay* está em má-fé porque nega sua facticidade. Ele reconhece todos os fatos que levariam um observador imparcial a considerar sua orientação como homossexual, mas "nega-se a admitir a consequência que se impõe" (BN1: 63; BN2: 87; SN: 111). Ele faz isso valendo-se de uma estratégia dupla. Por um lado, identifica-se quase exclusivamente com sua transcendência, minimizando sua facticidade. E, por outro, na medida em que ele confronta sua facticidade, na forma da história de sua conduta sexual, ele adota uma interpretação (ele é sexualmente aventureiro, mas teve muita má sorte com as mulheres que conheceu), segundo a qual a conduta não é indicativa de uma tendência profundamente enraizada. O campeão da sinceridade, por outro lado, está em má-fé porque nega a transcendência de seu amigo, vendo-o como um tipo de coisa – um homossexual, da mesma forma que um clipe de papel é um clipe de papel. Ele considera seu amigo uma essência fixa, de modo que sua conduta passada também constitui seu destino futuro.

Na perspectiva de Sartre, esses dois homens afirmam meias-verdades e negligenciam uma ou outra metade da dualidade facticidade/transcendência. Para evitar a má-fé, eles precisariam alcançar e confrontar honestamente um entendimento claro da interação coordenada desses dois aspectos da existência humana. Como Sartre coloca, o homem *gay* não incorreria em má-fé se dissesse:

> Na medida em que uma série de condutas se define como condutas de [homossexual] e que assumi tais condutas, sou [homossexual]. Na medida em que a realidade humana escapa a toda definição por condutas, não sou (SN: 111; BN1: 64; BN2: 88; tradução modificada).

Explorando outras dualidades

A má-fé também pode ser facilitada por várias outras dualidades pertencentes ao ser de agentes conscientes. Por exemplo, lembremo-nos a partir da discussão da angústia que somos seres temporais, ambiguamente situados em relação ao nosso passado e futuro: eu sou e não sou meu futuro e meu passado. Embora os casos de má-fé envolvendo a dualidade passado/futuro sejam frequentemente idênticos aos casos baseados na dualidade facticidade/transcendência (com o passado desempenhando o papel de facticidade e o futuro fazendo as vezes de transcendência), outros casos têm uma estrutura diferente. Por exemplo, suponha que eu habitualmente pratique comportamentos que aos poucos provavelmente destruirão minha saúde ao longo do tempo. Embora a má-fé que apoie essa conduta autodestrutiva possa assumir a forma de uma negação da facticidade (eu ignoro as abundantes evidências relativas, por exemplo, aos perigos do fumo), ela pode não ter qualquer relação com a negação da facticidade ou da transcendência; mas, em vez disso, pode simplesmente basear-se na ambiguidade do meu relacionamento com o meu eu futuro. Ao identificar-me exclusivamente com meu passado e presente, posso afirmar inteiramente a meia-verdade de que o velho que sofrerá em decorrência do meu comportamento "não sou eu", mas alguém por quem não farei mais do que sentir pena.

Ou, novamente, consideremos a distinção de Sartre entre consciência tética e não-tética (ou posicional ou não posicional) das coisas. O objetivo dessa distinção é que estar consciente é focar, de modo que algumas coisas recebam toda a minha atenção (consciência tética), enquanto eu estou apenas marginalmente (não-teticamente) consciente de outras coisas no meu campo perceptivo. Essa distinção (que, mais uma vez, refere-se não a uma característica ocasional ou opcional da experiência consciente, mas a uma parte não eliminável de sua estrutura essencial, excluindo assim a possibilidade de uma objeção rápida, baseada em princípios, ao seu uso em casos de má-fé) facilita a má-fé pelos meios simples de foco seletivo. Sempre que algo que possa me desagradar acerca de mim mesmo comece a chamar minha atenção, posso simplesmente desviar o olhar, concentrar-me em outra coisa e fazer com que esse item se derreta no terreno relativamente indiferenciado da minha atenção marginal. Da mesma forma, se eu sou, talvez contra a minha vontade, confrontado com situações de meu passado em que incorri claramente em algum tipo de má conduta, ainda posso evitar investigá-los, analisá-los, esclarecê-los por completo e me perguntar que tipo de padrão eles sugerem. Isso certamente é autoengano, mas fica aquém do tipo de mentira absoluta para si mesmo que implicaria uma contradição. Baseia-se, em vez disso, na técnica de manter vagas as coisas vagas, e de explorar as ambiguidades e as autodivisões da consciência, de modo a permitir-me enfatizar o que quero enfatizar e omitir o que quero omitir.

A má-fé do foco seletivo é ainda mais ativada por outra estrutura essencial da consciência, a da dualidade pré-reflexiva/reflexiva. Sartre argumenta que o modo primário de consciência é pré-reflexivo. Nesse modo, a consciência se lança em direção aos objetos no mundo com os quais está preocupada. Ela não se concentra reflexivamente em si mesma. Esse é um modo secundário de consciência, tornado possível pela consciência não-tética ou marginal da consciência de suas próprias atividades quando está envolvida de forma pré-reflexiva com outros objetos. Quando estou contando, o conteúdo do meu pensamento é "1, 2, 3, 4, 5" e assim por diante. No entanto, se alguém de repente me interrompesse e exigisse saber o que estou fazendo, seria capaz de mudar facilmente do modo pré-reflexivo para o reflexivo e relatar: "Estou contando". Essa dualidade pré-reflexiva/reflexiva facilita a má-fé por meio do foco seletivo, pois permite que eu permaneça no modo pré-reflexivo enquanto estou fazendo coisas desprezíveis (para que minha atenção permaneça voltada aos objetos com os quais estou lidando e não preste atenção a mim, ou a questões relativas ao significado ou interpretação de minhas ações, muito menos ao que elas, em conjunto com outras ações do mesmo tipo, podem sugerir sobre meu caráter), ao mesmo tempo em que me permitem consultar o modo reflexivo, e voltar a ele com frequência, durante os casos (talvez muito mais raros) em que estou fazendo coisas louváveis. Dessa maneira, posso me tornar hábil em perceber e aproveitar minha nobreza e virtude, enquanto mal percebo meus vícios.

Lidando com evidências

Provavelmente, a técnica mais importante da má-fé é a capacidade tão somente de se deixar persuadir por evidências fracas. Isso geralmente não se alcança primeiramente mediante a observação de que as evidências para uma determinada crença são fracas e, em seguida, o convencimento de que as evidências são, não obstante, adequadas para sustentar a crença. Em vez disso, a progressão mais comum seria algo como: primeiro, quero acreditar em algo. Então, em vez de me dedicar a uma investigação honesta das evidências a respeito, busco de maneira parcial evidências que justifiquem minha crença. Por fim, sem concentrar-me explicitamente nisso ou formular verbalmente a questão para mim mesmo, respondo a uma vaga preocupação, ligeiramente percebida, de que as evidências podem não se revelar boas o suficiente mediante o uso de um baixo padrão probatório. Como Sartre coloca:

> [a] má-fé não conserva as normas e critérios da verdade tal como aceitos pelo pensamento crítico de boa-fé. De fato, o que ela decide inicialmente é a natureza da verdade [...] [A má fé] se delineia inteira na resolução de *não pedir demais*, dá-se por satisfeita quando mal persuadida, força por decisão suas adesões a verdades incertas (BN1: 68; BN2: 91; SN: 116).

Uma técnica extremamente comum relacionada à má-fé é empregar, de maneira inconsistente e sem princípios, diferentes padrões de evidência para diferentes crenças, de modo que se adote um baixo padrão de evidência para crenças que se deseja afirmar, enquanto simultaneamente se insiste em um alto padrão de evidência para crenças que se deseja rejeitar. Por exemplo, se eu quiser criticar um chefe de estado, posso aceitar evidências fracas de que suas políticas são responsáveis pelos altos preços da gasolina. Mas se os preços do gás estiverem altos quando alguém que aprovo estiver no cargo, encontro evidências inconclusivas e pouco convincentes de que as políticas de um chefe de estado podem afetar significativamente esses preços.

Observemos, mais uma vez, que esses são métodos de autoengano que não envolvem mentiras ostensivas. Com eles, não há como negar fatos simples que alguém está encarando. Em vez disso, eles lidam com questões de julgamento na pesagem e avaliação de evidências, questões difíceis e polêmicas, que tornam a transgressão de normas válidas relativa a elas muitas vezes difícil de detectar, e impossível de descartar de maneira rápida e com princípios. O projeto de acreditar em algo com base em evidências fracas não impõe o tipo de barreira psicológica que seria posta em prática por uma tentativa de mentir para si mesmo sobre uma verdade óbvia da qual se está lucidamente ciente. Afinal, no primeiro caso, *não sei* que a crença que desejo afirmar é falsa. Além disso, existem *algumas* evidências para apoiar a afirmação de que é verdade. Finalmente, é difícil determinar *quanta* evidência é necessária para que uma crença seja defensável, de modo que não é evidente que esteja fazendo algo errado acreditando nisso – ou assim digo eu, talvez de forma convincente, a mim mesmo.

A má-fé como explicação de crenças falsas amplamente defendidas

Normalmente, as crenças falsas não requerem explicação especial. Alguns problemas são difíceis; muitas vezes nos faltam informações a seu respeito; e as pessoas podem cometer erros honestos ao tentar pensar sobre eles. Além disso, neste mundo de publicidade, relações públicas, propaganda política e coisas do gênero, muitas crenças falsas podem ser atribuídas, em parte, a esforços bem-sucedidos de alguns para enganar outros. Por que, então, Sartre invoca com tanta frequência a má-fé como explicação para falsas crenças?

Uma razão é que Sartre mantém uma concepção distinta de consciência, sustentando que ela é sempre autoconsciente. Nesse mesmo sentido, ele rejeita qualquer tipo de noção psicanalítica de uma mente inconsciente na qual alguns conteúdos possam estar ocultos da consciência. Não fosse por sua análise da má-fé, essas posições dificultariam uma explicação acerca de por que, como ele também enfatiza, comumente se sustentam falsas crenças sobre a própria consciência.

A má-fé surge como uma explicação plausível, no entanto, à luz do fato de que as falsas crenças em questão são reconfortantes e envolvem negações de verdades que seriam exigentes, perturbadoras ou ameaçadoras. Por exemplo, como vimos, Sartre afirma que, quando estamos reflexivamente conscientes de nossa liberdade, experimentamo-la como angústia. Uma razão pela qual não só raramente nos concentramos em nossa liberdade e enfrentamos suas implicações, mas também muitos de nós a negamos inteiramente em nome de uma visão de mundo determinista, é, para Sartre, precisamente que desejamos fugir a nossa angústia e escapar às incômodas obrigações que ela impõe, a saber, a obrigação de agir e assumir a responsabilidade por nossas ações.

Má-fé nas obras fictícias e nos estudos biográficos de Sartre

Muitas das histórias e peças de Sartre apresentam personagens em má-fé. Por exemplo, em sua peça *Entre quatro paredes* (SARTRE, 1945b; 1955), a personagem Garcin, morto e no inferno, tenta escapar à percepção de que havia vivido sua vida como um covarde. Sua principal técnica de má-fé é a negação da facticidade. Ele tenta desesperadamente evitar o confronto com o padrão sugerido por suas ações passadas e, em vez disso, procura se identificar com seus elevados objetivos e intenções, os quais não viveu o suficiente para cumprir. Como a evidência de sua covardia é tão forte, ele não chega ao ponto de tentar se convencer de que fora um herói. Em vez disso, apenas afirma que, por causa de sua morte prematura, o assunto "ficou no ar, para sempre" (SARTRE, 1955: 39).

A má-fé também aparece fortemente nas obras biográficas de Sartre, nas quais ele faz uso de sua "psicanálise existencial" na tentativa de entender uma vida humana. Por exemplo, em sua biografia de Jean Genet, ele sugere que o curso inicial da vida de Genet foi definido em sua primeira infância, quando ele, em forte contraste com Garcin, identificou-se apenas em termos de sua facticidade e negou sua transcendência. Essa identificação surgiu de um incidente em que ele foi pego roubando e ouviu um adulto dizer sobre ele: "você é um ladrão". Referindo-se a esse incidente, Sartre comenta:

> Aquele que ainda não era alguém de repente se torna Jean Genet. [...] É revelado a ele que ele *é* um ladrão e ele se declara culpado, esmagado por uma falácia que ele é incapaz de refutar; ele roubou, ele é um ladrão. [...] O que ele *queria* era roubar; o que ele *fez*, um roubo; o que ele *era*, um ladrão. [...] *Genet é um ladrão*; essa é sua verdade, sua essência eterna. E se ele *é* um la-

drão, ele deve sempre ser um, em toda parte, não apenas quando rouba, mas quando come, quando dorme, quando beija sua mãe adotiva (SARTRE, 1964a: 26-28).

A má-fé como instrumento de crítica moral

Enquanto em *O ser e o nada*, Sartre afirma estar empregando o termo "má-fé" de forma meramente descritiva, sem conotação moral, ele descarta essa pretensão em seus trabalhos posteriores. Nestes escritos, ele critica a má-fé e reclama, em vez disso, a "autenticidade", que define em termos de "ter uma consciência verdadeira e lúcida da situação [e] assumir as responsabilidades e os riscos que ela envolve" (SARTRE, 1965b: 90). Ele acrescenta que "não há dúvida de que a autenticidade exige coragem e mais do que coragem. Portanto, não é de surpreender que seja tão raramente encontrada" (SARTRE, 1965b: 90).

Suas razões para condenar a fuga da verdade são apresentadas mais claramente em alguns de seus trabalhos publicados postumamente, como *Cadernos para uma moral* (SARTRE, 1983b; 1992) e *Verdade e existência* (SARTRE, 1989b; 1995a). Seu ponto principal é que, se não conhecermos a verdade sobre o mundo, não saberemos o que precisa ser mudado. Tampouco saberemos que meios provavelmente serão eficazes para alterá-lo. Consequentemente, seremos incapazes de cumprir com êxito nossa obrigação moral de mudar o mundo para melhor.

Leitura complementar

CATALANO, J.S. (org.) (1996). *Good Faith and Other Essays*: Perspectives on a Sartrean Ethics. Lanham: Rowman & Littlefield.

DETMER, D. (2008). *Sartre Explained*: From Bad Faith to Authenticity. Peru: Open Court.

SANTONI, R.E. (1995). *Bad Faith, Good Faith and Authenticity in Sartre's Early Philosophy*. Filadélfia: Temple University Press.

WEBBER, J. (org.) (2011). *Reading Sartre*: On Phenomenology and Existentialism. Londres: Routledge.

11 Autenticidade

Jonathan Webber

A preocupação de Sartre com a autenticidade individual permeia seus primeiros escritos filosóficos e literários. No entanto, sua concepção de autenticidade é algo ilusória. O único momento significativo em que ele aborda a questão em *O ser e o nada* está em uma nota de rodapé. Lá, ele nos diz que a autenticidade é o oposto da má-fé; na sequência, porém, coloca que a descrição da autenticidade "não cabe aqui" (BN1: 70n; BN2: 94n. SN: 118n). Em dois trabalhos imediatamente posteriores, *O existencialismo é um humanismo* e *Antissemita e judeu*, Sartre argumenta que a autenticidade é a virtude fundamental em sua perspectiva ética e caracteriza vários exemplos de modos de viver autênticos e inautênticos, mas em nenhum dos trabalhos ele dá uma explicação clara da ideia de autenticidade em si. Suas anotações daquele período, publicadas postumamente como *Cadernos para uma moral* (SARTRE, 1983b; 1992), deixam muitíssimo claro que ele pretendia construir uma análise completa da moral com base na autenticidade; uma vez que esse projeto nunca foi concretizado, porém, fomos deixados sem uma declaração detalhada da própria ideia que Sartre considerava digna de publicação.

Apesar disso, um compromisso com a importância da autenticidade impulsiona o existencialismo de Sartre. Ele o faz principalmente pelo escrutínio de sua ausência. Em dramas e romances, bem como em *O ser e o nada*, Sartre explora as maneiras pelas quais as pessoas não se mostram capazes de serem autênticas e os danos que isso causa à sua vida e à daqueles que elas afetam emocionalmente. De fato, pode-se até ver essas incursões na má-fé como tentativas de discernir os contornos de seu contrário, seu ideal de autenticidade. Esses desenvolvimentos deixam claro, ademais, que para Sartre a autenticidade não deve ser confundida com sinceridade ou boa-fé. O ideal de sinceridade exige que reconheçamos e aceitemos as motivações que norteiam nosso comportamento. O ideal de boa-fé exige que avaliemos honestamente nossas próprias motivações, a fim de aceitar quem somos. Na perspectiva de Sartre, porém, a própria ideia de que devemos aceitar as motivações que temos, em vez de procurar moldá-las, está no cerne da má-fé.

A importância disso é destacada no livro recente de Charles Larmore, *The Practices of the Self*. Se a autenticidade é ser verdadeiro à pessoa que você realmente é, então é preciso entendê-la em termos de algum conjunto de motivações fixas. Larmore define essa ideia em duas dimensões. Ele rejeita a ideia de autenticidade enquanto identificação com um eu fixo ou essencial, adotando, em vez disso, a ideia de que a inautenticidade é a negação da estrutura formal da existência humana. Neste ponto, Larmore concorda com Sartre. A segunda dimensão diz respeito à relação entre si e a sociedade. Muitas vezes, parece que a ideia de ser fiel às motivações essenciais exige uma resistência à pressão para se adaptar aos gostos, objetivos e valores da sociedade. Larmore conserva esse aspecto tradicional da ideia de autenticidade, embora ele em certa medida a refine. Através desse aspecto de sua ideia de autenticidade, Larmore desenvolve uma crítica às ideias de Sartre de que a autenticidade é o oposto da má-fé e é a virtude fundamental.

Neste capítulo, coloco que Larmore engana-se sobre a natureza da autenticidade, e que a posição de Sartre é preferível. Começo apresentando a posição de Larmore com mais detalhes. Em seguida, levanto um problema para Larmore que reflete uma consideração que molda a discussão de má-fé em Sartre. Em seguida, rastreio esse problema ao entendimento de Larmore acerca do acesso epistêmico que temos a nós mesmos por meio da reflexão. Larmore baseia sua análise na teoria da reflexão pura e impura de Sartre, mas apresentarei uma leitura diferente de Sartre aqui. Por fim, mostrarei como a exposição da reflexão que atribuo a Sartre fundamenta uma concepção de autenticidade na qual a identificação com a estrutura formal de si mesmo como um ser que assume compromissos se vincula não à ausência de influência externa, mas ao reconhecimento das motivações com as quais alguém já se comprometeu. A estrutura básica da descrição de Sartre sobre a autenticidade é assim revelada, e suas ideias de que a autenticidade é o oposto da má-fé, bem como a virtude fundamental, são mostradas para sobreviver à crítica de Larmore.

A autenticidade, segundo Larmore

Se a autenticidade inclui ser fiel ao tipo de ser que você é, então para dar substância a essa ideia precisamos de uma descrição do tipo de ser que você é. Larmore (2011) argumenta que somos seres essencialmente normativos, o que significa que nossas identidades são determinadas pelos compromissos que assumimos de pensar, falar e agir de determinadas maneiras. Ele argumenta que esse compromisso é essencial para a crença e o desejo. As crenças "funcionam como diretrizes permanentes que dão ao agente a obrigação (racional) de pensar e agir de acordo com sua verdade presumida", enquanto os desejos consistem igualmente em "orientar a conduta, intelectual e prática, do indivíduo" (LARMORE, 2011: 81). Larmore apresenta isso como uma tradução mais precisa da tese de Sartre de que a subjetividade consiste em um relacionamento consigo mesmo que não é uma questão de conhecimento introspectivo. "A intimidade em que o sujeito necessariamente vive consigo mesmo e que Sartre pretendia expressar", escreve Larmore, "é de natureza prática, consistindo no pensamento ou na ação do sujeito apenas enquanto compromisso" (LARMORE, 2011: 81).

Embora todo pensamento e ação assuma esse compromisso, argumenta Larmore, às vezes pensamos e agimos de maneiras que demonstram algo diverso. Pensamento e ação são autênticos somente quando não implicam a negação de que nossas crenças, desejos e ações consistem em assumir compromissos. Quando estamos totalmente absorvidos no que estamos pensando ou no que estamos fazendo, não há possibilidade de negação e, portanto, de inautenticidade: coincidimos perfeitamente conosco. Larmore chama isso de "ser natural" (p. ex., LARMORE, 2011: 27-30, 144-145). A possibilidade de inautenticidade surge apenas quando reflexivamente temos consciência de nós mesmos.

Larmore divide a reflexão em duas categorias, "reflexão cognitiva" e "reflexão prática" (LARMORE, 2011: 24). Eles diferem em sua estrutura básica: a reflexão cognitiva é um tipo de pensamento, a reflexão prática é um tipo de ação. Quando direcionada a si mesma, a reflexão cognitiva é a consideração do que pareço às outras pessoas (LARMORE, 2011: 83-38). Quando direcionada ao mundo, a reflexão cognitiva é a consideração de que razões as outras pessoas teriam para acreditar, desejar ou agir de uma maneira específica (LARMORE, 2011: 68-76). A reflexão cognitiva, então, é pensar em si mesmo ou no mundo a partir da perspectiva dos outros. Esses outros podem ser pessoas específicas e conhecidas, pessoas imaginárias ou a abstração impessoal da sociedade em geral. Como essa reflexão cognitiva se preocupa com a perspectiva dos outros, ela é sempre inautêntica: a pessoa se compromete com um pensamento ou desejo específico, mas com base no fato de que alguém o faria (LARMORE, 2011: 144).

A reflexão prática, por outro lado, possui variedades autênticas e inautênticas. A reflexão prática é o endosso explícito de crenças, sentimentos ou ações (LARMORE, 2011: 24). "Adoro vestir minha jaqueta de couro!" é um dos exemplos de Larmore de tal declaração consciente (LARMORE, 2011: 147). Esse ato de declarar não é "um julgamento sobre o que devemos fazer", mas "uma intenção explícita de fazer isso ou aquilo" (LARMORE, 2011: 71). Não é autêntico quando nos distanciamos simultaneamente do fato de estarmos assumindo esse compromisso. Larmore dá dois exemplos. Alguém está declarando uma intenção como se fosse meramente o efeito de uma força externa. "O dever me obriga a fazê-lo!", alguém pode anunciar, como se não tivesse escolhido fazê-lo (LARMORE, 2011: 148). A outra é a decisão de Emma Bovary de buscar um caso de amor, sob o argumento de que seria da natureza que lhe agradasse ver-se tendo algo em comum suas heroínas literárias (LARMORE, 2011: 147-148). Nesse tipo de reflexão prática, como na reflexão cognitiva, "nós nos assimilamos a outro" e, portanto, "negamos, com efeito, a própria natureza do que estamos fazendo" (LARMORE, 2011: 150).

A reflexão prática autêntica é a declaração ou endosso de um compromisso sem essa negação. É autêntico porque afirma o *status* de pessoa como um ser normativo, que vive pelos compromissos que assume. Essa absorção irrefletida no pensamento, sentimento ou ação são os dois únicos tipos de autenticidade. Dos dois tipos de inautenticidade, reflexão cognitiva e reflexão prática inautêntica, apenas a reflexão prática inautêntica é uma forma de má-fé. Somente nesse caso experimentamos nossos pensamentos, sentimentos e ações de maneira "contrária ao seu verdadeiro teor" e "os desfiguramos ao nos apegarmos ao ponto de vista de um espectador" (LARMORE, 2011: 159). Na reflexão cognitiva, experimentamos a nós mesmos enquanto tomamos sob consideração a nós mesmos ou ao mundo do ponto de vista de um espectador, e é isso mesmo que estamos fazendo. Por esse motivo, Larmore rejeita a equação de inautenticidade de Sartre com má-fé (LARMORE, 2011: 149, 159). Além disso, argumenta Larmore, a reflexão cognitiva é essencial para se viver bem; portanto, a inautenticidade nem sempre é algo ruim. Assim, a autenticidade não pode ser a virtude suprema ou fundamental sobre a qual a ética se baseia (LARMORE, 2011: 145, 153-154, 159).

Profundidade de compromisso

A estrutura conceitual de Larmore esclarece parte da estrutura da ideia de autenticidade de Sartre. Larmore tem razão em descrever a análise sartriana do ser humano em termos da assunção de compromissos e identificar a autenticidade como o reconhecimento disso. Há, no entanto, uma dimensão da exposição de Sartre sobre a existência humana que falta à leitura de Larmore sobre Sartre. Esse é o efeito contínuo dos compromissos, uma vez que são tecidos. Sartre pensa que tentativas de assumir novos compromissos podem incorrer em dificuldades práticas enraizadas em outros compromissos que já assumimos e que então se fazem profundamente presentes na psicologia geral do sujeito.

Sartre ilustra isso em um episódio de seu romance *A idade da razão* (SARTRE, 1945a; 1986b; 2012a), publicado dois anos após *O ser e o nada*. Daniel sabe que outros o veem como uma pessoa sentimental, em parte por causa dos gatos de que gosta, e ele quer provar a si mesmo que eles se enganaram a seu respeito. Então ele resolve afogar seus gatos no rio. Quando chega à beira d'água, porém, descobre que não pode fazê-lo (SARTRE, 1986b: 81-91; 2012a: 101-111). Sartre descreve intenções como essa, as quais não se pode de fato cumprir, como "cheques sem fundo" (SARTRE, 86; 2012a: 106). Ele demonstra argumento semelhante em sua discussão sobre a liberdade em *O ser e o nada*. A liberdade não consiste simplesmente na capacidade de fazer qualquer coisa a qualquer momento, argumenta ele, porque os motivos e as razões que encontramos no mundo refletem os projetos existentes. A liberdade, portanto, consiste na capacidade de alterar os projetos subjacentes. Qualquer ação que tenha realizado poderia, é verdade, ter conhecido "o contrário", mas a questão importante é: "a que preço?" (BN1: 464; BN2: 476; SN: 560). Até certo ponto, Daniel poderia ter afogado seus gatos. Quando chegou a hora, porém, ele descobriu que não seria capaz de pagar o preço de fazê-lo.

Daniel deu forma a sua intenção mediante a má-fé. Ele não levara em conta a resistência de realizar seu intento enraizada no amor a seus gatos. Era, poderíamos dizer, uma intenção inautêntica. Ele não comprometera *a si*, o eu que conhece as restrições de seus compromissos existentes, com o objetivo de afogar os gatos (SARTRE, 1986bc: 90). Nesse sentido, Daniel se assemelha a uma personagem na discussão central de Sartre sobre a má-fé em *O ser e o nada*, o homem que teve muitos casos com homens no passado, mas resiste ao conselho de seu amigo, "o campeão da sinceridade", para se identificar com a própria homossexualidade. Ele resiste à ideia de que suas ações mostram que ele tem uma natureza fixa que inclui a atração sexual por homens e não por mulheres. Sartre, é claro, acha que ele está certo em resistir a essa ideia. Mas a personagem erra, pensa Sartre, ao considerar essa uma razão para negar completamente sua homossexualidade. Assim como o campeão da sinceridade está em má-fé, porque finge que não somos seres normativos cuja identidade é conferida por nossos compromissos, seu amigo está em má-fé, porque sua intenção declarada de casar-se com a mulher certa não leva em conta os desejos homossexuais que de fato tem e com os quais se compromete (BN1: 63-64; BN2: 86-87; SN: 110-112).

Assim, a menos que um esforço ganhe forma pelos compromissos existentes, caso estes devam ser respeitados e preservados por meio de tal esforço ou derrubados em seu nome, o esforço é muito superficial para contar como um compromisso autêntico. No entanto, um esforço superficial se encaixa na descrição de Larmore da reflexão prática autêntica. Sua falta de profundidade não é uma negação da condição de alguém como ser normativo. Pelo contrário, envolve amplificar esse *status*, como se alguém pudesse facilmente se comprometer com qualquer coisa.

Larmore chega perto de abordar esse problema em três passagens de seu livro. Em uma delas, ele argumenta que o objetivo de se tornar um determinado tipo de pessoa deve ser entendido como um esforço que restringe nosso pensamento e ação em geral (LARMORE, 2011: 158). O tipo de restrição que ele descreve é racional: deve-se respeitar racionalmente o compromisso em pensamento e ação. A dificuldade de levar a cabo tais compromissos se deve ao fato de eles próprios não exercerem, por si mesmos, pressão psicológica para que sejam respeitados. O tipo de compromisso que nos interessa, por outro lado, é aquele que se exerce repetidamente e pela transformação em hábito passa a exercer pressão psicológica própria.

Larmore também chega perto de abordar o compromisso transformado em hábito quando discute o esclarecimento de compromissos irrefletidamente assumidos de modo a endossá-los na reflexão prática. "Mary, por exemplo, está convencida de que Mark se tornou o amor de sua vida", escreve ele, "mas, observando que ela se sente mais sensível a ele quando ele não está ali do que quando estão juntos, ela começa a questionar a natureza de seu sentimento" (LARMORE, 2011: 86). "Antes de decidir adotar alguma crença religiosa", ele aponta, "talvez queiramos determinar se a achamos atraente por causa de seu poder consolador e não em virtude de sua aparente verdade"; então, "para saber se realmente somos crentes", ele recomenda que "nos comprometamos a realizar todos os rituais e recitar todas as orações para observar se as estamos realizando com o tipo de convicção que é a prova da fé" (LARMORE, 2011: 162). As observações que essas personagens fazem sobre si mesmas, segundo Larmore, são exemplos de reflexão cognitiva, uma vez que apenas a reflexão cognitiva visa ao conhecimento. A reflexão prática é o endosso explícito de um compromisso, mas essas personagens têm apenas o objetivo de descobrir quais são de fato seus compromissos. Para Larmore, a reflexão cognitiva é sempre uma forma de inautenticidade, embora em casos como esse seja um prelúdio para a reflexão prática autêntica.

Comportamento público e experiência privada

Essas passagens indicam a forma que uma explicação da dificuldade prática enraizada nos compromissos existentes teria de assumir dentro da estrutura argumentativa de Larmore. Da perspectiva de Larmore, é possível construir um entendimento da pressão que esses compromissos exercem apenas por meio da reflexão cognitiva sobre si mesmo. Daniel deveria ter levado em conta o que aqueles ao seu redor já sabiam, que ele ama seus gatos. O homem que não admite sua homossexualidade está negando algo que é óbvio para seu amigo, esteja ele errado ou não em vê-lo como parte de uma essência fixa. Larmore considera a reflexão cognitiva a nossa única forma de acesso epistêmico a nossas próprias motivações: "tudo o que sabemos sobre nós mesmos se baseia nos procedimentos fundamentalmente públicos de observação e inferência" (LARMORE, 2011: 135). Ele baseia essa afirmação no fracasso de sucessivos filósofos em compreender a metáfora da "introspecção" como um modo de acesso direto ao conteúdo de nossas próprias mentes (LARMORE, 2011: 123-126). Às vezes, Sartre soa como se endossasse ideia similar. "A consciência não conhece seu caráter – salvo determinando-se reflexivamente a partir do ponto de vista do outro", escreve ele (BN1: 349; BN2: 372; SN: 438).

Mas se essa é a única maneira pela qual se pode tomar consciência das próprias motivações, é difícil ver onde Daniel ou o homem que não admitirá sua homossexualidade incorrem em equívoco. Pois ambas as personagens examinaram seu próprio passado de uma perspectiva externa. Cada um compreendeu que seu comportamento pode ser interpretado como manifestação de determinada característica, mas cada qual afirma com veemência que é compatível com a ausência da mesma. O que essas personagens não levam em consideração não é um comportamento. Daniel não leva em conta o valor que seus gatos têm para ele. O homem que nega sua homossexualidade deixa de considerar sua atração sexual pelos homens. Tais valores e sentimentos não são diretamente observáveis de uma perspectiva externa. De fato, parece ser o argumento de Sartre nesses quadros que a má-fé dessas personagens repousa em uma perspectiva externa para ocultar essas informações cruciais.

No entanto, isso não compromete Sartre com a visão de que valores e sentimentos são estados mentais internos dos quais se pode tomar consciência por meio da "introspecção".

Em seu *Esboço para uma teoria das emoções*, Sartre argumentou que uma emoção é "uma certa maneira de apreender o mundo" (SARTRE, 2002: 35; 2008b: 57). Ter medo é experimentar o mundo como um lugar assustador, ficar com raiva é julgar odioso o objeto da raiva de alguém (SARTRE, 2002: 34-61; 2008b: 56-94). Em *O ser e o nada*, Sartre estende essa ideia a todos os sentimentos. A repulsa é experimentada como o asco ante objetos repulsivos (BN1: 605, 616; BN2: 625-656, 635-636; SN: 738; 749). Ele vai mais longe, porém, e aplica a ideia a posturas avaliativas e também à afetividade. Para que algo seja valioso para você, segundo essa explicação, é preciso que seja experimentado como valioso no envolvimento cotidiano com o mundo (BN1: 38-39; BN2: 62-63; SN: 83-85). Isso sugere que nosso conhecimento de valores e sentimentos não requer introspecção, tampouco inferência de comportamento. Em vez disso, a consciência de como o mundo se nos parece pode fornecer conhecimento de nossos valores e sentimentos. Daniel deveria ter levado em conta o valor que experimenta no tocante ao que sente por seus gatos. O homem que nega seus desejos homossexuais deve considerar as maneiras pelas quais homens e mulheres aparecem em sua experiência.

O que é necessário é um tipo específico de reflexão sobre a própria experiência. Na experiência irrefletida, o mundo tem uma estrutura avaliativa e afetiva específica, mas essa estrutura não se encontra onde a atenção de alguém se concentra. Dá-se atenção ao mundo em si. A estrutura avaliativa e afetiva é o modo como o mundo aparece. Transformar essa estrutura, esse modo de apresentação, no objeto da atenção é passar a outro tipo de experiência. Essa é uma reflexão sobre a experiência irrefletida do mundo. Tal reflexão não apresenta tão somente o mundo novamente, pois a atenção não é mais direcionada aos objetos que compõem esse mundo, nem essa reflexão envolve uma perspectiva externa sobre si mesmo. Não se trata de uma forma da "reflexão cognitiva" de Larmore. Por fim, também não visa a endossar um compromisso. Não é a "reflexão prática" de Larmore. O objetivo é coletar informações, mas informações sobre a aparência das coisas, mais do que sobre o que elas são. Ou seja, diz respeito a fenômenos ou aparências. Por esse motivo, é chamada com justiça de "reflexão fenomenológica".

Reflexão pura e impura

Uma vez que valores e sentimentos se manifestam na maneira como o mundo aparece, a reflexão fenomenológica pode revelar esses valores e sentimentos. Consideremos novamente os exemplos de reflexão cognitiva de Larmore a serviço da reflexão prática autêntica. Mary aprende algo sobre seu relacionamento com Mark ao refletir sobre a diferença entre a maneira como ele se apresenta em sua experiência quando ausente e quando presente. Quando alguém reflete sobre sua própria prática religiosa para determinar se é um genuíno devoto, não reflete acerca dos movimentos pelos quais passa, mas sobre como experimenta esses rituais. Estes não são casos de reflexão cognitiva de fato, tal como Larmore a define. A reflexão fenomenológica se dá inerentemente em primeira pessoa. Como se trata de reflexão sobre a maneira como o mundo aparece na experiência, apenas o sujeito dessa experiência pode refletir sobre ela dessa maneira. Somente você tem acesso direto à maneira como o mundo lhe parece.

Embora a reflexão fenomenológica seja necessária para que se compreendam os compromissos existentes de um indivíduo, Sartre não sustenta que toda a reflexão fenomenológica é propícia à autenticidade. Ele divide tal reflexão em duas categorias, "reflexão pura" e "reflexão impura". A reflexão pura preserva o senso de si enquanto ser normativo cuja identidade é conferida por compromissos assumidos e passíveis de revogação. A reflexão impura, por outro lado, nega isso. Sartre não esclarece muito bem a diferença entre reflexão pura e impura em *O ser e o nada*. A terminologia em que ele a descreve é geralmente ambígua. A distinção de Larmore entre reflexão cognitiva e reflexão prática é inspirada por uma leitura de Sartre. "A reflexão pura, segundo *O ser e o nada*, 'nos entrega o refletido [isto é, nós mesmos], não como algo dado [isto é, um objeto de conhecimento], mas como o ser que temos-de-ser'", escreve Larmore (2011: 151), citando Sartre (SN: 214. Os acréscimos entre colchetes ao texto são de Larmore). Essa é a base da ideia de Larmore de "reflexão prática", na qual alguém surge como a pessoa que assume o compromisso, em contraste com a "reflexão cognitiva" na qual o próprio sujeito é objeto de conhecimento.

Em vez de usar a expressão "o refletido" para se referir a si mesmo, no entanto, devemos levá-la a se referir à experiência que é objeto da reflexão fenomenológica. Por exemplo, se eu pensar em um amigo ausente e depois refletir sobre essa experiência, "o refletido" é o meu pensamento sobre esse amigo ausente. Além disso, em vez de tomar o termo "dado" em um sentido epistêmico, para denotar um objeto de conhecimento, devemos entendê-lo aqui em um sentido metafísico ou ontológico, para denotar algo fora de nosso controle.

Lida dessa maneira, a passagem citada por Larmore afirma que reflexão pura e impura não diferem no que apresentam – em ambos os casos, o modo como o mundo aparece –, mas em como o apresentam. A pura reflexão a apresenta corretamente como uma manifestação de meus compromissos. A reflexão impura o apresenta apenas como um dado. Da reflexão impura, pode-se inferir que o modo como o mundo se apresenta é o mundo, ou que o mundo parece ser resultado de fatos imutáveis acerca de um sujeito. A reflexão impura, portanto, dá sustentação à inautenticidade, pois permite que se viva como se a textura avaliativa e afetiva do mundo não fosse o resultado dos compromissos de um sujeito. A reflexão pura dá sustentação à autenticidade, pois fornece conhecimento dessa textura como resultado dos compromissos de um sujeito.

Autenticidade e má-fé

Entendida dessa maneira, a autenticidade não requer essencialmente resistência à pressão social. Tampouco requer essencialmente ver a si mesmo e ao mundo da própria perspectiva, em vez de assumir a perspectiva de outras pessoas. De outro modo: a diferença entre autenticidade e inautenticidade não se baseia de forma alguma no papel que outras pessoas desempenham na vida de alguém. Autenticidade é antes o reconhecimento da pessoa específica que você é. Isso tem duas dimensões. Uma é o reconhecimento do que é ser uma pessoa, ou seja, um ser normativo cuja identidade é conferida por seus compromissos. A outra é o reconhecimento dos compromissos particulares que se tem, pois eles se manifestam da maneira que o mundo se apresenta em experiência. Depois de entendermos a concepção de autenticidade de Sartre dessa maneira, podemos notar que as duas críticas que Larmore levanta contra ela são equivocadas.

Uma das críticas de Larmore é que Sartre está errado ao identificar a inautenticidade com má-fé. A reflexão cognitiva, argumenta ele, é uma forma de inautenticidade que, por si só, não envolve má-fé. Alguém adota uma perspectiva externa, de modo que se posta de forma não totalmente identificada consigo mesmo, e ao mesmo tempo pode estar perfeitamente consciente de que o está fazendo. No entanto, na descrição de Sartre, a inautenticidade não consiste em adotar uma perspectiva externa, de modo que a reflexão cognitiva não é, em si, uma instância de inautenticidade. A identificação da inautenticidade com a má-fé corresponde, portanto, à afirmação de que a reflexão cognitiva não é uma forma de má-fé. A outra crítica de Larmore fracassa no mesmo sentido. Essa é a crítica de que a autenticidade não pode ser a virtude fundamental, uma vez que não se pode viver bem – de fato, não é possível envolvimento na reflexão prática autêntica – sem envolvimento na reflexão cognitiva. Como, da perspectiva de Sartre, a reflexão cognitiva não é uma instância de inautenticidade, o papel da reflexão cognitiva no bem viver não implica que a inautenticidade possa ser uma coisa boa.

Autenticidade e inautenticidade, segundo Sartre, dizem respeito a como alguém se entende por ser. Um tipo de inautenticidade envolve afirmar as características de alguém como se fossem fixas. Sartre dá a isso o nome de "sinceridade", ilustrando-o com seu "campeão da sinceridade", que incentiva o amigo a aceitar seus desejos homossexuais. O outro tipo envolve negar as próprias características reais e fingir ter traços contrários que explicam o próprio comportamento. É isso que o amigo do campeão da sinceridade faz quando nega sua homossexualidade. Sartre chama esse tipo de "má-fé", mas também sustenta que ele e a sinceridade são formas de má-fé em um sentido mais amplo (BN1: 66-67; BN2: 89-90; SN: 112).

A má-fé nesse sentido mais amplo é asseverar uma afirmação sobre si mesmo, apesar de estar consciente, até certo ponto, de que essa afirmação não é verdadeira. Segundo Sartre, o defensor da sinceridade está ciente de que os desejos são o resultado de compromissos, assim como seu amigo está ciente de sua homossexualidade (BN1: 64-65; BN2: 87-88; SN: 110-111). Os exemplos de Larmore de reflexão prática inautêntica são ambos, de fato, casos de inautenticidade, mas não pela razão que Larmore dá. Assumir um compromisso sob o pretexto de que o dever exige que assim seja feito é uma negação de que os valores encontrados no mundo são apenas uma função dos compromissos existentes. Endossar um caso como modo de se seguir o percurso de uma heroína é fingir que esse resultado é determinado pelas características compartilhadas com essas heroínas.

A ética da autenticidade

Larmore apresenta mais um motivo para rejeitar a afirmação de Sartre de que a autenticidade é a virtude fundamental que subjaz ao restante da ética. Trata-se de um ceticismo geral sobre tais abordagens monísticas do valor ético. Com relação à autenticidade, a objeção é "que, em certas circunstâncias, a busca pela autenticidade possa levar a consequências indesejáveis" (LARMORE, 2011: 6). Mais dramaticamente, não é possível ser perfeitamente autêntico e completamente mau? Caso a autenticidade seja compreendida tal como Larmore a descreve, isso certamente é possível. Pois uma vez que a autenticidade seja apenas coincidir consigo mesmo de maneira que o *status* de pessoa enquanto ser normativo não seja negado, tal condição não impõe restrições aos efeitos que as ações de uma pessoa podem ter sobre outras pessoas. De outro modo: entendida dessa maneira, a autenticidade é uma virtude totalmente autorreferente. Larmore não vê nisso razão para rejeitar a ideia de que a autenticidade é valiosa. Sua recomendação, por outro lado, é que abandonemos qualquer tentativa de conferir-lhe um valor supremo, e admitamos que seu papel é temperado por outros valores.

A tentativa de Sartre de conferir à autenticidade um valor supremo não precisa enfrentar esse problema. Isso ocorre porque Sartre não pensa a autenticidade como autocoincidência. É possível, portanto, que a autenticidade possa impor restrições às atitudes de alguém em relação aos outros e a si próprio. Se é possível demonstrar que a autenticidade exige o reconhecimento de que as pessoas em geral são seres normativos com compromissos contínuos, isso equivale a dizer, então, que se pode debatê-la no sentido de estabelecer importantes restrições sobre o modo de tratar as pessoas em geral. Parece claro a partir de *O existencialismo é um humanismo* (SARTRE, 1946b; 1973; 2014a), *Antissemita e judeu* (SARTRE, 1946a; 1948b) e *Cadernos para uma moral* (SARTRE, 1983b; 1992) que essa é a direção na qual Sartre queria que sua teoria ética se desenvolvesse. Para que seja desenvolvida dessa maneira, no entanto, dois problemas imediatos precisam ser resolvidos.

Um problema decorre da descrição proposta por Sartre dos valores como estivessem enraizados nos compromissos já assumidos. Isso é parte integrante de sua ideia de autenticidade, uma vez que a autenticidade exige o reconhecimento dos valores aos quais os compromissos existentes dão origem. Como isso é compatível com a noção de que a autenticidade é objetivamente valiosa, algo a que todas as pessoas devem aspirar, independentemente de seus compromissos existentes? A resposta a essa pergunta metaética precisa levar direta ou indiretamente a uma forma de autenticidade que diga respeito a outras pessoas tanto quanto a si mesmo. Caso alguém proponha, por exemplo, que a inautenticidade frustra necessariamente seus próprios projetos, essa ideia pode então sustentar diretamente apenas uma forma autorreferente de autenticidade. Seria preciso construir, ainda, um argumento à necessidade de reconhecer outras pessoas como os seres normativos particulares que elas são. Aqui se localiza o segundo problema, paralelo à preocupação de Larmore sobre malfeitores autênticos. Pois não está de forma alguma claro por que o simples fato de reconhecer que alguém é um ser normativo com um conjunto específico de compromissos deveria exigir que essa pessoa fosse tratada com qualquer respeito ou preocupação com seu bem-estar. Isso poderia restringir as maneiras pelas quais, por exemplo, alguém poderia com sucesso oprimir pessoas, mas não é de modo algum cristalino que assim se poderia impedir a opressão a elas.

Esses são os problemas relacionados à ética da autenticidade que Sartre enfrentou nos anos seguintes à publicação de *O ser e o nada*. O fato de ele nunca ter publicado seu prometido trabalho sobre ética poderia ser compreendido como indicativo de que ele não tinha condições de resolvê-los. Noutro sentido, isso poderia indicar um endosso aos escritos éticos de Simone de Beauvoir, que se baseiam nessa concepção de autenticidade. De qualquer maneira, permanece uma questão em aberto se uma descrição da autenticidade tal como delimitada *grosso modo* por Sartre poderia fornecer a base da ética. Ainda que tal descrição da autenticidade não tenha podido responder a essa questão fundamental e perene, não se segue que ela não possa fazer outras contribuições substanciais à teoria ética.

Leitura complementar

BEAUVOIR, S. (1948). *The Ethics of Ambiguity.* Chicago: Citadel [trad. B. Frechtman].

BEAUVOIR, S. (2005). *Philosophical Writings.* Chicago: University of Illinois Press [edição de M.A. Simons].

GUIGNON, C. (2004). *On Being Authentic.* Londres: Routledge.

WEBBER, J. (2009). *The Existentialism of Jean-Paul Sartre.* Londres: Routledge.

WEBBER, J. (2015). "Sartre on Knowing Our Own Motivations". In: MIGUENS, S.; BRAVO MORANDO, C. & PREYER, G. (orgs.). *Prereflective Consciousness*: Early Sartre in the Context of Contemporary Philosophy of Mind.

12
Conhecimento

Anthony Hatzimoysis

Introdução

Conhecimento é uma noção que ocorre ao longo dos escritos filosóficos de Sartre. Desde suas primeiras incursões na fenomenologia (SARTRE, 1970: 200a; 2004c: parte A) ao seu envolvimento tardio com a razão dialética (SARTRE, 1960b: 30n, 31n, 502; 1985b), a *connaissance* é termo que aparece em quase todas as sinuosidades da argumentação sartriana.

No entanto, discussões sobre a concepção de conhecimento de Sartre são raras. Como podemos interpretar melhor esse fenômeno peculiar de escassez de referências ao conhecimento na literatura secundária e sua superabundância nos textos de Sartre? Parte da explicação, na minha opinião, reside no fato de que o conhecimento para Sartre é o que podemos chamar de noção contrastante: conhecimento é o que a consciência – incluindo a relação primária de alguém consigo mesmo, com o próprio corpo, com outros seres em uma situação, e com o mundo – não é.

Mas o que exatamente é essa noção com a qual tantas outras noções aparentemente se misturam e com a qual elas não devem ser confundidas? Neste capítulo, esboçarei uma resposta a essa pergunta a partir de uma seção de *O ser e o nada*, onde Sartre coloca o próprio conhecimento como o foco de sua discussão (BN1: 172-180; BN2: 195-203; SN: 233-242, cap 3, parte I).

Nossa discussão será restrita em seu foco: não abordará as perspectivas de Sartre sobre o conhecimento ao longo de sua produção volumosa, tampouco explicará todas as ocorrências de "conhecimento" em *O ser e o nada*; limitar-se-á, em vez disso, a parágrafos específicos de uma seção desse livro. No entanto, a discussão terá amplitude no que pretende implicar, pois fornecerá o contexto necessário para explorar uma questão geral, que aqui será simplesmente declarada, mas não abordada: se as asserções positivas de Sartre sobre o conhecimento permitem que este cumpra o papel contrastante de que é dotado em sua filosofia.

Começo com uma breve declaração de Sartre acerca do conhecimento, destinada a leitores não familiarizados com sua filosofia. A declaração de Sartre inclui alguns termos filosóficos tradicionais, por vezes empregados de forma não-ortodoxa; portanto, esclareço o significado desses termos, mostrando como difere do significado que portam no trabalho de outros filósofos e recorrendo a partes do trabalho de Sartre que são relevantes para uma correta compreensão desses termos. No decorrer da minha apresentação, coloco alguns questionamentos críticos e esboço algumas respostas, de modo a esclarecer a abordagem sartriana do conhecimento.

Intuição e crença

O conhecimento digno de seu nome é intuitivo; qualquer relação não intuitiva com um objeto é descartada tão logo a intuição é atingida; e intuição diz respeito à presença da consciência ante seu objeto. Esses são, resumidamente, os três pilares sobre os quais se assenta a teoria do conhecimento de Sartre. Aprofundemos essas questões.

Sartre começa sua discussão construindo uma distinção entre formas de conhecimento genuínas e secundárias: existe apenas um tipo de conhecimento, propriamente falando, e esse é o "conhecimento intuitivo" (BN1: 172; BN2: 195; SN: 233). Antes de explorarmos o significado exato dessa ideia, é importante notar que Sartre não apresenta o conhecimento em termos pontuais (ele não afirma, por exemplo, que só se pode contar como conhecimento o que capte as *formas* platônicas, o *eide* aristotélico ou as *essências* husserlianas), nem em termos de como um conhecimento específico se relaciona com outros fenômenos doxásticos (como crença justificada ou opinião balizada) ou em termos das construções gramaticais alternativas do verbo relevante ("conhecer isso", "conhecer como" ou "conhecer um objeto"). Contudo, pontos de vista específicos sobre cada uma dessas perspectivas são contempladas por sua análise, como veremos a seguir.

O conhecimento intuitivo, em termos simples, é o conhecimento adquirido pela intuição. Mas o que é intuição? Na linguagem comum, a intuição representa a apreensão (a princípio) não fundamentada, porém (aparentemente) indubitável de algum fato. Na epistemologia contemporânea, a intuição tem sido sistematicamente examinada sob diferentes termos. Tomemos, primeiramente, um conjunto de teorias que abordam a intuição por meio da noção de crença, afirmando que intuições são crenças (LEWIS, 1983), ou disposições para acreditar (Van INWAGEN, 1997), ou atitudes nas quais uma proposição parece verdadeira, em oposição ao compromisso sincero de uma crença com uma proposição verdadeira (BEALER, 1998). Todas essas sugestões são importantes, mas infelizmente não se mostram muito úteis para compreender a abordagem sartriana da intuição. Sartre não relaciona intuição à crença ou a um tipo semelhante de atitude proposicional. Na seção sobre conhecimento, a crença está peculiarmente ausente e, quando entra em debate em outras partes de *O ser e o nada*, não serve ao esclarecimento da intuição, mas a destacar, por exemplo, a interação ontológica entre *croyance*, por um lado, e *mauvaise* ou *bonne foi*, por outro (BN1: 69-70; BN2: 93-94; SN: 117-118).

Além da ausência de evidência textual relevante, há uma razão importante para hesitar ante o pensamento sobre uma intuição idêntica à – ou, de outra forma, dependente da – crença. Se a intuição fosse semelhante à crença, de pronto surgiria a questão de como, para Sartre, a intuição é justificada. Essa questão, porém, simplesmente não surge: dentro do sistema sartriano, a intuição não precisa de justificação porque a própria intuição é a fonte última de justificação.

A "intuição" também foi o nome dado a um método, segundo o qual a filosofia avança por meio de uma experiência de simpatia focada, que nos permite avançar ao ser interior de um fenômeno, como a duração ou o eu (BERGSON, 1992: 159, 172, 185-188). A influência do "método da intuição" é evidente na aversão de Sartre tanto ao racionalismo quanto ao empiricismo em suas versões dogmáticas, sua ênfase na experiência vivida [*le vecu*] e seu entendimento da temporalidade como "síntese original", em vez de um mero agregado de instâncias não relacionadas. No entanto, o que é valioso e particular no método bergsoniano da intuição é sua ênfase no caráter intelectual e temporalmente exigente de atender meticulosamente aos vários aspectos de um processo sempre em desenvolvimento – e essa ênfase falta ao uso da intuição por Sartre, no presente contexto. Assim que a intuição é alcançada, um objeto é dado sem esforço e em sua verdadeira natureza. Isso não compromete Sartre com a ideia de que todos os aspectos de um objeto são dados de uma só vez e da mesma maneira (cf. cap. 2 e 5 de HATZIMOYSIS, 2011 para um esboço da análise sartriana da experiência visual e o cap. 6 do mesmo trabalho para questões concomitantes relativas à descrição fenomenológica sartriana da essência de uma coisa).

Se quisermos identificar corretamente os precedentes teóricos do emprego sartriano da "intuição", poderíamos também olhar para os dois filósofos mencionados na seção sobre conhecimento: Husserl e Descartes.

Intuição e discurso

A seção sobre conhecimento abre com uma distinção entre "intuição" e "dedução"; e essa distinção parece descender diretamente da noção de Descartes de que, quando "pass[amos] em revista todos os atos do nosso entendimento que nos permitem chegar ao conhecimento das coisas [...] admitem-se apenas dois, a saber, a intuição e a dedução". Intuição é "o conceito da mente pura e atenta", enquanto dedução denota "o que se conclui necessariamente de outras coisas conhecidas com certeza" (DESCARTES, 1988: regra III). A visão cartesiana, no entanto, poderia iluminar a teoria sartriana, sujeita a duas qualificações importantes.

Em primeiro lugar, a ordem de intuição e dedução se inverte: para Descartes, a intuição fornece os princípios a partir dos quais o raciocínio dedutivo deve proceder; para Sartre, "A dedução e o pensamento discursivo [...] não passam de instrumentos que conduzem à intuição"; e quando a intuição é alcançada, o discurso e a dedução "desaparecem diante dela" (BN1: 172; BN2: 195; SN: 233).

Em segundo lugar, uma intuição cartesiana é primariamente um meio pelo qual adquirimos conhecimento seguro das relações conceituais: apenas examinando vários conceitos e, portanto, *a priori*, podemos compreender intelectualmente que um inclui o outro – por exemplo, que o conceito de Deus inclui a noção de existência eterna; a intuição cartesiana, em outras palavras, nos informa principalmente sobre proposições verdadeiras. Na discussão de Sartre, porém, a intuição não é a revelação de verdades conceituais *a priori*: a intuição é "de alguma coisa" e pertence à relação da consciência com o "ser" (BN1: 173; BN2: 196; SN: 234).

É evidente que Sartre concorda com a distinção tradicional entre "dedução e pensamento discursivo", por um lado, e "intuição", por outro. O que talvez seja menos claro é por que exatamente ele prioriza esta última. Pode-se sugerir que Sartre simplesmente pressuponha a distinção comum entre os dois verbos franceses para o conhecimento: *connaitre*, que usado para pessoas ou coisas, e *savoir*, que trata de proposições verdadeiras. A intuição, como vimos acima, não diz respeito a proposições, mas a coisas. E como Sartre aqui examina não o *savoir*, mas a *connaissance*, ele tem razão em privilegiar a intuição sobre tipos alternativos de conhecimento que dizem respeito a proposições, como dedução ou pensamento discursivo.

Essa sugestão está correta, mas simplesmente elabora o que Sartre faz, não suas razões de fazê-lo – ainda nos é devida uma explicação para a escolha do *connaitre* por Sartre, e não do *savoir*, como o foco de sua análise filosófica. Essa explicação pode ser construída com elementos da exposição de Sartre sobre o conhecimento. Para identificar corretamente, porém, esses elementos, bem como o padrão em que são tecidos, precisamos mudar o foco de nossa discussão da epistemologia para ontologia.

Intuição e presença

Até agora, fomos informados a que se opõe a intuição (ao pensamento discursivo e à dedução) e do que ela é (de alguma coisa ou do ser). Sartre completa sua introdução à intuição trazendo outra noção: a presença. Ele escreve que "intuição é a presença da consciência à coisa" (BN1: 172; BN2: 196; SN: 233).

Podemos entender essa definição de intuição invocando – e desenvolvendo ligeiramente – um exemplo oferecido por Sartre acerca das diferentes maneiras pelas quais uma pessoa – "Pierre" – é-me dada enquanto experiência: como imagem mental, através de fotografia, e em um desenho. Ao imaginar Pierre:

> [...] faltam alguns detalhes, outros são suspeitos, o todo é bastante vago. Há um certo sentimento de simpatia e aprovação, que eu gostaria de ressuscitar diante desse rosto e que não aconteceu. Não renuncio a meu projeto, levanto-me e tiro uma fotografia da gaveta. É um excelente retrato de Pierre, em que reencontro todos os detalhes de seu rosto [...] mas a fotografia não tem vida; oferece, com perfeição, as características exteriores do rosto de Pierre; mas não mostra sua expressão. Felizmente, possuo uma caricatura dele feita por um desenhista hábil. Dessa vez, a relação entre as partes do rosto está deliberadamente falseada [...]. No entanto, algo que faltava à fotografia, a vida, a expressão, manifesta-se claramente nesse desenho: eu "reencontro" Pierre (SARTRE, 2004a: 40-41; 1996b: 33-34).

Aqui, um objeto (Pierre) é dado à consciência (de Sartre) por diferentes meios: primeiro como uma imagem mental, depois através de uma fotografia e, por fim, por uma vívida caricatura. Apesar das diferenças entre os casos, apropriadamente capturadas pela narrativa de Sartre, há um tema comum da experiência: Pierre é dado à consciência como ausente.

Consideremos agora o que aconteceria se, enquanto Sartre refletisse sobre uma conversa recente que teve com seu amigo, Pierre batesse à porta e entrasse no escritório: ele não seria mais dado a saber por algum meio, pelo qual Sartre tentasse recuperar seu amigo – Pierre seria dado a Sartre sem mediações. Pierre também não seria mais bem ou mal indicado por várias evidências (psicológicas, fotográficas ou desenhadas): o próprio Pierre não é uma evidência sobre Pierre, ou algo que indica Pierre, ou do qual podemos deduzir Pierre; estando na sala, Pierre não é mais apresentado; ao contrário, ele é presença a Sartre. Essa experiência não mediada da presença fornece o significado central da intuição.

Sartre, com certeza, não é o primeiro filósofo a pensar sobre a intuição nesses termos. Husserl, como Sartre se alegra em reconhecer, estava lá bem antes dele. A fala de Husserl sobre "consciência doadora originária" e "intuições originalmente doadoras" pretende transmitir o tipo de evento consciente do qual se origina o conhecimento genuíno (HUSSERL, 1983/2006: § 19; 2006: 62). Sartre localiza a diferença entre Husserl e ele próprio no que pode parecer um ponto pedante, isto é, enquanto Husserl pensa que, na intuição, é o objeto que está presente à consciência, para Sartre, o "ser-presente-a" só é possível para um ser consciente de si mesmo em determinada situação: "ser-presente é um modo ekstático do Para-si" e, portanto, intuição não é a presença da coisa na consciência, mas "a presença de consciência à coisa" (BN1: 172; BN2: 195-196; SN: 234).

Sartre então dedica uma passagem de quase dez páginas densamente escritas ao produzir essa frase (BN1: 172-180; BN2: 196-202; SN: 234-242). O leitor seguirá mais facilmente essa passagem se compreender plenamente seu argumento básico: Sartre defende sua concepção de intuição como presença da consciência a um objeto, expondo o que deve ser o problema da consciência de tal modo que o conhecimento de um objeto seja possível.

Consciência e conhecimento

A afirmação muitas vezes repetida de Sartre, ao longo de seus escritos, de que consciência não é *connaissance*, não deve nos fazer perder de vista o fato de que, falando corretamente, o conhecimento é um dos muitos modos de consciência. Seria absurdo afirmar que, enquanto alguém adquire conhecimento de um objeto, sua consciência está desligada, ou mesmo que esteja direcionada para longe do objeto de conhecimento ao qual ela, em determinado instante, presta atenção. Em termos sartrianos, podemos dizer que o conhecimento é, antes de tudo, um exemplo de "ser no mundo", uma "totalidade sintética da qual tanto a consciência como o fenômeno são apenas momentos" (BN1: 3; BN2: 27; SN: 43). Portanto, para entender o conhecimento, precisamos antes entender como a consciência está relacionada com aquilo de que é consciente; e, em seguida, ver o que diferencia o conhecer de outros modos de relação consciente com o mundo.

A primeira tarefa é o que preocupa Sartre na passagem em questão. Em resumo, eis seu argumento: para que a consciência seja, ela deve ser consciência de alguma coisa; mas, para estar consciente de qualquer coisa, precisa, no mínimo, ser consciente de si mesma como não sendo aquilo de que é consciente. No entanto, a consciência não pode estar consciente de si antes de ser direcionada ao seu objeto, simplesmente porque a consciência não é uma coisa – ela própria não é uma coisa, mas a intuição reveladora das coisas. O movimento de projeção da consciência a algo se reflete em si mesmo, tornando a consciência o reflexo daquilo em que está refletida; o reflexo é algo de que a consciência está sempre necessariamente (não posicionalmente) consciente, enquanto está (posicionalmente) consciente de seu objeto. De fato, a consciência é (nada além de) a presença (não posicional) a si mesma sendo (posicionalmente) presente ao seu objeto. O ser consciente é autopresença, um ser Para-si que se dirige a um ser Em-si, do qual é consciente.

Essa linha de raciocínio afeta a transição da discussão da consciência a uma análise do ser. Impulsionado por sua visão da intencionalidade como transcendência de um ser consciente em direção ao mundo, Sartre sustenta que o Para-si está fora de si, no Em-si, pois o Para-si se define pelo que não é: "no conhecimento, tomado como nexo de ser ontológico, o ser que não sou representa a plenitude absoluta do Em-si" (BN1: 177; BN2: 200; SN: 239). Isso implica ainda que, no conhecimento, "o único ser que podemos encontrar e está perpetuamente aí é o conhecido. O cognoscitivo não é, não se deixa captar. Não passa daquilo que faz com que haja um ser-aí do conhecido, uma presença" (BN1: 177; BN2: 200; SN: 239).

Sartre enfatiza o imediatismo da relação entre consciência e mundo. No entanto, o imediatismo não pode ser confundido com fusão. O cognoscitivo não pode desaparecer no conhecido, e o conhecido nunca pode ser absorvido pelo cognoscitivo. A absorção do conhecido pelo cognoscitivo é desaprovada pela crítica vigorosa de Sartre ao idealismo: o objeto do conhecimento não é um item etéreo trancado em uma caixa mental, mas parte da realidade a que a consciência é direcionada. E o desaparecimento total do sujeito no objeto não é possível porque a consciência nunca deixa de ser (não posicionalmente) ciente de si mesma consciente (posicionalmente) de seus objetos.

Não obstante, a ênfase no imediatismo parece-me entrar em conflito com as frequentes alusões de Sartre à dualidade intransponível que caracteriza o conhecimento. Se existe uma noção sobre o conhecimento que os leitores de *O ser e o nada* encontrarão repetida em quase todas as suas seções, é a advertência de Sartre de que a consciência não deve surgir como imitação da *connaissance*, uma vez que esta envolve um "dualismo sujeito-objeto" que destrói a unidade perfeita que caracteriza a relação imediata da consciência consigo mesma (BN1: xxviii; BN2: 8-9; SN: 22-23 cf. BN1 / BN2 / SN: parte I, cap. 1, §V e parte II, cap. 1, § I , V, e a maior parte de SARTRE, 2004c; 1996b: parte A). Uma tentativa de tornar o "dualismo" compatível com a "imediatidade", no caso do conhecimento, deve levar em consideração a ontologia de negação de Sartre; mas esse é um assunto para outra ocasião.

Observação final

Sartre oferece uma análise do conhecimento em termos de presença e elucida essa noção ao mostrar o vínculo ontológico que conecta a consciência ao mundo. Um estudo cuidadoso de sua teoria recompensará o leitor tanto pelo rigor de sua argumentação quanto pela riqueza de seus detalhes fenomenológicos. No entanto, certas questões conceituais permanecem intocadas por Sartre – e não está claro para mim como elas podem ser resolvidas no contexto de sua análise. Termino com uma nota crítica, articulando brevemente uma dessas questões.

Vamos aceitar a proposição de Sartre de que o conhecimento de um objeto é realmente uma questão de presença. Essa proposição permite que a consciência esteja presente a um objeto, sem adquirir conhecimento dele? A questão surge porque não é razoável supor que você possa ser presente a um objeto, mesmo dar-lhe atenção, mas não chegar a conhecê-lo.

Se Sartre reconhece que ser presente a um objeto não implica que se o conheça, ele deveria ter sido mais explícito. Ele poderia ter especificado, por exemplo, as circunstâncias sob as quais o vínculo ontológico entre o Para-si e o Em-si não garante o conhecimento; ou, em termos mais simples, os casos em que a consciência está atenta a uma coisa, porém não produz conhecimento a seu respeito. No entanto, nenhuma indicação é dada na seção dedicada ao conhecimento de como podemos discernir entre os casos bem-sucedidos e os malsucedidos. Podemos distinguir, aqui, dois grupos de casos epistemicamente malsucedidos. Um grupo diz respeito ao tópico principal da discussão de Sartre, que é o conhecimento perceptivo, especialmente visual. Os casos relevantes de ilusão e alucinação não são explorados na seção sobre o conhecimento; e quando são discutidos por Sartre, trata-se de um contexto muito distinto e de um propósito diverso, isto é, para iluminar o funcionamento da imaginação (SARTRE, 2004a; 1996b: parte III). O outro grupo de casos de falha epistêmica novamente concerne a um tipo de relação da consciência com um objeto não abordado por Sartre. São os casos em que a consciência está presente a seu objeto, mas não se tem conhecimento desse objeto, pois há falta de entendimento, como é evidenciado pela incapacidade de prestar contas daquilo que se afirma conhecer. Mas "prestar contas" para dar sustentação às asserções cognitivas é um fenômeno discursivo e, como tal, fica fora da alçada da análise de Sartre, de outro modo magistral, do conhecimento intuitivo.

Leitura complementar

COOREBYTER, V. (2000). *Sartre face à la phénoménologie*. Bruxelas: Ousia.

GARDNER, S. (2009). *Sartre's Being and Nothingness*: A Reader's Guide. Londres: Continuum.

HATZIMOYSIS, A. (2011). *The Philosophy of Sartre*. Durham: Acumen.

MOUILLIE, J.-M. (org.) (2001). *Sartre et la phénoménologie*. Paris: ENS.

13
O projeto fundamental

Paul Crittenden

Liberdade: o projeto e a ação livres

"Projeto" é um termo fundamental na ontologia de Sartre, pois, ao separar-se do ser Em-si, o Para-si é ao mesmo tempo lançado no mundo e engajado em um projeto livre. O projeto livre, em sua descrição, é "o impulso [*élan*] pelo qual se arroja rumo a seu fim" (BN1: 557; BN2: 578; SN: 682). A consciência é idêntica à liberdade e, portanto, ao engajamento em projetos livres, pois "[a] liberdade do Para-si é sempre *comprometida*; não se trata de uma liberdade que fosse poder indeterminado e preexistisse à sua escolha [...] a liberdade é simplesmente o fato de que tal escolha é sempre incondicionada" (BN1: 479; BN2: 501; SN: 590).

Essa afirmação refere-se a projetos específicos que visam a esse ou aquele fim particular, mas abraça mais profundamente a ideia de que todos os nossos projetos "integram-se no projeto global que somos" (BN1: 481; BN2: 503; SN: 592). O projeto livre, nesse sentido, aponta à noção de *projeto fundamental*, entendida como meu ser, o que me faço ser ao escolher a pessoa que sou no que faço. Na sequência de sua análise da consciência e da liberdade em *O ser e o nada*, Sartre dedica a quarta e última parte a um estudo da ação e das relações de *fazer* (e *ter*) com *ser*. Isso leva à afirmação de que "[c]ada realidade humana é ao mesmo tempo projeto direto de metamorfosear seu próprio Para-si em Em-si-Para-si e projeto de apropriação do mundo como totalidade de ser-Em-si" (BN1: 615; BN2: 636; SN: 750). Como ele chega a essa conclusão?

Sartre diz que "agir é modificar a *figura* do mundo; é dispor de meios com vistas a um fim" (BN1: 433: BN2: 455; SN: 536). Cansado e com fome, procuro comida e descanso. Ao tomar consciência da crescente desigualdade social, integro um movimento por uma sociedade mais justa. Uma ação é, por princípio, intencional, direcionada a um fim que, por sua vez, está ligado ao reconhecimento de uma ausência que deve ser sanada. Além disso, o fim desejado refere-se a razões e motivos. Estes também devem ser entendidos como parte da estrutura intencional do ato como uma ocorrência fora das relações causais do próprio ser Em-si. Nesses termos, nenhum estado factual, no mundo em geral ou no passado, pode, por si só, dar origem à ação, pois "um ato é uma projeção do Para-si rumo a algo que não é" (BN1: 435; BN2: 458; SN: 539).

Ao trazer a negação ao mundo, o Para-si mesmo é "um ser capaz de realizar uma ruptura nadificante com o mundo e consigo mesmo" (BN1: 439; BN2: 461; SN: 543). Essa possibilidade é a liberdade e, ao nadificar a si mesmo, o Para-si exprime seu próprio passado, constituído por seus atos passados que carregam o presente como facticidade. A liberdade "faz-se ato" (BN1: 438; BN2: 460; SN: 541); é "uma existência que se faz perpetuamente" (BN1: 438; BN2: 460; SN: 542). O que faço produz uma essência, indicativa de atos passados: "minha essência é o que sou tendo sido" (BN1: 450; BN2: 472; SN: 556). Mas a própria liberdade não tem essência e não pode ser definida. Com base em Heidegger, Sartre diz: "na [liberdade], a existência precede e comanda a essência" (BN1: 438; BN2: 460; SN: 540).

O que não pode ser definido, no entanto, pode ser descrito com base na experiência: "Eu sou realmente um existente que *aprende* sua liberdade por meio de seus atos". Mais especificamente, "sou também um existente cuja existência individual e única temporaliza-se como liberdade" (levando consigo o passado e sempre se projetando para o que ainda não é; BN1: 439; BN2: 461; SN: 543). Como tal, cada Para-si está necessariamente consciente de sua liberdade na (auto) consciência de existir que acompanha toda a consciência. Em outros lugares, ele apela à experiência da angústia diante da liberdade. Em ambos os casos, a alegação é a mesma: que, ao agir, o Para-si não pode evitar a experiência de si como a possibilidade permanente de colocar seu passado fora de jogo e perpetuamente confrontado com a necessidade de se fazer ser. A liberdade é precisamente "o nada que *é tendo sido* no âmago do homem e obriga a realidade humana a *fazer-se* em vez de *ser*. [...] Está inteiramente abandonada, sem qualquer ajuda de nenhuma espécie, à insustentável necessidade de fazer-se ser até o mínimo detalhe" (BN1: 440-441; BN2: 463; SN: 545).

Para Sartre, a liberdade se manifesta na paixão tanto quanto a vontade. Ele, portanto, rejeita a visão de que vontade e paixão se opõem – que a vontade de fazer algo leva à ação livre, e a paixão a um comportamento determinado causalmente. Sartre argumenta, antes, que uma paixão ou emoção, como o medo, é em si um tipo de livre conduta, uma resposta adaptada à situação como um meio de perseguir fins postulados pela liberdade. A vontade, como a escolha de proceder de maneira reflexiva e deliberativa, difere da paixão apenas como um meio diferente com vistas a um fim. Vontade e paixão pressupõem uma liberdade original, não enquanto algo anterior ao ato voluntário ou apaixonado, mas como "fundamento rigorosamente contemporâneo da vontade ou da paixão e que estas manifestam, cada qual à sua maneira" (BN1: 444; BN2: 466; SN: 549).

Razões e motivos pertencem de maneira semelhante à estrutura intencional de ação. Uma razão para a ação, como Sartre especifica, surge quando uma pessoa avalia um estado objetivo de coisas à luz de um fim e vê que ele oferece um meio para atingir a meta desejada. Assim, ao buscar a conquista da Gália, Clóvis observou o poder do episcopado católico e viu nisso uma razão para se converter ao catolicismo (BN1: 446; BN2: 468; SN: 551). Um móbil, surgindo no sujeito (e incorporando motivos relevantes), é "o conjunto dos desejos, emoções e paixões que me impele a executar certo ato" (BN1: 446; BN2: 468; SN: 552). O argumento geral é que móbil, motivo e fim "organizam-se em uma indissolúvel unidade pelo próprio surgimento de uma liberdade que é para-além dos motivos, móbeis e fins" (BN1: 450; BN2: 472; SN: 556).

Liberdade e escolha original

O surgimento da liberdade "para-além dos motivos, móbeis e fins" parece misterioso. Sobre isso, Sartre deveria dizer o que aplica à consciência – que ela vem de si mesma, que *nada* é sua causa, que o Para-si é "um ser que existe por si mesmo", um absoluto (não substancial) que cria e sustenta sua essência (BN1: xxxi-xxxii, 80; SN: 26, 130-131). A liberdade se faz a si mesma perpétua e espontaneamente. Assumindo isso como um postulado, por que o surgimento é mais um impulso para certo fim e não para outro? Ou se estamos sempre livres para deixar o passado fora de jogo, podemos escolher fazer qualquer coisa? Reconhecendo que a liberdade aparece como uma totalidade não analisável na qual motivos, móbeis e fins formam uma unidade em seu campo de abrangência, Sartre pergunta:

> Significará então que devemos entender a liberdade como uma série de movimentos abruptos e caprichosos, comparáveis ao clinâmen epicurista? Sou livre para querer não importa o que, não importa quando? E, a cada instante, quando quero explicar esse ou aquele projeto, devo deparar com a irracionalidade de uma escolha livre e contingente? (BN1: 452; BN2: 474; SN: 558).

Enfatizando que não pretende nada arbitrário ou caprichoso, Sartre refere-se ao entendimento comum de que ser livre significa não apenas exercer a escolha, mas também que a escolha da pessoa "poderia ter sido diferente do que é" (BN1: 453; BN2: 475; SN: 559). Ele abre o caminho para a reflexão sobre a escolha original e o projeto fundamental com um exemplo.

Um homem em uma caminhada com amigos fica cansado; a princípio, ele resiste, mas o cansaço aumenta e, de repente, ele desiste, joga a mochila no chão e afunda ao lado dela. Ele poderia ter resistido e seguido em frente com os outros? O ponto de partida de Sartre é que cada Para-si é "a totalidade orgânica dos projetos que [é]". A questão então é se a resistência envolveria apenas uma pequena mudança de comportamento ou se "ela só poderia ser efetuada por meio de uma transformação radical do ser-no-mundo [de alguém] – uma transformação, além disso, que é *possível*". Permitindo que o caminhante pudesse ter feito o contrário, a pergunta é "*a que preço*?" (BN1: 454; 464; BN2: 476, 486; SN: 560).

Um homem sofre fadiga e desiste, outro que está igualmente cansado continua. Sartre argumenta que uma explicação totalmente adequada precisaria situar o ato em cada caso em uma estrutura dos atos passados de cada pessoa, como cada um "existe seu corpo", como cada um se relaciona com o mundo. Seu princípio norteador é que toda ação "integra-se como estrutura secundária em estruturas globais e, finalmente, na totalidade que eu sou" (BN1: 459; BN2: 471; SN: 566). Para esse fim, ele supõe que poderia ser desenvolvido um método que levasse a análise regressiva a partir da ação de volta à "relação original com sua facticidade e o mundo escolhido pelo Para-si". Isso, em termos antecipatórios, "nada mais é do que o próprio ser-no-mundo do Para-si, na medida em que este ser-no-mundo é escolha; ou seja, alcançamos o tipo original de nadificação pelo qual o Para-si tem-de-ser seu próprio nada" (BN1: 457; BN2: 479; SN: 564). Em termos próximos, a análise regressiva promete afastar o significado do ato em particular e buscar "significações mais ricas e profundas, até encontrar a significação que já não implica qualquer outra significação e que só remete a si mesmo" (SN: 564; BN1: 457; BN2: 479). Nesse ponto fundamental, nenhuma outra interpretação é possível.

Todo ato é compreensível na medida em que oferece conteúdo racional acessível – o homem deixa sua mochila *com a finalidade de descansar* –, mas totalmente compreensível apenas pela análise regressiva que revela a "totalidade que eu sou", juntamente com uma progressão sintética de volta ao ato "na forma total" (BN1: 460; BN2: 482; SN: 567). Esse é o meu ser-no-mundo concebido como uma escolha – não uma escolha específica, mas a escolha básica ou original na qual eu me escolho como um todo em cada escolha específica, o projeto fundamental que é o meu ser-no-mundo total em todo projeto em particular, o ato fundamental de liberdade que dá sentido a todos os meus atos. Sartre descreve essa escolha como um "ato constantemente renovado [que] não se distingue do meu ser"; estamos conscientes disso porque "a consciência de escolha é idêntica à consciência que temos de nós" (BN1: 461-462; BN2: 483; SN: 569). Escolha original, idêntica à consciência e à liberdade, desdobra o tempo e o ser de modo que eu tenha consciência do lugar de qualquer ato em particular "nos limites daquilo que sou", não com consciência analítica ou detalhada, mas na consciência expressa "pelo duplo 'sentimento' da angústia e da responsabilidade" relacionada a mim mesmo como um todo (BN1: 463-464; BN2: 486; SN: 571-572).

A ideia da escolha original/projeto fundamental pede avaliação. Mas pode-se ver que isso fornece a Sartre uma base *formal* para rejeitar a perspectiva de que ele retrata uma liberdade caprichosa. Além disso, ele agora pode dizer que o preço da resistência para o homem cansado seria efetuar uma mudança radical em seu projeto fundamental. Isso é possível? A dificuldade é que a escolha original cria meus motivos e móbeis e organiza meu ser-no-mundo em termos de possibilidades e valores. Como, então, eu poderia encontrar um móbil eficaz fora dessa estrutura? Como é possível a transformação radical? Sartre prossegue comparando sua abordagem com a descrição de liberdade oferecida por Leibniz.

Leibniz diz que Adão pegou a maçã. Ele escolheu livremente fazer isso, e sua escolha foi contingente. Ele poderia ter recusado? Sim, Leibniz responde, mas somente se fosse ele outro Adão em outro mundo possível. No mundo escolhido por Deus, Adão pegar a maçã é um ato contingente e, no entanto, parte de um complexo necessário de eventos. Nesse mundo, portanto, Adão fez o que quis, mas não poderia ter feito o contrário. Sartre objeta que, embora Adão tenha escolhido pegar a maçã, ele não escolheu ser Adão, pois isso estava estabelecido na escolha de Deus para este mundo. Por outro lado, ele localiza o problema da liberdade na escolha de Adão de si mesmo como um todo no mundo. Ele pode concordar com Leibniz que "outro gesto de Adão, ao implicar outro Adão, implica outro mundo", mas apenas no sentido de que "a outro ser-no-mundo de Adão irá corresponder a revelação de outra face do mundo" (BN1: 469; BN2: 490-491; SN: 577-578). Para Sartre, o Adão que recusa a maçã é o mesmo Adão no mesmo mundo, mas um Adão que mudou seu ser-no-mundo.

Essa análise comparativa, comenta Sartre, é puramente teórica, pois a realidade é mais complexa e não segue a ordem da lógica. Compreender um ato em termos de fins originais livremente postulados é um exercício de interpretação, e a conexão entre um possível secundário (resistir à fadiga ou desistir) e o possível fundamental não é uma dedução lógica; é, antes, "a conexão entre a totalidade e a estrutura parcial" (BN1: 469; BN2: 491; SN: 579). Na interpretação dessa relação, prossegue ele, não existe um sistema universal para estabelecer conexões entre possíveis secundários e fundamentais: é preciso sempre confiar nos critérios pessoais fornecidos pelo sujeito (BN1: 471; BN2: 493; SN: 578). É preciso também reconhecer que vários atos são "indiferentes", pois não têm influência na escolha original. Além disso, o mero esforço voluntário para superar a escolha fundamental provar-se-á ineficaz. Mudanças radicais no projeto fundamental de uma pessoa devem ocorrer, não na vontade, mas no nível mais profundo da liberdade. Como então ocorre? Como isso pode ser explicado?

Sartre apela à angústia como evidência de minha consciência da escolha que sou. A angústia também mostra que estamos cientes de que essa escolha não pode restringir nossa liberdade futura, pois, como base para todas as escolhas particulares, é contingente e não justificável. Enfatiza ele, especificamente, que mudanças radicais são possíveis porque, ao "temporalizar-se", o Para-si faz escolhas que iniciam um novo projeto e terminam um anterior. Esse é um processo contínuo, não de instante a instante, pois não há instante. No entanto, na recuperação contínua de sua escolha original, a liberdade do Para-si "é assombrada pelo espectro do instante". Isso porque o Para-si sempre tem a possibilidade de colocar seu passado imediato como objeto e fazer uma nova escolha de fins na unidade de um único ato, fazendo com que "o instante brot[e] como a ruptura nadificadora da temporalização" (BN1: 467; BN2: 489; SN: 576).

A ideia de conversão radical encontra apoio na vida e na literatura. Ao fixar sua ocorrência em um momento, contudo, e baseá-la em uma possibilidade permanente, Sartre não é capaz de explicar por que ela ocorre em qualquer transição específica. Novamente, como o Para-si cria um novo conjunto de motivos, móbeis e fins a partir da escolha original? Ele pode dizer a respeito disso apenas o que diz sobre a escolha original: é incompreensível; a liberdade age *por si só* para criar um complexo fundamentalmente novo de significado. A questão, então, diz respeito à criação de significado na escolha original (inicial). Devemos simplesmente aceitar que isso é incompreensível?

Sartre deixa claro que a liberdade surge sempre e somente em uma situação constituída pelo Para-si e a facticidade de seu mundo circundante. Agora, em sua discussão sobre liberdade e facticidade, ele inclui as circunstâncias de meu ser em meio dos outros e encontrando um mundo repleto de significados "que [são *meus*] e tampouco dei a mim mesmo" (BN1: 510; BN2: 532; SN: 626). Todo o seu foco nesse contexto é enfatizar que esse fator não limita a liberdade, uma vez que "é nesse mundo mesmo que o Para-si deve ser livre; é levando em conta essas circunstâncias – e não *ad libitum* – que ele deve escolher-se" (BN1: 520; BN2: 541; SN:638). Mas a consideração do meu encontro com um mundo cheio de significados (como na linguagem) poderia apontar a um entendimento diferente da escolha original. Pois, ao levar em conta os significados compartilhados na escolha de si mesmo em suas escolhas, o Para-si já deve ter esses significados ao seu alcance. Eles poderiam então aparecer, não como facticidade, mas como um elemento que possibilita a liberdade e a escolha. Não dispor do domínio de significados seria não dispor de liberdade. Além disso, o papel deles confirmaria que a escolha de alguém não é um fundamento absoluto.

A afirmação de que a liberdade cria significado "por si mesma" na escolha original é, portanto, questionável (e com ela a noção de significado fundamental). A ideia, porém, de me tornar a pessoa que sou e de ser responsável por mim como um todo parece totalmente plausível. Isso apoiaria a compreensão do sujeito humano como unidade engajada em um projeto de unificação no que faz, sempre levando seu passado e sua maneira de "existir seu corpo" no presente, permanecendo sempre livre (dentro dos limites) para mudar a maneira como se relaciona com o passado e o mundo como um todo. Mas observando que essa não é a noção de liberdade e escolha original de Sartre, voltarei a tratar de suas opiniões mais tarde – em especial, da proposta de que, ao interpretar o comportamento, procuramos conexões entre uma totalidade e uma estrutura parcial.

Estabelecer conexões desse tipo parece não exatamente problemático quando temos acesso a partes e ao todo, como em uma pintura ou peça de música, ou na apreensão de um objeto ao ver aspectos dele. A ideia de interpretar atos particulares em termos do sujeito como um todo maior parece correta. Mas com a escolha original, a totalidade permanece sempre em questão, sempre sujeita a mudanças, sempre fora de alcance. Como a escolha original típica pode ser indicada? Sartre diz que "qualquer que seja nosso ser, é escolha; e depende de nós escolher-nos como 'ilustres' e 'nobres', ou 'inferiores' e 'humilhados'" (BN1: 472; BN2: 494; SN: 581). Claramente, essas escolhas, ou outras, como a "ambição", a "paixão de ser amado" ou "o complexo de inferioridade" não atendem ao requisito de um projeto fundamental "que já não pode ser interpretado a partir de nenhum outro e que é total" (SN: 590-591; BN1: 479; BN2: 501). Comprometido com o ideal da explicação fundamental, Sartre volta ao tema da análise regressiva, dessa vez na forma de um método fenomenológico especial chamado psicanálise existencial.

Psicanálise existencial e o projeto/desejo fundamental

A psicanálise existencial é "método destinado a elucidar, com uma forma rigorosamente objetiva, a escolha subjetiva pela qual cada pessoa se faz pessoa, ou seja, faz-se anunciar a si mesmo aquilo que ela é" (BN1: 574; BN2: 595; SN: 702). Uma vez que "o método busca uma *escolha* de *ser*, ao mesmo tempo que um ser, deve reduzir os comportamentos singulares às relações fundamentais, não de sexualidade ou de vontade de poder, mas sim de *ser*, que se expressam nesses comportamentos" (BN1: 574; BN2: 595; SN: 702-703). Essa proposta surge de sua descrição da ação e da escolha original, dessa vez com foco nos fins da ação e do desejo. O princípio básico mais uma vez é que o ser humano é uma totalidade, uma unidade responsável por si e seu mundo, não "uma coleção" (SN: 696). E o objetivo é mostrar como cada tendência, cada inclinação de uma pessoa, tem um significado que vai além de si mesmo e que expressa de alguma forma a escolha de ser do sujeito como um todo.

A psicanálise freudiana fornece um contexto imediato à proposta de Sartre, e este busca pontos de contato com ela, especialmente na ênfase no caráter simbólico do comportamento e na busca do significado subjacente. Ele rejeita, no entanto, o recurso à explicação mecanicista da teoria freudiana e a ideia do inconsciente. Por razões semelhantes, ele é crítico da psicologia empírica, especialmente por não reconhecer o significado da estrutura intencional de ação. Ele faz objeções, por exemplo, ao tratamento do desejo como se fosse uma coisa *na* consciência, em vez de a própria consciência em seu projeto livre para um fim. Isso não significa que a psicanálise existencial seja menos focada na existência empírica do sujeito. Sua preocupação é precisamente com as tendências e escolhas empíricas do sujeito, concebidas como expressões particulares da escolha original postulada. A tarefa é comparar as várias tendências na tentativa de "descobrir e destacar o projeto fundamental comum a todas", no entendimento de que "em cada uma delas acha-se a pessoa em sua inteireza" (BN1: 564; BN2: 585; SN: 690).

Dado um número infinito de projetos possíveis para uma infinidade de possíveis seres humanos, Sartre diz que seria necessário iniciar investigações individuais com o objetivo de identificar características comuns para classificação em categorias maiores. Essa é uma tarefa para o futuro. Enquanto isso, ele está confiante de que a ontologia pode lançar luz sobre o ponto de parada final de uma irredutibilidade evidente. Pois, o que poderia ser mais básico do que o próprio *ser* do sujeito? Fica claro, então, que o projeto fundamental de um Para-si "*só pode visar o seu próprio ser*" (BN1: 564; BN2: 585; SN: 691). Além disso, esse desejo de ser é obviamente indistinguível do ser do Para-si, que já foi definido "como *falta de ser*" (SN: 691). Em suma, o irredutível autoevidente é o "*projeto de ser*" ou o "*desejo de ser*" (SN: 691). Que se entenda: não se trata de um desejo que preexista a desejos concretos específicos. Antes, "o desejo de ser só existe e se manifesta no e pelo ciúme, pela avareza, pelo amor à arte, pela covardia, pela coragem, as milhares de expressões contingentes e empíricas" na vida da pessoa em particular (BN1: 565; BN2: 586; SN: 692).

O passo final é reconhecer que o objeto do desejo de ser só pode ser o ser-Em-si. O que falta no Para-si, o que ele deseja e valoriza é "o ideal de uma consciência que fosse fundamento de seu próprio ser-Em-si pela pura consciência que tomasse de si mesmo" (BN1: 566; BN2: 587; SN: 693). Para Sartre, essa é a ideia (contraditória) de Deus (como sendo o Para-si-Em-si). Assim, "o que torna mais compreensível o projeto fundamental da realidade humana é afirmar que o homem é o ser que projeta ser Deus. [...] ou, se preferirmos, o homem é fundamentalmente desejo de ser Deus" (BN1: 566; BN2: 587; SN: 693).

O que isso significa para a liberdade? Pois parece que o desejo de ser canaliza toda a escolha para uma única possibilidade e constitui, de fato, uma "essência" humana. Sartre responde com a seguinte colocação: "se o *sentido* do desejo é, em última análise, o projeto de ser Deus, o desejo jamais é *constituído* por tal sentido" (BN1: 566-567; BN2: 587-588; SN: 693). Isso se relaciona com a consideração de que o desejo de ser, que é sempre um "desejo de maneira de ser", "exprime-se como o sentido de miríades de desejos concretos que constituem a trama de nossa vida consciente" (BN1: 567; BN2: 588; SN: 694). Nessa esteira, Sartre introduz uma distinção entre o desejo fundamental concreto do sujeito individual e uma "estrutura abstrata e significante que é o desejo de ser em geral" (BN1: 567; BN2: 588; SN: 694). O desejo livre e fundamental é a pessoa única, com concretude absoluta e existência como uma totalidade; ele está em toda parte em todos os desejos empíricos do Para-si particular e nunca é apreendido, exceto por meio dele. Ao mesmo tempo, em todo e qualquer Para-si em toda e qualquer situação, o significado geral de seu desejo fundamental concreto e de suas escolhas particulares reside no desejo de ser. Este último, observa ele, "deve ser considerad[o] como a realidade humana na pessoa", isto é, algo que se compartilha com todos os outros e uma verdade sobre os seres humanos em geral (BN1: 567; BN2: 588; SN: 694). Mas enquanto o desejo ontológico de ser é a verdade do desejo fundamental concreto, ele "não existe a título de realidade" e não pode representar "a estrutura fundamental e *humana* da pessoa; [portanto] não poderia ser um entrave à sua liberdade" (BN1: 567; BN2: 588; SN: 694).

A representação de Sartre da psicanálise existencial aparece como um esboço corajoso. O primeiro estágio, que ele abandona como algo além da ontologia, é o estudo psicológico, social, histórico e moral detalhado de indivíduos, pensado para descobrir em cada caso seu projeto fundamental particular. (Ele expressa a esperança de escrever biografias de Flaubert e Dostoiévski nesses termos.) Os resultados seriam, então, classificados e comparados como base para estabelecer "considerações gerais sobre a realidade humana enquanto escolha empírica de seus próprios fins" (BN1: 575; BN2: 595; SN: 703). Enquanto isso não se concretiza, o ponto importante, segundo sugere, não é que a psicanálise existencial ainda não exista, mas que é possível. Mas sua possibilidade, na forma forte que ele propõe, é precisamente o que está em questão.

Para fornecer mais bases para a proposta psicanalítica e um trabalho futuro sobre ética, Sartre se volta finalmente à questão do que a ontologia pode nos ensinar sobre o desejo (BN1: 575ss.; BN2: 595ss.; SN: 703ss.). Em uma discussão mais ampla sobre atividades e práticas humanas – em arte, ciência, teatro e empreendimentos em geral –, ele argumenta que o *sentido* de todos os nossos esforços reside, como anunciado anteriormente, no desejo de ser, isto é, no projeto geral de apropriação do mundo como uma totalidade de ser-Em-si, o projeto de ser Deus. Se perguntado por que a pessoa escolhe possuir o mundo dessa maneira, e não de outra, ele responderá que aqui vemos "o que é próprio da liberdade" (BN1: 599; BN2: 620; SN: 731).

No entanto, ao pensar nas implicações éticas para além da ontologia, ele revive a ideia de que a psicanálise existencial poderia lançar luz sobre o desejo de ser e até mesmo fornecer uma fuga dessa "paixão inútil". Pois a psicanálise existencial envolve a descrição moral preocupada com o significado ético do que fazemos; poderia ter, portanto, influência no desejo fundamental de ser e na convicção associada de que o valor, como objeto de desejo, está nas coisas. Com base nisso, ele conclui que "a psicanálise existencial irá revelar ao homem o objetivo real de sua busca, que é o ser como fusão sintética do Em-si com o Para-si; irá familiarizá-lo com sua paixão" – e assim, uma pessoa pode encontrar em seus princípios um "meio de libertação e salvamento" (BN1: 626-627; BN2: 646; SN: 764).

Já com seu próximo estudo da moral no horizonte, Sartre pergunta se é "possível, em particular, que a liberdade se tome a si mesma como valor, enquanto fonte de todo valor, ou deverá definir-se necessariamente em relação a um valor transcendente que a obseda" (BN1: 627; BN2: 647; SN: 765). Essa questão envolve um salto impossível. Como, nos termos de sua ontologia, alguém poderia efetuar uma mudança desse tipo? Pois o desejo de ser é uma verdade relativa à realidade humana, surgindo na relação fundamental do Para-si com o Em-si. A familiarização com essa paixão pode levar algumas pessoas a mudar seu projeto fundamental particular (uma transformação radical, tal como Sartre conclama em sua discussão sobre a liberdade a partir de Leibniz). Mas o novo projeto fundamental concreto manteria o mesmo significado geral desvelado na ontologia. Só poderia ser outro exemplo do caráter peculiar da liberdade, outra maneira pela qual a pessoa escolhe se apropriar do mundo como uma totalidade do ser-Em-si.

A única escapatória está em um nível completamente diferente: seria preciso desafiar a própria ontologia. O próprio Sartre seguiu esse caminho a seu tempo, não rejeitando inteiramente seu pensamento passado, mas tratando a consciência em termos de uma noção mais sutil de "experiência vivida" [*le vécu*], e adotando uma concepção reduzida de liberdade e uma descrição ampliada de como vivemos no tempo. Ele também desenvolveu um método de investigação regressiva/progressiva muito aprimorado, porém ainda excessivamente ambicioso, que aplicou ao estudo de indivíduos – principalmente Flaubert – e ao considerar relações morais, sociais e históricas de maneira mais geral.

Leitura complementar

CAWS, P. (1979). "Freedom and Existential Morality". In: CAWS, P. *Sartre*. Londres: Routledge & Kegan Paul, p. 12-30.

DEUTSCHER, M. (2003). “On Lacking Reason for Desire”. In: *Genre and Void*: Looking Back at Sartre and Beauvoir. Aldershot: Ashgate, p. 89-109.

FLAJOLIET, A. (2010). “Sartre’s Phenomenological Anthropology between Psychoanalysis and ‘Daseinsanalysis’”. In: *Sartre Studies International*, 16 (1), p. 40-59.

JOPLING. D.A. (1997). “Sartre’s Moral Psychology”. In: HOWELLS, C. (org.). *The Cambridge Companion to Sartre*. Cambridge: Cambridge University Press, p. 103-139.

TAYLOR, C. (1976). “Responsibility for Self”. In: RORTY, A.O. (org.). *The Identities of Persons.* Berkeley: University of California Press, p. 281-299.

14
Autoconstrução e alienação: da má-fé à revolução

Thomas W. Busch

No outono de 1933, Sartre se afastou de seu cargo de professor no Lycée François Premier, em Le Havre, e rumou ao Instituto Francês (Maison Académique Française) em Berlim, para estudar fenomenologia na condição de bolsista. Em junho de 1934, ele abreviou o que seria uma estadia de um ano e retornou à França. Era um período politicamente tumultuado na Alemanha, uma vez que Hitler acendera ao poder nove meses antes da chegada de Sartre. Não foi, contudo, a situação política que apressou a saída de Sartre. O compromisso de Sartre em tempo integral era com a filosofia e a literatura, lendo Husserl por conta própria, apropriando-se de ideias e escrevendo furiosamente. Sua biógrafa, Annie Cohen-Solal, comenta a falta de interesse de Sartre na política durante esse período:

> Os alunos de Le Havre o observavam escrevendo por horas, no café, na biblioteca pública, entre as aulas; seus colegas em Berlim agora o observam com grande espanto, enquanto ele se ocupa de sua pesquisa em bares e em seu quarto térreo, alheio à queima de livros de 1933 e aos discursos de van Papen em frente à Universidade Humboldt (COHEN-SOLAL, 1987: 95).

Em uma entrevista, Sartre reconhece, em retrospectiva, sua antiga atitude apolítica:

> Antes da guerra, eu pensava em mim simplesmente como indivíduo. Não estava ciente de nenhum vínculo entre minha existência individual e a sociedade em que vivia. Na época em que me formei na École Normale, construí uma teoria inteira ba-

> seada nesse sentimento. Eu era "um homem só", um indivíduo que se opõe à sociedade pela independência de seu pensamento, mas que não deve nada à sociedade e a quem a sociedade não pode afetar, porque é livre (SARTRE, 1977a: 45).

O assunto central de *O ser e o nada* é esse indivíduo livre e, embora tenha sido escrito durante a guerra, esta é muito raramente mencionada. Um caso em questão é a referência de Sartre a viver como judeu na França ocupada, que ocorre na parte IV no decorrer de sua discussão sobre possíveis limites à liberdade. O judeu encontra muitas "proibições" aparentemente restritivas, que pareceriam restringir sua liberdade. No entanto, Sartre usa o exemplo altamente carregado apenas para defender a posição de liberdade radical que ele propõe em passagem anterior no livro: "Com efeito, segundo as livres possibilidades escolhidas, posso infringir a proibição, não levá-la em consideração, ou, pelo contrário, posso conferir-lhe um valor coercitivo que ela só pode ter devido ao peso que lhe concedo" (BN1: 524; BN2: 545; SN: 643). Essa defesa exemplifica uma asserção ontológica feita em momento anterior: "O dado não entra de forma alguma na constituição da liberdade, pois esta interioriza-se como negação interna do dado" (BN1: 487; BN2: 508; SN: 599). Não importa a situação em que me encontro: para Sartre, sempre posso assumir várias atitudes em relação a ela. Sua preocupação é refutar o determinismo e, para tanto, promove uma forte perspectiva do sujeito individual autônomo. A subjetividade, ontologizada como ser-Para-si, é constituída por uma negatividade perpetuamente liberada, que impede a identidade consigo mesma ou com seu ambiente, confirmando sua "teoria" do indivíduo "a quem a sociedade não pode afetar, porque é livre". Na ausência de uma identidade estável, essa subjetividade volátil deve escolher seu caminho no mundo, por si só, criando e sustentando, mas nunca "sendo", uma identidade.

No final da guerra, porém, o pensamento de Sartre começa a mudar de rumo. Ao procurar um motivo para explicar "por que minha perspectiva mudou tão fundamentalmente após a Segunda Guerra Mundial", ele afirma que:

> uma fórmula simples seria dizer que a vida me ensinou *la force des choses* – o poder das circunstâncias. De certa forma, o

próprio *L'être et le néant* deveria ter sido o começo de uma descoberta desse poder das circunstâncias, já que eu já havia sido feito soldado, o que ocorreu contra a minha vontade. Assim, eu já havia encontrado algo que [não] era minha liberdade e que, como influência exterior, me guiou para longe dela (SARTRE, 1974b: 33).

A descoberta do poder das circunstâncias marca o início da politização de Sartre. Logo após a guerra, em sua apresentação editorial ao primeiro número de sua revista, *Les Temps modernes*, Sartre corajosamente proclama que "nossa intenção é ajudar a efetuar certas mudanças na sociedade que nos rodeia. Com isso, não queremos dizer mudanças na alma das pessoas" (SARTRE, 1988: 255). Ironicamente, a mensagem de *O ser e o nada* não era outra senão um clamor para uma mudança de atitude do indivíduo, para que este efetuasse uma "conversão" para aceitar e viver plenamente a liberdade radical. Isso já não é, evidentemente, o bastante. Ainda que sejamos "totalmente livres", "é o homem livre que deve ser *dado à luz*, ampliando suas possibilidades de escolha" (SARTRE, 1988: 265). Embora aqui não recupere suas afirmações ontológicas sobre a liberdade total em *O ser e o nada*, Sartre parece admitir que tais afirmações são incompletas. De fato, quando sua atenção se volta à questão das "possibilidades de escolha", suas asserções hiperbólicas sobre a subjetividade livre em *O ser e o nada* são marginalizadas e minimizadas:

> Assim, em *L'Être et le néant*, o que você poderia chamar de "subjetividade" não é o que é para mim agora, a pequena margem de uma operação pela qual uma interiorização se re-exterioriza em um ato. De qualquer modo, "subjetividade" e "objetividade" parecem-me noções inteiramente inúteis, de qualquer maneira (SARTRE, 1974b: 35).

Para entender o que é a liberdade sartriana, é necessário ver o entendimento dela que se desenvolve ao longo de suas obras. Muitas vezes, seus pontos de vista são identificados com *O ser e o nada*. Ele percebeu isso e queixou-se: "Todos param cedo demais. Penso que um estudo do meu pensamento filosófico deve seguir sua evolução. Mas não, não se faz isso. É estranho" (SARTRE, 1981b: 8). Uma maneira de trazer à tona a evolução de seu pensamento, particularmente sua guinada à política, é considerar o que ele diz sobre autoconstrução e alienação.

Autoconstrução: a existência precede a essência

O fundamento para a ontologia sartriana da autoconstrução em *O ser e o nada* é encontrado em *A transcendência do ego*, sua "teoria existencialista da consciência". A consciência é uma prioridade para Sartre, porque para ele o distintamente humano é uma consciência única do eu e do mundo. Ele apropria-se da compreensão intencional da consciência de Husserl, segundo a qual a consciência é sempre consciência de um objeto, que a consciência é de natureza relacional, enquanto a transforma em sua visão existencialista de que a existência precede a essência. Para Sartre, a consciência opera em dois níveis diferentes, o pré-reflexivo e o reflexivo. Um nível de consciência reflexivo ou secundário, tenciona ou postula um objeto que é outro ato de consciência, como no *cogito* de Descartes, pelo qual ele se torna consciente de seu próprio pensamento. Antes dessa consciência secundária, quando ele estava realmente produzindo seu pensamento (e não pensando sobre seu pensamento), Descartes operava no nível pré-reflexivo da consciência. Nesse nível, uma vez empenhada, por exemplo, na dúvida, a consciência de Descartes tencionava ou postulava um objeto dúbio. Assim, ao operar em qualquer dos dois níveis, o reflexivo ou o pré-reflexivo, a consciência é revelada como intencional, direcionada a um objeto. Sartre, por sua vez, acrescenta um aspecto decisivo à sua compreensão da consciência intencional. Enquanto a consciência, pré-reflexiva ou reflexiva, é intencionalmente direcionada a um objeto (e não a si mesma), Sartre enfatiza que a consciência não é inconsciente, mas consciente de si mesma. No entanto, essa consciência de si mesma não é posicional ou focal. Pelo contrário, é não posicional, tácita e de fundo. A estrutura da consciência deve ser intencional ou posicional em relação a um objeto e, simultaneamente, não posicionalmente autoconsciente. A reflexividade da autoconsciência não posicional marca a criação de um "eu" que necessariamente compreende sua diferença em relação a seus objetos.

Sartre distingue o "ego" do "eu". Enquanto o último é parte integrante da estrutura da consciência, o primeiro é constituído por atos de reflexão. Ao refletir sobre a vida pré-reflexiva da consciência, a reflexão a transforma por meio de sua objetificação com algumas sérias consequências. Ele apresenta o exemplo de uma esposa que fica abalada com o pensamento de ser infiel ao marido. Sua primeira linha de defesa foi descartar essa possibilidade como possibilidade real, mediante identificação com o próprio "ego", ou representação objetivada de si mesma. Ela se considerava uma pessoa "fiel", incapaz de infidelidade. Aos seus olhos, ela não é o tipo de pessoa a se empenhar nesse tipo de comportamento. Essa defesa, porém, entra em colapso com a experiência vertiginosa de que nada realmente a impede de agir com infidelidade, que se trata, afinal, de uma possibilidade real. Sartre comenta: "Mas essa vertigem não é compreensível, exceto no caso de a consciência aparecer de repente a si mesma como transbordando infinitamente em suas possibilidades o *Eu* que lhe serve ordinariamente de unidade" (SARTRE, 1957b: 100; 2015a: 66). Sartre usa esse exemplo para argumentar que ter uma identidade profunda (natureza ou essência) é incompatível com a liberdade radical. Se a mulher tivesse uma essência que constituísse seu ser e identidade, então suas ações surgiriam daquela base e seriam circunscritas por ela. A experiência de vertigem ou angústia revelou que seu eu existencial radicalmente livre está além da identidade fixa. A lição existencial de Sartre a partir deste exemplo é que é preciso criar-se, sem fundamentação na essência, mediante a escolha livre, comprometendo-se e mantendo-se fiel ou infiel como uma maneira de viver.

Em *O ser e o nada*, Sartre retoma a estrutura da consciência explorada em *A transcendência do ego* em termos de uma ontologia que enfatiza a subjetividade, em particular defendendo sua liberdade radical. Epistemologicamente, toda experiência humana, para Sartre, é dicotomizada em sujeito/objeto e ontologicamente em eu/outro. A diferença embutida na dicotomia – e que a possibilita – é o *néant*, a ruptura ou fissão na continuidade do ser (na autoconsciência não posicional) que permite a liberdade radical. "O ser da consciência, enquanto consciência, consiste em existir *à distância de si* como presença a si, e essa distância nula que o ser traz em seu ser é o nada" (BN1: 78; BN2: 102; SN: 127). A ruptura do ser em relação à coincidência consigo temporaliza o ser da consciência, projetando-o no não-ser do futuro, assombrando-o com o imaginário. Exilada da identidade consigo mesma, a realidade humana não pode repousar na estase do ser, esgotando-se na ação temporalizadora, criando e sustentando uma maneira de viver, projetando significado e valor. "Na angústia, capto-me ao mesmo tempo como totalmente livre e não podendo evitar que o sentido do mundo provenha de mim" (BN1: 40; BN2: 63; SN: 84).

O eu como o lugar do rompimento com a continuidade causal do ser é radicalmente livre, isto é, não é determinado por nenhum estado de coisas factual: "Nenhum estado de fato, qualquer que seja (estrutura política ou econômica da sociedade, 'estado' psicológico etc.) é capaz de motivar por si mesmo qualquer ato" (BN1: 435; BN2: 457; SN: 539). Como a liberdade radical é o próprio ser do eu, não há meio termo, ou se é determinado ou radicalmente livre: "Ou bem o homem é inteiramente determinado (o que é inadmissível, em particular porque uma consciência determinada, ou seja, motivada em exterioridade, converte-se em pura exterioridade ela mesmo e deixa de ser consciência), ou bem o homem é inteiramente livre" (BN1: 442; BN2: 464; SN: 547). As ações humanas não estão baseadas no fundamento de uma essência do ser, mas nas escolhas de um eu por definição exiladas de tal fundamento.

Da má-fé à revolução

Sartre se referiu a *O ser e o nada* como sua "eidética da má-fé", e é crucial que mantenhamos isso em mente, ou facilmente incorremos em uma má compreensão desse "ensaio sobre ontologia fenomenológica". Depois de revelar a liberdade radical do ser-Para-si por meio de exemplos fenomenológicos de questionamento, imaginação e experiências de angústia, Sartre diz ao leitor que dois caminhos são possíveis para tal ser, o caminho do "não ser", que é a aceitação da liberdade radical, e o caminho do "ser", que é o da fuga ou da má fé. O caminho do "não ser", ou autenticidade, "presume uma transcendência especial a ser estudada à parte" (BN1: 44; BN2: 68; SN: 90) e não será abordado em *O ser e o nada*. O caminho do "ser" (má-fé) será retomado, suas formas expostas, sua motivação revelada e sua cura sugerida. De maneira alguma *O ser e o nada* traz uma imagem completa das possibilidades da existência humana.

Dois capítulos tratam explicitamente da má-fé: "Má-fé" e "As relações concretas com o outro". A má-fé é apresentada como autoengano. Enganar ou mentir pressupõem uma dualidade da mentira – a do agente e do paciente – na qual o agente da mentira esconde a verdade do paciente da mesma. No caso de autoengano, alguém esconde de si o que pensa ser verdade.

> [...] não posso querer "não ver" certo aspecto de meu ser, com efeito, salvo se estiver precisamente ciente do aspecto que não quero ver. Significa que preciso indicá-lo em meu ser para poder afastar-me dele: [...] Em resumo, fujo para ignorar, mas não posso ignorar que fujo [...] (BN1: 43; BN2: 67; SN: 89).

Esse comportamento autoenganoso é aplicado aos aspectos definidores da realidade humana, liberdade e facticidade. A própria condição da liberdade radical é sua ruptura no *continuum* do ser e em relação à identidade essencial. No entanto, como um ser material contingente no mundo, a realidade humana deve escolher-se e comprometer-se em um processo de autoconstrução. Sartre o expressa em linguagem um tanto desajeitada: "trata-se de constituir a realidade humana como ser que é o que não é e não é o que é" (BN1: 58; BN2: 82; SN: 105). Enquanto a realidade humana não é o que é no sentido da essência, é "o que não é" no sentido da autoconstrução, criação e suporte de um modo de vida pelo qual é responsável. Uma pessoa em má-fé nega um de seus termos. O garçom que se considera um garçom como essência não percebe como está produzindo uma maneira de viver por meio da escolha, enquanto o ladrão que nega toda a identidade não percebe que seu estilo de vida é um projeto comprometido, que cria uma identidade moral.

O modo ontológico de ser-para-outros oferece mais oportunidades de autoengano. O olhar do outro objetifica o Para-si, revelando uma dimensão de sua realidade desconhecida ao Para-si individual, como um objeto fatual no mundo. Em sua objetividade para o outro, o Para-si apreende o significado de seu ser e mundo que lhe escapam ao controle, produzindo novas tensões entre subjetividade e objetividade. Sartre discute longamente várias formas de autoengano que podem surgir da situação introduzida pelo outro. Eu posso, por exemplo, "tentar negar este ser que é-me conferido de fora", fazendo em vez disso do outro um objeto, "já que a objetividade do outro é destruidora de minha objetividade para ele". Por outro lado, "posso tratar de recuperar esta liberdade e apropriar-me dela" (BN1: 363; BN2: 386; SN: 453), reduzindo assim o outro à instrumentalidade. Mais uma vez, nessas formas de má-fé (indiferença, falso amor, sadismo, masoquismo), há uma recusa da condição humana, uma resistência à aceitação da liberdade e da facticidade. As demais questões dizem respeito à motivação dessa resistência e sua possível cura.

Sartre oferece uma motivação para a má-fé, considerando a "ruptura" do ser, que ele localizou na autoconsciência não-posicional do ser-Para-si, como uma *falta* de autoidentidade, o que provoca um desejo de autoidentidade. Exilado da identidade do ser, disperso temporalmente e autocindido, o ser-Para-si procura alcançar-se e encontrar-se, recuperar sua dispersão e identidade cindida, a fim de conferir-se sentido sob a forma de autoidentidade. Sendo fatual, o Para-si não é seu próprio fundamento; não tem justificativa fundamental, não tem significado intrínseco. Na sua autoconstrução, o Para-si cria e sustenta uma vida significativa, mas na verdade não pode *ser* essa maneira de viver em autoidentidade, a maneira de ser-Em-si. Se o ser-Para-si pudesse de fato *ser* a vida que ele cria e sustenta como um projeto, ele seria autojustificável, sua própria fundação. Mas, é claro, se o Para-si fosse *ser*, não existiria mais como um Para-si, um autoconstrutor. Perder-se-ia enquanto eu, porque um eu é uma "ruptura" na identidade do ser. Assim, a meta desejada "não pode ser dada por natureza, pois reúne em si os caracteres incompatíveis do Em-si e do Para-si" (BN1: 90; BN2: 114; SN: 141). Sartre nos informa já em seu trabalho sobre a emoção que as pessoas são propensas, quando em uma situação insustentável, sem solução real, a tentar soluções mágicas. Assim, a má-fé é uma maneira de viver a impossibilidade ao realizar uma sempre negada autofundação mediante a crença de que esta foi alcançada. Como vimos, porém, ela exige que nos enganemos ao negar os aspectos de nossa situação (seja nossa liberdade, seja nossa facticidade) que se interpõem à manutenção dessa crença.

De tempos em tempos, em *O ser e o nada*, Sartre nos lembra que é possível vencer a má-fé, efetuar uma "conversão" à vida autêntica. Embora seja destinado à autenticidade um "estudo à parte", o caminho para este é sugerido em seu tratamento da psicanálise existencial. Nas passagens finais de *O ser e o nada*, Sartre nos diz que "a psicanálise existencial irá revelar ao homem o objetivo real de sua busca, que é o ser como fusão sintética do Em-si com o Para-si" (BN1: 626; BN2: 646; SN: 764), a fim de fazer uso dessa revelação como "um meio de libertação e salvamento". Minha vida não seria mais frustrada nas tentativas de atingir o inatingível; eu aceitaria, sim, minha própria ruptura de ser como a vida digna da própria liberdade.

O ser e o nada é uma mistura de descrição fenomenológica, categorização ontológica e narrativa metafísica. Seu registro é altamente individual e intensamente psicológico, enquanto o político parece irrelevante para o drama existencial. Isso mudaria em breve. "Todo homem é político. Mas não descobriria isso sozinho até a guerra e não o compreendi de todo até 1945" (SARTRE, 1977a: 44). A guerra ensinou Sartre "a força das circunstâncias", um sentido desperto de sua implicação na história e nas estruturas sociais. "*L'Être et le néant* traçou uma experiência interior sem nenhuma coordenação com a experiência exterior de um intelectual pequeno-burguês, a qual se tornou catastrófica em um determinado momento" (SARTRE, 1974b: 35). Sartre é levado agora a explorar uma liberdade "concreta" que leva em conta a influência formativa sobre o sujeito de sua situação e, ao fazê-lo, encontra formas de *alienação* ausentes da discussão da liberdade "abstrata" em *O ser e o nada*. Em várias ocasiões (p. ex. SARTRE, 1974b: 35), Ele nos diz que o livro em que ele melhor explicou o que quer dizer com liberdade é, na verdade, *Saint Genet*. Aqui, em sua tentativa de entender a vida de Jean Genet, Sartre é levado a falar sobre "a construção de Genet" (SARTRE, 1963).

Contrastando com o mundo adulto de *O ser e o nada*, Sartre enfatiza o papel central da infância de Genet no desenvolvimento de sua subjetividade. A criança vulnerável, marcada por significados sociais ligados à sua ilegitimidade, é "investida de um ego monstruoso e culpado" (SARTRE, 1963: 27). Suas tentativas de ser como as demais crianças ganham, pelos outros, as formas distorcidas de um estigma de pesadelo. A criança aceita os veredictos sociais que lhe são dirigidos e, sem conhecer outro recurso, decide promulgá-los, "internalizando progressivamente a sentença imposta pelos adultos" (SARTRE, 1963: 49). *O ser e o nada* é inadequado para tornar inteligível a situação de Genet, pois apenas duas opções na vida foram oferecidas: má-fé e autenticidade. No entanto, o menino Genet não estava fugindo de uma liberdade radical que ele não conhecia. Ele se vê através dos olhos dos outros, que por sua vez são condicionados por estruturas sociais que lhe são estranhas. Como ele internaliza as definições e julgamentos dos outros, Genet faz deles suas autodefinições e julgamentos, resultando em sua "alienação". Mas a alienação, como argumenta Sartre, não pode acometer as coisas, apenas as pessoas livres. Ao internalizar as definições dos outros, Genet só pode encená-las por meio de projetos de autoconstrução, embora se trate de uma autoconstrução aprisionada nas definições dos outros. Ao "viver" as sentenças impostas por outros, Genet começa a expressar sua vida na escrita, o que, de acordo com a reconstituição de Sartre, leva Genet a experimentar sua liberdade e autoconstrução, à medida que gradualmente percebe seu poder de se moldar aos outros. O que aprendemos a partir de Genet é que "por fim, somos sempre responsáveis pelo que fazemos de nós mesmos. Mesmo que ninguém possa fazer mais nada além de assumir essa responsabilidade, creio que um homem sempre faz algo a partir do que é feito dele" (SARTRE, 1974b: 34-35).

Em seu trabalho posterior, Sartre aprofunda-se vigorosamente nos processos pelos quais as pessoas são "construídas" pelo ambiente. Não se trata de rejeitar a autoconstrução existencial, mas de levar em conta os processos sociais do "construir". Uma apreciação concreta da liberdade, nesse sentido, provoca uma compreensão "dialética" do sujeito e de seu mundo. Ele descarta a terminologia ontológica do Para-si e do Em-si em favor da práxis e do prático-inerte, noções enfaticamente mais acionais e materiais do que ontológicas e psicológicas. A práxis, o sujeito acional, trabalha no mundo, grava nele seus projetos, e o mundo, por sua vez, modificado por essas impressões, restringe a práxis. Enquanto a liberdade ontológica enfatizava a "ruptura" com determinadas condições na capacidade de superá-las, a liberdade concreta enfatiza os termos situacionais que condicionam a superação e a circunscrevem.

> [Q]ualquer homem define-se, negativamente, pelo conjunto dos possíveis que lhe são impossíveis, isto é, por um futuro mais ou menos inacessível. Para as classes desfavorecidas, cada enriquecimento cultural, técnico ou material da sociedade representa uma diminuição, um empobrecimento, o futuro é quase inteiramente barrado. Assim, do ponto de vista positivo e negativo, os possíveis sociais são vividos como determinações esquemáticas do futuro individual. E o possível mais individual não passa da interiorização e enriquecimento de um possível social (SARTRE, 1958b: 95; 2002: 79).

O vínculo entre possível individual e social é a base para o entendimento sartriano de "classe", que pode ser visto não apenas para restringir vidas, mas para mediá-las em relação uma à outra. A classe consiste no "*ser social* do homem no nível fundamental, isto é, na medida em que existem *várias pessoas* dentro de um campo prático totalizadas pelo modo de produção" (SARTRE, 1976a: 230). Quando se refere à classe, Sartre invariavelmente usa a terminologia de Marx e se preocupa em libertar o proletariado cujas vidas são definidas por seu papel na produção econômica. Para sobreviver na atual estrutura das coisas o proletariado precisa empregar meios que rechaçam sua liberdade: "os indivíduos encontram uma existência já esboçada para si no nascimento; eles 'têm sua posição na vida' e seu desenvolvimento pessoal atribuído a eles por sua classe" (SARTRE, 1976a: 232). O destino retratado aqui não se baseia em uma essência, mas na estase de uma situação fixa que resulta em uma existência repetitiva enquanto as condições restritivas prevalecerem. Permanecemos ontologicamente livres nessas condições, fazemos escolhas, mas as escolhas são limitadas pelas condições estruturais da situação. O compromisso com a liberdade individual na superação da má-fé nos primeiros escritos de Sartre se desenvolve, em seus escritos posteriores, no compromisso de superar formas estruturais de alienação na realização "para *todos* [de] uma margem de liberdade *real* para além da produção da vida" (SARTRE, 1958b: 34; 2002: 39), a criação política de uma "cidade dos fins". Embora a superação da má-fé exija uma conversão de atitude, a mudança de formas estruturais de alienação requer "o trabalho *material* e a *práxis* revolucionária" (SARTRE, 1958b: 13; 2002: 25).

Até sua morte, Sartre continuou a fazer o possível para combater o colonialismo, o racismo e a opressão econômica. Não é exagero considerá-lo uma voz importante da consciência em seu tempo. Ele morreu ainda esperançoso de que uma sociedade liberada se materializasse, uma esperança baseada em sua convicção inabalável de que os seres humanos não estão presos no *continuum* do ser, mas sempre podem projetar um futuro diferente do passado.

Leitura complementar

BUSCH, T.W. (1990). *The Power of Consciousness and the Force of Circumstances in Sartre's Philosophy.* Bloomington: Indiana University Press.

FLYNN, T. (1997). *Sartre, Foucault and Historical Reason.* Vol.1: Toward an Existentialist Theory of History. Chicago: University of Chicago Press.

JEANSON, F. (1980). *Sartre and the Problem of Morality*. Bloomington: Indiana University Press [trad. R. Stone] [orig. francês: *Le problème moral et la pensée de Sartre*. Paris: du Seuil, 1965].

McBRIDE, W.L. (1991). *Sartre's Political Theory.* Bloomington: Indiana University Press.

Parte III

Ética e política

15
Política e o intelectual engajado

William L. McBride

Relativamente apolítico durante os estágios iniciais de sua carreira – foi bolsista em Berlim por um ano logo após a nomeação de Hitler como chanceler alemão, sem demonstrar muito interesse no que começava a ganhar espaço no campo político –, Sartre tornou-se, nos anos seguintes à Segunda Guerra Mundial, o intelectual público por excelência. A cronologia de seu percurso está bem documentada e não se dissocia do desenvolvimento de sua filosofia. Neste capítulo, esse caminho será rapidamente recuperado, com breves pausas em alguns de seus pontos de maior destaque.

O caminho de Sartre para o engajamento político

Sartre tinha um forte senso de identificação com sua geração, e não era o único a considerá-la, em retrospecto, a "geração entre guerras". Sua vida foi dominada pelos estudos nos anos que sucederam imediatamente a Primeira Guerra Mundial, e ele prestou 18 meses de serviço militar, obrigatório para homens franceses, como meteorologista. Sua primeira nomeação na carreira se deu no *lycée* de Le Havre, onde lecionou filosofia por vários anos antes e depois de sua passagem pela Alemanha. Entrementes, foram inúmeros seus esforços de escritor, com sucesso variado, o que inclui a reescrita contínua de um romance, eventualmente intitulado *A náusea*, que, quando finalmente publicado em 1938, trouxe-lhe considerável aclamação. Aos poucos, sua vida e consciência passaram a ser cada vez mais confrontadas pelas realidades políticas. O mais importante desses desenvolvimentos para ele foi a Guerra Civil na Espanha, iniciada em 1936; um dos melhores amigos de Sartre, o pintor Fernando Gerassi, deixou abruptamente Paris para lutar contra Franco do lado republicano, por fim derrotado. Pouco tempo depois, apesar do esforço anglo-francês de apaziguamento de Hitler em Munique com o intuito de impedir a guerra total, deram-se a invasão alemã da Polônia e as inevitáveis declarações de guerra e convocações militares – uma sequência de eventos que Sartre traduziu em termos pessoais em sua trilogia fictícia, *Os caminhos da liberdade* (SARTRE, 1945a; 1945c; 1949a; 2012a-c). Ele próprio foi convocado e passou o período da chamada "guerra de mentira", no final da qual o governo francês de Vichy aderiu aos nazistas depois de relativamente pouco combate real, lendo e escrevendo em ritmo furioso. Ele foi feito prisioneiro junto com seus colegas combatentes e passou nove meses em um *Stalag* antes de escapar e retornar a Paris. Foi durante esse período que a visão individualista anterior de Sartre sobre o mundo começou a dar lugar a um certo senso de camaradagem humana – a experiência no campo de prisioneiros de guerra foi especialmente influente a esse respeito – e ele começou a refletir seriamente, como sua amiga e confidente Simone de Beauvoir afirmou em suas memórias, sobre a ideia de *engagement*.

O engajamento sartriano pós-guerra

O tempo entre a fuga de Sartre do campo e a libertação de Paris dos nazistas em 1944 foi comparativamente curto – menos de três anos e meio. Ele participou de um grupo de resistência de curta duração que adotou o nome "Socialismo e Liberdade" e retomou sua carreira de professor, pela última vez, no Lycée Condorcet, em Paris; mas, acima de tudo, escreveu e publicou prodigiosamente. Dois de seus melhores dramas – *As moscas*, com sua mensagem velada antiocupação, e *Entre quatro paredes* (SARTRE, 2005a) – conheceram sua estreia nos palcos. Mais importante, porém, sua primeira obra-prima filosófica, *O ser e o nada*, apareceu impressa em meados de 1943. Embora Sartre já tivesse publicado dois livros sobre a imaginação e outros ensaios filosóficos antes da guerra (principalmente seu esboço acerca de uma teoria das emoções), *O ser e o nada* era de uma ordem totalmente diferente, tanto em magnitude quanto em importância.

À luz do desenvolvimento posterior de Sartre, vale a pena considerar em que medida (caso se aplique) se pode entender *O ser e o nada* como uma obra de significado político. A resposta simples é: muito pouco. Antes de tudo, trata-se de um trabalho de ontologia sistemática, cujos aspectos são explorados em outros ensaios do presente volume, e não contém praticamente qualquer texto que pudesse parecer politicamente provocador para os censores nazistas. Uma possível exceção fortemente velada é a referência crítica de Sartre, na penúltima página da conclusão, ao "espírito de seriedade" que, segundo o indica, será o foco de um trabalho futuro sobre moral. Para aqueles imbuídos desse espírito, diz ele, as ações de um bêbado solitário e a "vã agitação do líder dos povos [*conducteur de peuples*]" (BN1: 627; BN2: 647; SN: 763) estão em pé de igualdade, se o primeiro não estiver em melhor posição. "*Conducteur*" pode ser traduzido como "*Führer*", título geralmente atribuído a Hitler. Há também uma subseção anterior bastante dramática, intitulada "Liberdade e responsabilidade", na qual Sartre argumenta que, em uma situação de guerra, sou responsável por qualquer posição que tomo em relação à guerra, seja a do combate, da fuga, do suicídio, e assim por diante (BN1: 553; BN2: 574; SN: 678); para qualquer pessoa familiarizada com o período em que Sartre escreveu e publicou *O ser e o nada*, essa parte do texto exala um senso de contemporaneidade, mas não há nada obviamente subversivo nele. Os tipos de relacionamento interpessoal nos quais grande parte deste trabalho está interessado são o que Sartre mais tarde chamará de "díades", de um para um (BN1: 592; BN2: 613; SN: 756), e o domínio sociopolítico permanece absolutamente em segundo plano.

Sartre como "escritor engajado"

Isso não quer dizer, no entanto, que Sartre ainda era de todo ignorante desse campo à época da publicação de *O ser e o nada*. É claro que, naquela época, ele já planejava ser o principal colaborador de uma iniciativa pós-guerra, que se daria sob a forma de uma revista interdisciplinar e politicamente engajada que, de fato, tomou forma logo após a Libertação e recebeu o nome de *Les Temps modernes*. (O nome foi tomado de empréstimo ao título do filme satírico de Charlie Chaplin, *Modern Times*.) Sua lista original de membros do conselho editorial incluía vários intelectuais de destaque, dos quais alguns – como Raymond Aron – logo saíram, enquanto outros, sobretudo Simone de Beauvoir e por alguns anos Maurice Merleau-Ponty, formaram seu núcleo de trabalho. A "Apresentação" de Sartre à revista em sua edição inaugural anunciou a linha geral pretendida, mais bem caracterizada como "Esquerda não comunista" e comprometida com o que identificou como espírito de síntese, buscando a compreensão dos seres humanos em sua totalidade, em oposição a um espírito de análise. Embora *Les Temps modernes* tenha trazido, no decorrer dos anos, muitos artigos de interesse geral para além do âmbito político (literatura, psiquiatria, história etc.), a natureza fundamentalmente política de sua orientação nunca foi posta em causa.

Entre os ensaios mais notáveis dos primeiros anos de *Les Temps modernes*, três escritos pelo próprio Sartre foram excepcionais tanto enquanto declarações definidoras de sua própria posição política em desenvolvimento quanto em sua enorme influência na vida intelectual do pós-guerra: "Réflexions sur la question juive", "Matérialisme et révolution" e "Qu'est-ce que littérature?" O primeiro (juntamente com uma grande seção que não fazia parte do original) e o terceiro foram, por fim, publicados em volumes separados (SARTRE, 1946a; 1948a), e a tradução em inglês de "Réflexions sur la question juive" recebeu o título um tanto enganoso de *Antissemite and Jew* (SARTRE, 1948b).

Provavelmente, o momento mais emblemático do ensaio sobre "a questão judaica" é o retrato do antissemita com que Sartre constrói a abertura do ensaio – retrato vigoroso, devastador e, é claro, particularmente comovente, dada a época em que foi escrito (SARTRE, 1948b: 36). Entre as outras realizações de Sartre nesse ensaio, está o reconhecimento das inadequações de uma forma abstrata e universalista de liberalismo que pretensiosamente imagina que, como somos – afinal – todos humanos, qualquer solução para o antissemitismo não precisa ser acompanhada de um enfrentamento dessa realidade (SARTRE, 1948b: 143). Já em "Materialismo e revolução" (SARTRE, 1962a; 1946c), Sartre assinala clara distância filosófica do dogma do Partido Comunista que se autodenominava "marxismo ortodoxo" e adotava uma visão fortemente determinista da história. Sartre aqui reconhece a contribuição de uma ontologia radicalmente materialista para o moral, por assim dizer, do trabalhador comum, que desse modo ganha o reforço da convicção de que está no mesmo nível que o proprietário do capital, nem melhor nem pior; mas Sartre insiste que o objetivo desejável da emancipação da classe trabalhadora seria mais bem atendido por uma doutrina filosófica que retivesse o elemento da liberdade humana (SARTRE, 1962a: 220).

É em "Que é literatura?", mais do que em qualquer outro artigo, que Sartre adota mais diretamente a postura do *engagement*. Depois de examinar brevemente a história literária ocidental das últimas décadas, com ênfase especial em uma "literatura de consumo" (SARTRE, 1950a: 205; 2004d: 173) que não ameaça o domínio da classe burguesa, que atribui ao final do século XIX, ele defende uma "literatura de construção" (SARTRE, 2004d: 227), literatura ativista, a ser buscada por escritores contemporâneos (em prosa). Somente essa literatura, afirma ele, pode ser levada a sério pelo público atual. Seu objetivo final e reconhecidamente utópico seria o de promover uma sociedade sem classes. É evidente, pondera Sartre, que literatura e moralidade não são a mesma coisa; no entanto, o objetivo da literatura engajada como ele a concebe é, então, em última análise, moral (SARTRE, 2004d: 258).

Sartre como intelectual público político

"Que é literatura?" foi publicado pela primeira vez em partes na *Les Temps modernes* ao longo de 1947. Apenas quatro anos após a publicação de *O ser e o nada* e três anos após a Libertação de Paris, portanto, Sartre via-se na posição de intelectual público *par excellence*, posição que ocuparia, na França e virtualmente em todo o mundo, pelos anos seguintes. Era quase constantemente instado a dar respostas a eventos mundiais, cujos principais focos eram, sobretudo, a Guerra Fria e, secundariamente, o fim muitas vezes sangrento dos impérios coloniais ocidentais, em especial o da própria França. Apenas por um breve período, e sem sucesso, ele desempenhou um papel abertamente político: ingressou em um partido de vida breve, o RDR (*Rassemblement Démocratique Révolutionnaire*), abertamente fundado para manter uma posição de esquerda não comunista independente entre Oriente e Ocidente; logo se soube, porém, que um de seus líderes era representante de certos interesses norte-americanos, o que criou um sentimento de desilusão em Sartre e em vários outros intelectuais franceses.

Representou igual (ou talvez até maior) desilusão para esses mesmos intelectuais a revelação documentada, no mesmo período (de fins de 1949 ao início de 1950), da existência de uma rede de campos de trabalho escravo na União Soviética, denunciada em editorial da *Les Temps modernes* escrito por Merleau-Ponty e aprovado por Sartre. Uma versão ficcional de algumas das tensões que cercaram a decisão de imprimir esse editorial constitui uma parte central do romance de Simone de Beauvoir *Os mandarins*, publicado quatro anos depois (BEAUVOIR, 1954).

Alguns meses depois uma guerra eclodiu na península coreana, exacerbando ainda mais as tensões da Guerra Fria. A Guerra da Coreia foi um fator importante, embora de maneira alguma o único, na eventual ruptura entre Sartre e Merleau-Ponty, que culminou na renúncia deste último à posição no conselho editorial da revista em 1953, e vinha sendo aos poucos superada à época da morte prematura de Merleau-Ponty, dez anos depois. "Merleau" fora, em certa medida, um pouco mais solidário do que Sartre à posição geral do Partido Comunista nos anos anteriores a 1950; seu livro de 1949, *Humanismo e terror* (MERLEAU-PONTY, [1947] 1969), foi uma tentativa tão séria e imparcial de compreender a mentalidade por trás dos conhecidos Processos de Moscou da década de 1930 que alguns críticos chegaram a acusá-lo, erroneamente, de endossar tais processos. No entanto, ele veio a considerar a incursão norte-coreana na Coreia do Sul como parte de uma estratégia soviética de domínio global, enquanto Sartre estava mais inclinado a ver o papel significativo de certas provocações norte-americanas na eclosão do mesmo evento. De qualquer forma, foi de comum acordo que nem Sartre, nem Merleau-Ponty publicaram muitos artigos de natureza diretamente política em *Les Temps modernes* durante o período subsequente de aproximadamente dois anos.

Rompimento com Camus

Durante esse mesmo período (agosto de 1952), no entanto, um dos episódios mais conhecidos e controversos da vida de Sartre como intelectual engajado ocorreu com a publicação de sua famosa "Resposta a Albert Camus". A ocasião que a suscitou foi a "Carta ao diretor de *Les Temps modernes*" de Camus – a impessoalidade e a extrema formalidade dessa maneira de abordá-lo foram, obviamente, deliberadas – em resposta a uma resenha do livro de Camus, *O homem revoltado* (1951; tradução em inglês, *The Rebel*, data de 1954), publicada em edição anterior. A crítica havia sido escrita por um membro mais jovem da equipe, Francis Jeanson, que havia empreendido uma tarefa que todos concordavam ser necessária (já que era uma obra de referência de um escritor muito importante), mas que todos, de certa forma, temiam. Em *L'Homme révolté*, por meio de inúmeras análises históricas e literárias, Camus conclui que, embora a revolta individual seja frequentemente criativa e produtiva, as revoluções políticas estão condenadas a serem contraprodutivas e a fracassar. A longa crítica de Jeanson a essa posição suscitou o ataque de Camus, que acusou Sartre (Camus tratou Jeanson como um "porta-voz" de Sartre, a quem o resenhista nunca menciona diretamente) de apoiar os excessos da União Soviética sob Stalin e de alimentar uma convicção injustificada sobre o futuro e inevitável movimento da história. Sartre, por sua vez, acusou Camus de um moralismo à beira da pregação e insistiu que somos nós, seres humanos, que fazemos história, da qual não podemos simplesmente recuar, como Camus parecia querer fazer. A polêmica deixou Camus amargurado. Ele e Sartre nunca se reconciliaram. Enquanto isso, o esforço por fim fracassado e custoso do governo francês de reprimir a revolta anticolonial na Argélia, onde Camus nascera e sua mãe ainda vivia (levando a sua famosa observação no sentido de que, se ele tivesse que escolher entre a justiça e sua mãe, ele escolheria a última), contribuiu ainda mais para um sentimento de conflito pessoal durante os anos que se seguiram. Entre os partidários franceses dos revolucionários argelinos, que arriscaram sofrer sérias consequências em virtude de sua posição, Francis Jeanson foi proeminente e ativo, enquanto ficou claro que Sartre, embora não tão profundamente envolvido pessoalmente, estava de acordo com ele.

A ação militar de retaguarda em que o governo francês mais esteve envolvido no início da década de 1950, antes de a Guerra da Argélia atingir seu auge, foi a guerra na Indochina, com o objetivo de tentar manter o controle de Vietnã, Laos e Camboja. Um marinheiro francês chamado Henri Martin, que era, como muitos de seus concidadãos, um membro do Partido Comunista, foi preso por se manifestar a favor da independência do Vietnã, e isso logo se tornou uma *cause célèbre*. Sartre dedicou uma quantidade considerável de tempo e esforço (incluindo uma visita ao presidente francês) para obter a libertação de Martin, que foi concedida pouco antes da publicação de um volume que Sartre havia escrito para esse fim.

Sartre e o comunismo: a necessidade de uma nova metodologia marxista

No mesmo período, Sartre escreveu um ensaio em três partes, "Os comunistas e a paz", no qual argumentou a favor dessa conjunção, e envolveu-se em um movimento de paz do qual os intelectuais soviéticos e de outras partes do bloco oriental foram participantes proeminentes. Também realizou sua primeira viagem à União Soviética em 1954, retornando com uma "opinião" muito positiva, que mais tarde percebeu ter sido excessiva, sobre o que havia visto ali. Esse foi, em suma, o momento em que chegou perto de ser – para empregar uma expressão do tempo – um "viajante associado"; não durou muito tempo.

O ano de 1956 foi marcado pelo chamado "degelo", um abrandamento parcial do comunismo linha dura da União Soviética e satélites que resultara do reconhecimento de alguns dos crimes de Stalin por seu sucessor como Secretário Geral do Partido Comunista Soviético, Nikita Kruschev. Kruschev, porém, não estava, ao que parece, preparado para a explosão de dissidência intelectual e política anteriormente suprimida que, em alguns dos países do bloco oriental, se seguiu. Ele chegou perto de ordenar uma invasão militar da Polônia – o que executou no caso da Hungria. A forte reação de Sartre a esse evento conheceu reflexo em um ensaio intitulado "O fantasma de Stalin". Alguns meses após seu aparecimento em *Les Temps modernes*, um jornal polonês, *Twórczość*, publicou uma tradução do longo ensaio de Sartre sobre o marxismo e o existencialismo, cujo original francês foi publicado posteriormente, naquele ano, em partes sob o título de "Questions de méthode". Embora tenha sido "encomendado", por assim dizer, por um editor polonês que desejava aproveitar-se do clima intelectual mais aberto, dedicando uma edição inteira às análises do marxismo na França, de modo que poderia ser considerado uma *pièce d'occasion* similar a outros ensaios sartrianos sobre política, dos quais destacamos apenas alguns, *Questões de método* (SARTRE, 1958b; 2002) é diferente em termos de natureza, em virtude da retomada de questões fundamentais da filosofia política com as quais Sartre começara a ocupar-se especialmente em "Materialismo e revolução" (SARTRE, 1946c; 1962a). De fato, embora a tradução inglesa o tenha publicado em livro separado, Sartre decidiu em momento posterior revisar o original francês para figurar como uma longa introdução ao primeiro volume de sua ainda mais longa *Crítica da razão dialética* (SARTRE, 1960c; 2002), a obra-prima filosófica de seus anos finais. *Questões de método* é, portanto, um excelente exemplo do movimento de vaivém entre ensaios do gênero intelectual público e tratados filosóficos que Sartre efetuou com tanto sucesso.

A pergunta central em *Questões de método* diz respeito a termos ou não nos dias de hoje as ferramentas intelectuais que nos permitam entender as ações de qualquer indivíduo – por exemplo, o escritor do século XIX, Flaubert, que fascinou Sartre ao longo de sua carreira e se tornou o foco de seu último trabalho, *O idiota da família*, em três volumes (SARTRE, 1971-1972). A premissa central de Sartre é que nem a psicanálise freudiana, nem a ciência comportamental norte-americana são adequadas a essa tarefa, e que o marxismo, não obstante fosse, à época, a visão de mundo dominante, a qual em princípio ele subscreve, tinha, em sua versão oficial, dita "ortodoxa", esclerosado. Os comunistas dogmáticos, segundo Sartre, parecem pressupor que os indivíduos só adquirem identidades reais a partir do momento em que se empenham em seus primeiros trabalhos assalariados. É debruçando-se seriamente sobre o problema do indivíduo humano, então, que o existencialismo tem um papel a desempenhar – tributário do marxismo e, no entanto, essencial (SARTRE, 1958b: 30; 2002: 130). O texto de *Questões de método* realmente não guarda semelhança com a exposição muito mais abstrata e sistemática dos conjuntos sociais humanos, de que trata o primeiro volume da *Crítica*, considerado em outros momentos desta coletânea, mas serve como pano de fundo necessário – colocando-o "em situação", para usar um importante termo sartriano que ele usa como título de sua série, *Situations*, de volumes de ensaios coligidos a *Les Temps modernes*.

Sartre como internacionalista

Entre os outros grandes envolvimentos internacionais de Sartre, deve-se mencionar especialmente seu empenho em relação a África, Cuba e Israel. Entre seus trabalhos de mais aguda polêmica política, está o prefácio a *Os condenados da terra*, de Frantz Fanon (1963). Fanon era um psiquiatra natural da Martinica e de formação francesa que, mudando-se para a Argélia, tornou-se um forte defensor da revolução naquele território; mas o que Sartre tem a dizer nesse prefácio sobre a natureza do colonialismo e seus frutos muito amargos tem implicações para a África subsaariana e outras partes do antigo império francês. Sartre viajou para Cuba em 1960, logo após a revolução de Fidel Castro, e passou tempo considerável em companhia do cubano. Ele escreveu uma série de artigos jornalísticos sobre essa experiência, em geral bastante eufóricos, porém mais tarde se viu um pouco desiludido com a reviravolta autoritária do regime castrista. Quanto a Israel, Sartre permaneceu seu defensor, embora nem sempre de suas políticas governamentais, em contraponto ao posicionamento anti-Israel de parte da esquerda francesa.

Com a resolução do conflito na Argélia, mediante o dramático ressurgimento de Charles de Gaulle na política francesa e sua decisão de conceder a independência à Argélia contra os desejos dos próprios "ultras" que o ajudaram a alçar-se novamente ao poder, a atenção de Sartre, bem como do mundo em geral, voltou ao Vietnã, onde os Estados Unidos começaram a empreender sua desastrosa "escalada" militar. A França não foi atraída a essa guerra, mas Sartre escreveu com muita força a favor da causa dos comunistas vietnamitas e, como um ato de protesto, recuou de um convite aceito a palestrar na Cornell University, nos Estados Unidos, em 1965. Dois anos depois, com o prosseguimento da Guerra do Vietnã, Sartre aceitou servir como presidente de um Tribunal de Crimes da Guerra do Vietnã, criação do já idoso filósofo britânico Bertrand Russell. Era seu desejo reunir o tribunal na França, mas De Gaulle, a quem Sartre sempre desprezara, recusou a permissão em uma carta na qual se endereçava a ele como "*Mon cher maître*" (Sartre comentou que ninguém o chamava de "*maître*", exceto garçons de café). Durante esse mesmo período, Sartre recusou-se a aceitar o Prêmio Nobel que lhe fora concedido.

Sartre na década de 1960: revolta, repressão e o "novo intelectual"

Os dois clímaxes políticos praticamente simultâneos da década de 1960 foram, sem dúvida, em primeiro lugar, a sucessão de protestos estudantis em todo o mundo que começaram na nova Universidade de Nanterre, espaço um tanto periférico e desinteressante, e logo se espalharam por Paris propriamente dita, onde outras atividades foram praticamente interrompidas, e o governo se viu a ponto de cair; e, depois, a chamada Primavera de Praga, na qual a então Tchecoslováquia parecia caminhar à adoção de instituições políticas mais abertas e democráticas e, no entanto, foi reprimida por forças soviéticas invasoras. Ambos os eventos ocorreram em 1968. A essa altura, a estrela de Sartre começava a diminuir, à medida que novos movimentos filosóficos, nomeados variegadamente "estruturalismo" e "pós-modernismo", gradualmente ocuparam a cena intelectual, substituindo o existencialismo no centro do palco. Sartre apareceu em um encontro de estudantes na Sorbonne, mas foi instruído a ser breve em suas observações. Muitos estudantes, especialmente alguns da École Normale Supérieure, *alma mater* de Sartre, que ocupavam a vanguarda dos protestos, mostravam-se fortemente interessados em um jovem professor marxista chamado Louis Althusser, filiado a uma linha anti-humanista. Sua ascendência teve, no entanto, vida curta, uma vez que o Partido Comunista Francês e ele próprio recuaram do apoio incondicional ao movimento, e pouco a pouco uma espécie de normalidade retornou a Paris e à França como um todo. Enquanto isso, as ações soviéticas em Praga resultaram em uma perda de confiança, da parte de Sartre, de que o regime em algum momento retornaria de seu longo "desvio" na estrada ao socialismo; em vez disso, concluiu ele, o socialismo chegara a um impasse desprovido de esperança. Ele expressou sua convicção em um breve prefácio intitulado "O socialismo que chegou do frio", destinado a uma coletânea de testemunhos de intelectuais tchecos e publicado em 1970 (reimpresso em SARTRE, 1972c; 1979).

A última década de Sartre: envolvimento contínuo, novos rumos

A última década da vida de Sartre foi marcada pela publicação de *O idiota da família* (1971-1972); por crescentes problemas de saúde, em especial a perda da visão; e o envolvimento com um grupo de pessoas majoritariamente jovens que, em decorrência do fracasso dos esforços estudantis de 1968, dedicaram-se à atividade "revolucionária" em andamento sob o nome de "os Maos". (Na verdade, esse rótulo foi concebido principalmente como provocação, não como expressão de profundo compromisso com o pensamento do líder chinês Máo Zédōng.) Sartre assumiu brevemente o cargo de redator do jornal ligado ao grupo, *La Cause du Peuple*, como maneira de proteger alguns deles da prisão. Um membro do grupo, Benny Lévy, posteriormente se tornou secretário particular de Sartre e se engajou em uma série de diálogos gravados com ele (já que Sartre estava incapacitado de escrever), dos quais uma pequena parte foi publicada em um grande jornal sob o título "Esperança, agora" (mais tarde publicado em forma de livro; SARTRE, 1991b; 1996a). Embora Simone de Beauvoir e alguns outros membros da "família" sartriana, como se chamavam, se opusessem à publicação desse material, pois julgavam que Lévy se portara como um manipulador (e, de fato, o texto pareceu, em alguns aspectos, estar em contradição com posições filosóficas anteriores de Sartre), o próprio Sartre concordou com a sequência do projeto. Apenas alguns dias depois ele morreu. O ano era 1980; Sartre tinha quase 75 anos.

Outro francês de sobrenome Lévy, Bernard-Henri, chamou o século XX de "o século de Sartre" (o título de um de seus livros), e há considerável mérito nisso. Nenhum outro intelectual da época foi tão amplamente conhecido e citado, ou – para recordar o título de outra obra secundária, esta de John Gerassi, filho de Fernando – tão amplamente odiado. Alguns de seus compromissos tomaram rumos estranhos a ele ou, pelo menos, provaram-se decepcionantes, mas foi notável e, segundo o penso, positivo, seu ativismo em nome daqueles que via como oprimidos e em defesa do aumento da liberdade humana tal como a entendia. Ao mesmo tempo, esse ativismo estava geralmente em conformidade com seus princípios filosóficos, fossem de sua juventude ou velhice. Em suma, seu legado em relação ao engajamento político é poderosíssimo.

Leitura complementar

CATALANO, J.S. (2010). *Reading Sartre*. Cambridge: Cambridge University Press.

COHEN-SOLAL, A. (1987). *Sartre*: A Life. Nova York: Pantheon [trad. A. Cancogni].

FLYNN, T. (1994). *Sartre and Marxist Existentialism*: The Test Case of Collective Responsibility. Chicago: University of Chicago Press.

GERASSI, J. (1989). *Jean-Paul Sartre*: Hated Conscience of the Century. Chicago: University of Chicago Press.

JUDAKEN, J. (2006). *Jean-Paul Sartre and the Jewish Question*: Anti-Semitism and the Politics of the French Intellectual. Lincoln: University of Nebraska Press.

16
A teoria dos grupos de Sartre

Peter Caws

O sujeito existencial

A ontologia de Sartre começa na situação do sujeito, não como categoria abstrata, mas incorporada e individual. Cada um de nós é um sujeito e conhece apenas o sujeito que é. Como sujeito, eu existo, ou seja, me projeto (o sentido etimológico de "existir") em um mundo que encontro em sua imediaticidade e alteridade. Objetos no mundo são o que são, mas isso implica também que apenas são, que tem um ser. A princípio, esse ser é apreendido apenas em sua relação comigo. Sigamos Sartre e tomemos por exemplo um caso simples, um objeto cotidiano, como um abridor de cartas. O abridor de cartas se apresenta para mim como existente, ou seja, projetando-se em um mundo de outros objetos (incluindo meu corpo físico), mas seu ser é, em primeira instância, um "ser-para-mim".

Os objetos no mundo desaparecem e reaparecem, e a maneira mais simples de explicar isso é assumir que eles têm uma forma de ser independente de seu "ser-para-mim". Sartre chama isso de "ser-Em-si". Quando o abridor de cartas está na minha mão, ele tem um ser-Em-si e um ser-para-mim; quando não está mais presente para mim, ele tem um ser-Em-si, sem necessidade de ter o ser-para-mim; se for perdido ou destruído e eu penso nisso, ainda existe o ser-para-mim, embora possa não ter mais o ser-Em-si.

Mas que tipo de ser eu como sujeito tenho? Eu existo, mas o que sou eu? O fato de eu poder levantar essa questão significa ao menos que – como o abridor de cartas quando apenas pensado – eu tenho o ser-para-mim: ser-para-mim-mesmo. Esse é um novo tipo de ser, e podemos chamá-lo de ser-Para-si. Note, no entanto, que, ao atribuir esse tipo de ser a mim mesmo, permaneço um sujeito – não me tornei um objeto. Meu corpo é, evidentemente, um objeto entre objetos, e como qualquer outro objeto, pode ser considerado um ser-Em-si, mas o fato de eu poder chamá-lo de meu corpo sugere uma diferença de espécie entre o sujeito que sou e o corpo que habito. Não consigo capturar o sujeito, porque eu sou o sujeito. O ser-Para-si está perpetuamente fugindo de si, perpetuamente à frente de si.

O tópico restrito deste capítulo impede o desenvolvimento adicional dessa ideia, o que nos levaria na direção dos fenomenologistas e do sujeito transcendental. Começo dessa maneira porque quero traçar uma ascensão da situação do mero indivíduo à coletividade definitiva da humanidade e sua história – ou pelo menos traçar essa ascensão até onde o olhar teórico de Sartre puder levá-la.

O outro e o olhar

Não posso transformar o sujeito que sou em um objeto – se eu perder minha subjetividade, o jogo termina antes de começar. Mas e as outras pessoas? Cortesia e simetria exigem que eu atribua subjetividade a elas, mas não tenho acesso imediato a essa subjetividade, só posso deduzi-la de semelhanças entre a aparência e o comportamento delas e o meu.

Há, no entanto, uma situação em que nossos papéis – o meu como sujeito, o outro como objeto – se invertem. Isso pode acontecer quando percebo que um outro está olhando para mim, objetificando-me de maneiras ininteligíveis, exceto sob a hipótese (que, no entanto, sempre se mantém uma hipótese), de que ele é um sujeito que me vê como um objeto. Essa consciência de ser olhado pode desencadear uma emoção, no caso paradigmático de Sartre, a emoção da vergonha – ele imagina, por exemplo, que estou espiando alguém por um buraco de fechadura e sinto os olhos do outro em mim, de modo que de repente não sou mais o sujeito e agente no controle do evento, mas um objeto vulnerável, à sua mercê. Isso não me dá diretamente a subjetividade do outro – a mesma resposta emocional pode ser desencadeada pela mera suspeita da presença de um outro, por exemplo, por um farfalhar de folhas que interpreto como movimento corporal – mas deixa claro para mim que uma descrição de minha própria situação como a de um sujeito existencial isolado que se projeta em um mundo emocionalmente neutro deve ser muitíssimo incompleta.

As emoções, para Sartre, são formas de estar no mundo; elas colorem a situação do sujeito existencial. O fato de ele apresentar o estar ciente do outro por meio da emoção da vergonha é revelador; mas, evidentemente, a vergonha é apenas uma emoção dentro todo um espectro que inclui medo e inveja, desejo e amor, dentre outras capazes de desencadear reconhecimento e identificação mútuos, positivos ou negativos, de um sujeito por outro.

O terceiro

O olhar abre minha situação à presença de outros. Uma vez que esse passo é dado do singular ao plural, pode parecer que estamos deixando uma ontologia individual rumo a uma ontologia social, mas as coisas não são tão simples assim. Tenho uma suspeita ou pressentimento da existência do outro, mas nada nos une em qualquer forma de unidade. Nossa relação é de interioridade pura – e unilateral, pois não tenho acesso ao outro polo da relação. Nesse ponto, Sartre invoca o conceito de terceiro (SARTRE, 1976a: 106, 114) – um espectador, talvez, que vê a mim e também aquele que olha para mim, que percebe minha apreensão furtiva ao ser observado, que me abarca a mim e ao outro em uma díade de interesse psicológico ou filosófico. Nossa relação interior agora tem uma personificação exterior. A atividade do terceiro na construção dessa díade, no entanto, não depende da relação interior: podem-se observar dois indivíduos que não estão cientes da presença ou mesmo da existência um do outro e agrupá-los sob algum conceito para fins de estudo, análise, fantasia ou algo parecido.

Esse passo em direção ao social tem, portanto, dois componentes: por um lado, meu reconhecimento de que estou internamente ligado a outros por relações de presença ou imediaticidade, bem como pela dialética da prática (dado que podemos ter efeitos recíprocos uns nos outros – a práxis interpessoal é, para Sartre, o domínio da dialética), por outro, a necessidade da perspectiva objetificadora externa que nos configure como entidade, no caso diádico um casal. A independência desses dois elementos e o contraste entre eles explicam por que, por exemplo, um casal pode deixar de existir internamente (por uma recusa de reconhecimento por parte de um de seus membros), mas persiste externamente (por hábitos de reconhecimento da parte de outros). Esses dois modos de ser do social coexistem no indivíduo, mesmo em situações mais complexas, tocando e incluindo o entendimento histórico dos envolvidos – como membros da raça humana ao lado de outros membros, como participantes de um momento de desenvolvimento dialético iniciado já há muito tempo e que terá continuidade no futuro. Duas coisas, no entanto, devem ser observadas aqui: a insistência de Sartre na igualdade radical dos seres humanos (eu poderia ser ou ter sido "apenas qualquer um") e sua eventual rejeição da noção de história como uma aventura inteligível da humanidade. Sempre deve haver um terceiro do lado de fora para emprestar unidade a qualquer ser social. Ontologicamente falando, não há nível superior à tríade do sujeito, outro e terceiro; como veremos, as coisas podem ficar numericamente mais complexas, mas sempre podem ser decompostas nesse nível elementar, cujo componente crucial permanece o sujeito existencial individual.

As séries

O mundo social compreende muitos indivíduos, alguns dos quais se conhecem ou interagem entre si em grupos de maior ou menor extensão. Uma questão eventual, para a qual a resposta foi sugerida acima, diz respeito à existência de um grupo total e inclusivo digno do nome da humanidade, sujeito da história mundial. Esse seria o resultado da grande dialética, agregando as contribuições de todos os indivíduos que já viveram em suas relações recíprocas entre si. Sartre viveu em uma época em que a história parecia em processo de construção em escala mundial – quando o comunismo e o capitalismo, na esteira da Segunda Guerra Mundial, competiam pelo futuro da humanidade. Mas ele era, antes de tudo, um filósofo, e político ou historiador só em um segundo e distante plano (embora com talentos notáveis em ambos os domínios); e a filosofia, com sua modéstia constitutiva e autocrítica feroz, não suportava o peso dessa ambição. No entanto, ele começou com ousadia, no primeiro volume de sua *Crítica da razão dialética* (SARTRE, 1960b; 1976a), para dar conta da ascensão à história e, no caminho, desenvolveu a teoria original e muito poderosa dos grupos que é o assunto deste capítulo.

Uma maneira óbvia de iniciar o estudo de grupos é olhar para as características externas que marcam as subdivisões cotidianas entre as pessoas: etnia, nacionalidade, cor da pele, gênero, idioma, profissão etc. Sartre escolhe um ponto de partida bem diferente. Ele ocupa a posição do terceiro observador e começa com a situação de um número de indivíduos, cada um separadamente relacionado a algum objeto de interesse comum. O caso que ele escolhe é o de pessoas esperando em um ponto de ônibus (SARTRE, 1976a: 256ss.). Todos têm interesse em pegar o ônibus, mas esse não é um interesse coletivo; nem todos têm o mesmo destino ou objetivo em mente, não há conexão interna entre eles. Sartre dá o nome de série a esse conjunto contingente de sujeitos não relacionados, unidos apenas por um objeto comum. As relações seriais são abundantes na vida cotidiana – clientes no mercado, espectadores no teatro, ouvintes de rádio ou observadores de televisão, eleitores em eleições, motoristas em uma rodovia, todos constituem séries cujos membros compartilham uma conexão com um objeto externo, mas não têm conexões internas entre si.

Uma série pode ser ordenada de forma a estabelecer conexões externas entre seus membros – por exemplo, as pessoas que esperam no ponto de ônibus podem formar uma fila na qual a posição relativa é determinada pela hora de chegada – mas, nesses casos, nenhum sujeito encontra um outro no sentido existencial, os outros pertencem apenas ao que Sartre, em outros contextos, chama de "prático-inerte", o contexto material ou cultural da vida que, embora seja um produto da práxis humana, é parte integrante da facticidade do sujeito como se tivesse surgido naturalmente. E uma série pode parecer se comportar como um grupo, como quando, por exemplo, espectadores de um evento esportivo ou de um teatro aplaudem espontaneamente ao mesmo tempo algum feito ou *performance*; mas, novamente, isso não estabelece uma conexão direta entre os indivíduos em questão.

O grupo em fusão

A verdadeira formação do grupo começa quando os membros de uma série se tornam conscientes um do outro, não apenas como vizinhos acidentais que não têm relações internas entre si, mas compartilhando um interesse comum que envolve uma emoção comum. Agora encontro meus companheiros de viagem, por exemplo, como sujeitos que experimentam e sofrem as mesmas frustrações e inconvenientes que eu quando o ônibus está atrasado, lotado ou mal conduzido. Comentamos entre nós essas coisas enquanto aguardamos na fila; resolvemos, talvez, escrever uma carta conjunta aos diretores da empresa de ônibus. Sartre chama essa associação informal, que estabelece laços de solidariedade e propósito, de um "grupo em fusão". Na tradução inglesa da *Crítica* de Alan Sheridan-Smith, isso é traduzido como "*fused group*" (SARTRE, 1976a: 357), mas essa designação é prematura – neste momento, Sartre está explorando o processo pelo qual o grupo surge. Nesse momento, seus próprios exemplos são retirados não de assuntos da vida cotidiana, mas de um momento da história francesa em que as pessoas, até então em uma relação serial com os proprietários de terras e com os arrecadadores de impostos e com a nobreza da corte dos Bourbon, perceberam que poderiam constituir uma causa comum contra seus opressores. O grupo ativo que invadiu a Bastilha era um grupo em fusão no sentido sartriano (SARTRE, 1976a: 381).

Como mostra o exemplo, um grupo em fusão pode ser uma força efetiva: age como se fosse um sujeito único e não uma multiplicidade de sujeitos. No entanto, a introdução de um sujeito plural ou coletivo apresenta um enigma ontológico: onde consideramos essa subjetividade alojada? No caso individual, o corpo do sujeito pode ser tomado (no primeiro caso, sem problemas – estabelecer esse ponto nos levaria além dos limites deste capítulo) como seu caminho para a agência no mundo físico, mas uma coisa é fundir sujeitos em um grupo, outra completamente diferente fundir seus corpos em um corpo. Parece que não conseguimos fazer uma ascensão ontológica além do nível da tríade sujeito, outro e terceiro, ou algum múltiplo puramente aritmético do mesmo. Por um lado, o grupo tem claramente o efeito de agir porque age em completa concordância, e, por outro, essa ação unida exige a participação separada de cada membro. Todos contribuem para a causa; mas qualquer um pode traí-la. A resposta de Sartre para esse quebra-cabeça é ter todos os poderes conferidos a cada um: se eu me unir a noventa e nove outros para atacar a Bastilha, faço isso com a força de cem (SARTRE, 1976a: 393).

O grupo jurado

Se eu agir com a força de cem, só posso ter sucesso se os outros noventa e nove desempenharem seu papel. Na fase do grupo em fusão, esse princípio está implícito – na excitação do momento em que somos levados juntos sem parar a formalizar nossas relações entre si. Mas, a longo prazo, é necessário algo mais estável. Grupos de todos os tipos começam a se formar sob todos os tipos de circunstâncias; alguns têm vida curta e se dissipam, mas outros podem se metamorfosear em algo mais permanente. Não é incomum que estranhos que quedam juntos por alguma circunstância extraordinária – por exemplo, sobreviventes de um acidente, blecaute ou tempestade – se organizem espontaneamente em uma unidade em funcionamento, cuidando dos feridos, compartilhando suprimentos etc. Pode acontecer que, quando a ajuda chegue, eles descubram que essa experiência comum tenha criado algo de valor entre si, e talvez prometam se reunir no mesmo dia do ano seguinte, mesmo todos os anos a partir de então, para celebrar o evento. Talvez eles realmente o façam, talvez não – o ponto é que o compromisso que eles estão assumindo transforma o momentâneo grupo em fusão em algo diverso. O exemplo de Sartre dessa etapa do processo é o Juramento do Jogo da Pela (SARTRE, 1976a: 419, 467), um compromisso mútuo feito por cerca de 500 plebeus ou membros do Terceiro Estado, que se viram trancados para fora de uma assembleia dos estados gerais em 1789, no sentido de que eles se encontrariam e continuariam a se reunir até que uma nova constituição fosse escrita. Essa promessa transformou o grupo em fusão, que se uniu do lado de fora das portas trancadas e saiu a procurar um lugar para se reunir, no que Sartre chamaria de "grupo jurado". Essa descrição também se encaixaria, por exemplo, no grupo de patriotas norte-americanos que haviam se reunido na Filadélfia 13 anos antes e prometeram suas vidas, fortunas e honra sagrada à fundação de uma nação independente.

O ato de jurar ou de estabelecer compromissos mútuos introduz uma solenidade que pode ter consequências de longo alcance. Com um toque melodramático, Sartre introduz nesse momento o conceito de "terror da fraternidade": prometo aos meus irmãos que serei fiel à nossa causa e autorizo-os a me matar se eu falhar nesse compromisso (SARTRE, 1976a: 427ss.) Nem todos os grupos jurados operam sob expectativas tão terríveis – mas, nesse ponto, tudo o que mantém o grupo unido é a palavra de cada membro. Observe-se que o membro, mesmo tendo prestado juramento, continua sendo um indivíduo livre e não se torna meramente uma função do grupo; portanto, a vertigem da liberdade presente em *O ser e o nada* ainda é ativa: o grupo conta comigo, mas permanece a possibilidade de que eu possa decepcioná-lo.

O grupo estatutário (a organização)

Até este ponto, o grupo não possui estrutura interna. Mas parece desejável formalizar o compromisso mútuo dos membros, de modo a garantir algum tipo de permanência. Este é o estágio, então, no qual os estatutos podem ser redigidos e os cargos criados (SARTRE, 1976a: 446ss.). O grupo adquire nome, até papel timbrado; os membros são designados como tais e não apenas autosselecionados; alguém mantém uma lista, talvez com datas de admissão; são agendadas reuniões anuais ou com alguma periodicidade, avisos são enviados, e a participação, registrada. O grupo adquire um propósito declarado, explicitado em uma constituição e regimentos. Os membros são reconhecidos por outros membros com os quais não tinham contato anterior e por pessoas de fora como pertencentes ao grupo, algo que pode despertar expectativas ou conferir prestígio. A variedade aqui é infinita: boletins, crachás, jantares, excursões, movimentações de fundos e coisas do gênero; diretores são eleitos para liderar a formulação de políticas, receber e investir e desembolsar fundos, manter registros e arquivos. Os grupos podem ser pequenos ou grandes, de vida curta ou duradoura, locais ou regionais, nacionais ou internacionais. O que eles têm em comum é o potencial de totalização, a união de múltiplos indivíduos em uma totalidade, que de fora assume solidez e objetividade. Por dentro, o membro adquiriu uma nova forma de ser, um "ser-no-grupo"; cada membro é, por um lado, um terceiro para todos os outros, constituindo-os como o grupo que são e, por outro, ao mesmo tempo, um elemento do grupo constituído por todos os outros membros como terceiros recíprocos.

Devo observar aqui que a sucessão de estágios, tal como eu a proponho aqui, não é tão simples ou sequencial no próprio texto de Sartre. Na *Crítica*, esse desenvolvimento ocupa cerca de 600 páginas, e o processo está longe de ser linear.

A instituição

O grupo estatutário é uma organização, mas ainda não é uma instituição – possui estrutura, mas não posição em um contexto maior. Poderíamos dizer que o desenvolvimento até agora se aplica a grupos sociais independentes, que não são necessariamente considerados rivais, tampouco reivindicadores de domínio em relação a outros grupos ou portadores de histórias que não sejam internas e restritas a um contexto relativamente local. Mas, como ficou claro desde o início – dado que os exemplos de Sartre do grupo em fusão e do grupo jurado são retirados do período revolucionário francês –, a formação do grupo tem um papel potencialmente político. Os revolucionários de 1789 se ergueram contra uma instituição arraigada e tinham como objetivo a derrubada dessa instituição e sua substituição por outra. A chamada "política" pode ser evidente mesmo nas disputas mesquinhas entre membros de pequenos grupos locais de escopo limitado, mas isso não lhes dá posição institucional. No outro extremo da escala, o próprio estado tem a estrutura de um grupo estatutário extenso, ramificado e inclusivo, que é essencialmente institucional. A transição do grupo estatutário para a instituição não é obviamente marcada por um passo discreto – nesse caso (como de fato em todo o desenvolvimento da teoria), a estrutura do grupo é idealizada e nem sempre são claramente reconhecidas como situações históricas reais. O que é "político" sobre o Estado é sua reivindicação de dominar e administrar a pólis. Diferentemente das teorias do "estado de natureza" que tratam do surgimento de comunidades morais, a teoria dos grupos de Sartre não sustenta que qualquer estado real tivesse surgido por uma ascensão de sujeitos existenciais singulares através dos vários estágios de formação de grupos descritos acima (SARTRE, 1976a: 635ss.); de fato, o surgimento de grupos revolucionários depende da existência prévia de um Estado totalmente formado contra o qual se engajar em um confronto dialético, Estado que resulta de processos históricos que não têm nenhuma semelhança com tal ascensão. E, no entanto, a análise de Sartre nos lembra que a instituição alcançada por esse grau no desenvolvimento ainda consiste em sujeitos individuais cujas relações entre si exibem apenas os traços da práxis interpessoal prevista em sua teoria.

O retorno da serialidade e a dialética da história

Lembrar que o grupo, mesmo em sua forma institucionalmente desenvolvida, consiste em indivíduos não totalmente definidos por sua participação no mesmo, prepara-nos para o próximo estágio do argumento – pois a instituição, que evolui com o tempo para uma forma ossificada de grupo estatutário, traz consigo as sementes de sua própria dissolução. A liderança política ou administrativa se afasta da hierarquia, cujos membros despertam um dia para a constatação de que não são de fato elementos verdadeiros do grupo, mas mantêm um relacionamento serial com seus líderes. Eles se organizam em um novo grupo em fusão dentro da estrutura institucional, e pelo já conhecido desenvolvimento em grupo jurado e depois em grupo estatutário emergem como força capaz de desafiar a liderança. Isso para Sartre é, *mutatis mutandis*, o padrão da história, a dialética do poder. Movimentos, partidos, governos, estados, alianças – com o tempo indivíduos e grupos seguem ciclos em que grupos revolucionários deslocam governos em exercício, apenas para se tornarem opressores por sua vez e, a seu tempo, serem derrubados por novos grupos revolucionários.

A fraqueza dessa descrição, como Sartre percebe muito bem, é que ela limita o processo revolucionário a um domínio relativamente estreito, inteligível e até (dialeticamente) racional, mas ignora os efeitos colaterais que surgem em outros domínios. O padrão evolui previsivelmente ao longo do tempo até ser interrompido por uma incursão externa. Em uma passagem marcante da *Crítica*, há o vívido relato de um jogo de futebol, que expõe um padrão de práxis que é ao mesmo tempo competitivo e cooperativo entre os membros da equipe e leva a um resultado elegante e satisfatório – mas em seguida Sartre nos lembra em uma nota de rodapé que, em uma partida de futebol real, tudo é complicado pela presença do time adversário (SARTRE, 1976a: 473, n. 35). Existem forças em ação na história que não se prestam facilmente a esclarecimentos por razões dialéticas.

Podemos esperar, então, finalmente chegar à história que imaginávamos no início como o culminar da conquista coletiva da humanidade, tendo seguido uma trajetória racional da consciência existencial para a unidade mundial? Revelam-se, aqui, dois sérios obstáculos a esse projeto. Se a história há de ser a história da humanidade, então deve haver uma entidade inteligível designada pela "humanidade" como um todo para que dela seja a história. No fim de sua vida, Sartre concluiu que a história de um homem – no caso, a de Gustave Flaubert –, elaborada nos mínimos detalhes, continuaria necessariamente incompleta. A vida do sujeito existencial, em suas relações com seu corpo, seus outros próximos e remotos, seu trabalho, sua época, compreende riquezas suficientes para exaurir os esforços do historiador mais talentoso. Como, então, fazer justiça ao conjunto da humanidade, como trazê-lo a qualquer tipo de foco como um objeto da história do mundo? A conclusão final de Sartre é que "a humanidade não é" (SARTRE, 1993c: 403) – não há o que seja unificado ou integral para constituir o sujeito da história. A história é uma série de quadros breves, cada qual lidando com uma cadeia interrompida de eventos cujo princípio governante não é mais do que a produção do humano pelo humano, por meio da prática local para fins limitados.

O fracasso da totalização

Repitamos, então: o primeiro obstáculo a uma história totalizante em escala mundial é a ausência de um sujeito. O segundo é a ausência de um historiador. Vimos como um terceiro é necessário para unificar o casal visto de fora, e como um projeto de totalização é uma possibilidade para todos os grupos. Mas quem deve efetuar essa totalização? É claro que um casal pode ter uma história interna sem um terceiro, e pode-se imaginar que isso seja generalizável, embora o grau de sentimento e entendimento comuns necessários seja totalmente implausível para um grupo de qualquer tamanho. Em um nível mais alto de complexidade – por exemplo, um conflito entre duas nações ou classes – também se poderia imaginar um historiador emergindo de um lado ou de outro, em vez de assumir a posição do terceiro (ou no caso de históricos em larga escala, a posição de um totalizador). Mas esse historiador correria o risco de parcialidade ou, se fosse capaz de manter uma distância imparcial, se tornaria por fim um totalizador externo. Sartre está ciente da dificuldade de contar a história da revolução por dentro, mas para manter viva a ideia de uma história universal, ao mesmo tempo que evita a necessidade de um privilegiado ponto de vista externo, ele às vezes recorre ao conceito de "totalização sem totalizador". No entanto, essa quimera incorre no problema que Kierkegaard comentara há muito tempo em relação ao sistema hegeliano: não havia espaço no sistema para Hegel; totalização significa ser visto como um todo do ponto de vista de alguém.

Isso não significa a falha do projeto do grupo. Neste capítulo, seguimos uma trajetória desde o sujeito individual, através de várias formações de grupos, até o padrão recursivo da história – e o fracasso em alcançar a unidade ou a totalidade. Isso deixa o indivíduo na posição soberana da qual partiu. Por vezes, Sartre caracteriza as forças históricas operantes em determinada época como o espírito objetivo da época, mas percebe que essa abstração rompe a conexão com os agentes reais da história: "o espírito objetivo [...] existe em ação somente por meio da atividade dos homens e, mais precisamente, dos indivíduos" (SARTRE, 1993c: 41). A teoria dos grupos foi desenvolvida tendo em vista uma interpretação marxista da história; mas, no final, até Marx dá lugar a uma interpretação existencialista: "existem apenas seres humanos e as relações entre seres humanos" (SARTRE, 1993c: 41). No entanto, a teoria lança uma luz penetrante sobre a natureza dessas relações, razão pela qual conta como um dos elementos duradouros do legado filosófico de Sartre.

Leitura complementar

BLENKINSOP, S. (2012). "From Waiting for the Bus to Storming the Bastille: From Sartrean Seriality to the Relationships that Form Classroom Communities". In: *Educational Philosophy and Theory*, 44 (2), mar., p. 183-195.

CANNON, B. (2005). "Group Therapy as Revolutionary Praxis: A Sartrean View". In: Van den HOVEN, A. & LEAK, A. (orgs.). *Sartre Today*: A Centenary Celebration. Nova York: Berghahn, p. 133-152.

CAWS, P. (1979). *Sartre*. Londres: Routledge & Kegan Paul, esp. cap. VII, X e XI.

RAE, G. (2011). "Sartre, Group Formations, and Practical Freedom: The Other in the 'Critique of Dialectical Reason'". In: *Comparative and Continental Philosophy*, 3 (2), nov., p. 183-206.

17
A segunda ética de Sartre ou ética dialética

Thomas C. Anderson

Quando Jean-Paul Sartre morreu em 1980, parte da imprensa francesa o chamou de consciência moral da França do pós-guerra. De fato, em uma entrevista que deu no final de sua vida, o próprio Sartre afirmou que sempre fora um "filósofo moral" e também que tentara escrever três diferentes éticas em sua vida. Obviamente, a ética era apenas um de seus muitos interesses. Seu talento excepcional o levou a escrever peças de teatro, romances e contos, obras de psicologia e teoria política, ontologia, filosofia da história, filosofia da arte e biografias filosóficas. Acredito, porém, que seus interesses em filosofia moral e valores morais estavam no centro de sua vida e constituíam a subestrutura subjacente (para usar um termo marxista) de sua vida e obra. Assim o vejo pois, desde o início de sua carreira, sua ética mostrava-se humanística. Sartre entendia o objetivo da moralidade e o objetivo da existência humana como um só.

Este capítulo é dedicado principalmente ao que Sartre chamou de sua segunda ética "realista", em contraste com sua primeira ética dita "idealista". Esta última foi o que prometeu ao fim de *O ser e o nada* e na qual trabalhou por mais de uma década. Em momento posterior, contudo, Sartre passou a acreditar que tal ética, baseada nas categorias ontológicas propostas naquela ontologia fenomenológica inicial, estava muito distante do mundo real em que os seres humanos existiam. Embora este capítulo se concentre em sua segunda ética, o fato é que, nos escritos de Sartre, são dedicadas a ela relativamente poucas páginas. A única fonte que temos são, praticamente, as 165 páginas de anotações manuscritas que compuseram uma palestra ministrada em Roma em 1964. Ainda que dispuséssemos de mais, ainda seria muito importante entendermos alguns dos conceitos básicos e fundamentos ontológicos da primeira ética, a fim de avaliar por que quedou tão insatisfeito com ela, a ponto de colocá-la de lado e tentar formular a segunda. Como veremos, existem diferenças significativas e radicais entre essas duas moralidades, e elas estão enraizadas nas ontologias fundamentalmente diferentes nas quais se baseiam.

Fundações ontológicas

Desde seus primeiros escritos filosóficos, Sartre dividiu violentamente toda a realidade em apenas dois reinos. Tal divisão culminou em sua distinção entre o ser-Para-si e o ser-Em-si, exposto em detalhes em sua principal obra de ontologia fenomenológica *O ser e o nada*, de 1943. O ser-Para-si, a consciência humana, é descrito como não substancial e sem conteúdo ("vazio total"; BN1: xxxii; BN2: 12; SN: 28). Não é senão uma rede de todos os tipos de atos conscientes intencionais em relação aos objetos. É "pura atividade, pura espontaneidade" (BN1: xxxv; BN2: 15; SN: 31), "determinação de si por si", "existência por si", "causa de si" e, portanto, livre (SN/BN1/BN2: introdução). O ser-Em-si, por outro lado, é descrito como passivo e inerte. É completamente idêntico a si mesmo e repleto de ser. Não é nada além de uma completa positividade do ser, desprovida de não seres e, portanto, "não mantém relação alguma com o que não é". Simplesmente "é este si mesmo", "pleno de si mesmo" e, portanto, "isolado em seu ser". Assim, o ser-Para-si e o ser-Em-si são "regiões de ser radicalmente cindidas", afirma Sartre (BN1: xxxix; BN2: 19; SN: 39). Uma consequência da separação de ambos é o ser-Para-si apresentar-se totalmente livre de qualquer influência do ser-Em-si. A consciência humana não é afetada pelo ser de que está ciente; sua relação com o ser é totalmente negativa.

Sartre sugere que suas definições das características dessas duas regiões do ser são o resultado de uma análise fenomenológica, isto é, são conclusões de cuidadosa reflexão e descrição dos fenômenos da consciência e seus objetos. Devo confessar que considero isso muito implausível. Ainda mais problemático em sua análise, porém, é que, ao longo de *O ser e o nada*, ele muitas vezes iguala sem maiores explicações o ser-Para-si – a consciência humana – com a própria realidade humana – ou "homem" – e a liberdade. Consequentemente, quando dirigimos nossa atenção ao tratado mais extenso da liberdade e sua relação com outras coisas (parte IV), encontramos Sartre sendo enfático acerca não apenas da total liberdade de consciência, mas também da realidade humana! Ele argumenta que a consciência/realidade humana é livre porque sempre pode transcender o que é e captar o que não é, por exemplo, objetivos ou ideais inexistentes. Todo ato consciente, diz ele, "uma projeção do Para-si rumo a algo que não é, e aquilo que é não pode absolutamente, por si mesmo, determinar o que não é" (BN1: 435-436; BN2: 457; SN: 539). E ele passa a identificar essa liberdade com a liberdade da realidade humana: minha liberdade "é exatamente o material do meu ser [...] a liberdade não é um ser; é o ser do homem" (BN1: 439; SN: 545). Ele minimiza ao ponto de negar quaisquer limitações da liberdade humana, referindo-se a ela como "absoluta", "total", "infinita" e "sem limites" (BN1: 435-641; 530-531; 549; SN: 539-545; 633-634; 665). "O homem não poderia ser ora livre, ora escravo", afirma, "é inteiramente e sempre livre, ou não o é" (BN1: 441; BN2: 463; SN: 545).

Tal visão da realidade humana e da liberdade humana é, para Sartre, autor do primeiro volume da *Crítica da razão dialética* (1960b; 1976a), demasiado "abstrata" e "irreal" (palavras suas). Essa não é a verdadeira liberdade de seres humanos concretos completamente imersos e condicionados pelos mundos natural e social, mundos que inevitavelmente os restringem a "um campo estritamente limitado de possibilidades". Um dos principais motivos pelos quais Sartre classifica sua segunda ética como "realista" é porque reconhece com precisão o caráter dialético das relações humanas com o mundo. Ou seja, há interação e causalidade mútuas entre os seres humanos e o mundo. Isso ocorre porque na *Crítica* e nos trabalhos posteriores, a realidade humana é descrita não apenas como consciência livre (ou ser-Para-si) separada da natureza ou das coisas do mundo, mas como organismo completamente material. Sartre caracteriza sua posição na *Crítica* como um "monismo da materialidade" e um "materialismo realista" (SARTRE, 1976a: 29, 181). O que distingue o organismo humano de todos os outros, diz ele, é sua consciência, que, no entanto, ele não descreve mais como atividade autodeterminante espontânea, não substancial ou pura. Antes, o homem é "totalmente matéria", ele enfatiza (SARTRE, 1976a: 180). Somos constituídos pelos mesmos átomos e moléculas físicas que qualquer outra coisa material. Como qualquer organismo, o ser humano é uma síntese de partes ameaçada por todas as coisas do mundo que podem dissolvê-la ou destruí-la. Além disso, a manutenção e o crescimento do organismo são completamente dependentes do mundo material e outros organismos materiais e dialeticamente condicionados por estes para a satisfação de suas muitas necessidades. É o imperioso desejo do organismo de satisfazer suas necessidades, portanto, que inicia todas as suas ações em seu ambiente.

No entanto, Sartre ainda considera que a consciência humana é livre devido à sua capacidade de ir além ou transcender todas as situações. Em suas palavras, "negar", "recusar", "separar-se" do que está presente em qualquer situação em favor do que não é – tal como um objetivo ou ideal imaginário ainda não existente (SARTRE, 1976a: 70-71, 83-88, 97, 422, 549). Como observamos, no entanto, a liberdade humana é restringida pelo meio natural e social em que existe, por vezes duramente.

Para concluir a seção, notemos que, uma vez que as ontologias iniciais e posteriores de Sartre têm concepções fundamentalmente diferentes da natureza da realidade humana e de suas relações com o mundo, não surpreende que a primeira e a segunda moralidades de Sartre baseadas nessas respectivas ontologias diferirão significativamente. Como primeiro passo para entender essas diferenças, prossigo com a consideração do que cada ética entende ser o fundamento último dos valores e objetivos humanos. Afinal, toda ética, qualquer que seja sua base ontológica, preocupa-se com valores (BN1: 626; BN2: 646; SN: 764).

A natureza e fonte de valores

Em *O ser e o nada*, Sartre afirma inequivocamente que o ser humano "é o ser pelo qual os valores existem" e, mais precisamente, que "sua liberdade [é] a única fonte de valor" (BN1: 627; BN2: 647; SN: 764). Ele é igualmente claro sobre o impacto devastador que essa posição tem sobre a ética. Se a liberdade humana faz com que os valores existam, então ela "paralisa" e "relativiza" a ética, pois isso significa que nenhum valor surge objetivamente ou separado da liberdade humana. Em vez disso, o que quer que alguém escolha livremente valorizar, seja amor ou ódio, liberdade ou escravidão, tortura ou bondade, tal coisa terá valor. "Minha liberdade é o único fundamento dos valores", escreve ele, e assim "*nada*, absolutamente nada, justifica minha adoção dessa ou daquela escala de valores" (BN1: 38; BN2: 62; SN: 83). Não posso apelar a nenhum valor objetivo para justificar minhas ações, pois eles não existem, e qualquer moral que procure estabelecer normas objetivas de conduta humana está condenada desde o início.

O argumento de Sartre para esta posição é o seguinte. Os valores são experimentados como imperativos ou normas. Como tal, eles não são o ser, mas estão "além" dele; não são algo que é, mas algo que se deve trazer à existência. Como imperativos e normas, os valores são experimentados não como algo real, mas como requisitos e demandas a serem realizadas. Como os valores estão além do que é, sua realidade pode ser devida apenas a um ser capaz de transcender o que é e postular o que não é. Tal ser é a realidade humana, e os valores são precisamente aqueles em direção aos quais todo ser humano supera o que é.

Como na primeira ética, Sartre considera em sua segunda ética dialética os valores imperativos, normas ou obrigações que experimentamos em sua exigência de nossa adesão. Não são descrições de fatos, mas prescrições de conduta (SARTRE, 1964b: 41, 65, 69, 72). Em contraste com sua primeira ética, no entanto, em sua ética dialética, Sartre enfatiza que existe um caráter "dado", "atribuído" e até "imposto" (suas palavras: (SARTRE, 1964b: 67, 98, 145) aos valores e objetivos morais. Isso se dá porque ele agora crê que "a raiz da moralidade está na necessidade" (SARTRE, 1964b: 100; cf. tb. 87-98). Ele explica que as necessidades não são apenas a falta de algo, como também exigências sentidas, demandas sentidas (pelo menos obscuramente) a serem satisfeitas. Como temos várias necessidades que exigem satisfação, experimentamos certos objetos (p. ex., comida, saúde, conhecimento e amor) como valiosos e, portanto, estes são as coisas que achamos que devemos obter. Em outras palavras, porque somos tipos específicos de organismos com necessidades específicas, certos tipos de objetos são necessários para satisfazer essas necessidades. Como não escolhemos livremente as necessidades que temos, não podemos escolher livremente o tipo de coisas que atendem a essas necessidades. Não cabe à livre escolha de um indivíduo, por exemplo, se oxigênio, conhecimento ou amor atendem às suas necessidades e, portanto, são de valor para ele. Assim, ao fazer das necessidades humanas, e não da liberdade humana, a fonte dos valores morais, a segunda ética dialética de Sartre lhes concede uma certa objetividade, isto é, uma independência da liberdade humana – pois ela não pode criar nem remover seu valor.

O oxigênio e o amor têm valor para mim, quer eu os escolha ou não. E, novamente, porque são de valor, eu os experimento como algo que deve ser alcançado.

O objetivo da ética

As considerações anteriores levam naturalmente a uma avaliação do valor primário ou objetivo final que Sartre postula a cada uma de suas duas éticas. Nesta seção, discutiremos também as razões (em outras palavras, a justificativa) que ele oferece em cada ética para propor seus respectivos objetivos.

O objetivo da primeira ética de Sartre é a liberdade. Ele fala disso como "o reino da liberdade humana" (SARTRE, 1988: 198), que também é a cidade dos fins, onde uma pessoa trata a outra como um fim. Essa cidade é identificada com uma sociedade socialista sem classes "onde a liberdade é valorizada como tal e desejada como tal" (SARTRE, 1992: 418; 1988: 192). Em certo sentido, isso é de uma simplicidade cristalina pois, como vimos, nessa época Sartre frequentemente identificava realidade humana e liberdade. Propor a liberdade como nosso maior valor é simplesmente propor a existência humana como nosso maior valor. Fazê-lo, porém, implica um sério problema, a saber, o subjetivismo total de Sartre quando se trata de valores. Se todos os valores são criações humanas, por que não propor que os humanos valorizem o poder ou prazer ou, nesse caso, a dominação ou destruição do mundo como seu objetivo/valor supremo? Por que destacar a liberdade?

O argumento enigmático de Sartre em sua palestra *O existencialismo é um humanismo* envolve um apelo à "estrita coerência" (SARTRE, 1973: 51; 2014a: 39), tanto a lógica quanto a relacionada à realidade. Como a liberdade humana é a única fonte de valor no universo de Sartre, é lógico e coerente com a maneira tal qual as coisas são que ela seja escolhida como principal valor do sujeito. Uma vez que eu perceba que qualquer valor que atribua ao que quer que seja (p. ex., à minha vida minha e às vidas de outras pessoas, ao socialismo, ao prazer) provém da minha liberdade, a coisa racional a fazer é, antes de tudo, valorizar essa liberdade. Seria tanto logicamente inconsistente quanto inconsistente com o modo tal qual as coisas são não o fazer. Devo dizer que acredito que o argumento de Sartre é bom – mas apenas se, antes, optamos por conferir valor à coerência lógica e à coerência com a realidade. Uma vez que, em sua ontologia inicial, nada possui qualquer valor intrínseco ou objetivo, não pode haver um requisito lógico ou moral para que se escolha valorizar a coerência. Essa escolha simplesmente não pode ser justificada sem uma *petitio principii*.

Ainda que se negligencie esse problema, ainda não está claro o que exatamente significa escolher a liberdade como maior valor e objetivo. Remover obstáculos e limitações à liberdade é uma coisa, mas qual a razão da liberdade liberada – mais liberdade – a quem ou ao que serve? Certamente não para qualquer um e qualquer coisa. É evidente que Sartre apoia os oprimidos e miseráveis da terra, não seus opressores. Sua justificativa para tal preferência permanece, contudo, incerta. Na verdade, essa crítica coincide com a própria queixa de Sartre de que sua primeira ética era abstrata e irreal (idealista) demais.

O objetivo da segunda ética, dialética, é significativamente mais real e mais rico em conteúdo. Lembre-se de que, nessa ética, Sartre sustenta que todos os valores surgem não da liberdade humana, mas de necessidades humanas. Dada essa conexão, não surpreende que o valor e o objetivo final dessa ética não sejam uma vaga liberdade, mas um contentamento humano, isto é, a satisfação das necessidades humanas, também chamadas de "plenitude humana [...] o organismo plenamente vivo" e "homem integral" (SARTRE, 1964b: 55, 95). Sem dúvida, a satisfação humana exige a conquista da liberdade, nossa necessidade de liberdade é inquestionavelmente uma de nossas necessidades mais fundamentais, mas um organismo humano tem muitas outras necessidades importantes. Sartre menciona nossas necessidades básicas de proteínas, de vitaminas e da própria vida. Ele enfatiza especialmente nossas necessidades de conhecimento, cultura, amor e valorização dos outros, bem como de uma vida significativa (SARTRE, 1964b: 63, 66, 77, 81, 97-101, 132-135, 164). Como o objetivo de sua ética dialética tem muito mais conteúdo do que a liberdade abstrata de sua primeira ética, ele é capaz de ser mais específico sobre os tipos de atos ou políticas moralmente desejáveis – ou seja, aqueles que promovem a satisfação das variadas necessidades do organismo humano. Por conseguinte, na segunda ética, Sartre afirma estar tentando estabelecer uma moralidade não apenas abstrata, mas que também represente uma práxis no mundo, isto é, uma teoria moral que possa não só apresentar o valor final que os seres humanos devem almejar (i. é, a satisfação humana), como sugerir, ao menos de forma geral, o que deve ser feito de nossas estruturas sociais, econômicas e políticas capitalistas para que se alcance tal fim. A moralidade é algo que se vive, afirma ele, e no fundo pode ser que moralidade e política sejam uma só coisa.

Nos trabalhos que se seguiram à palestra de Roma, especialmente após os levantes franceses de estudantes e trabalhadores em 1968, Sartre defende uma sociedade sem hierarquias ou classes, ou seja, uma sociedade sem poder concentrado nos poucos membros de uma elite. Em vez de uma classe ou estado dominante, ele quer total igualdade, um governo do povo no sentido mais amplo. Isso exigirá a abolição da divisão do trabalho, que, acredita ele, gera uma especialização limitadora e distinções de classe. Todas as pessoas devem ter o direito de participar da governança econômica, social e política de seu país por meio de "órgãos de poder descentralizado no trabalho e em todo o domínio social" (SARTRE, 1974c: 108). Na esfera econômica, esses órgãos envolveriam a propriedade coletiva e a administração dos meios de produção, como fábricas, minas, mídia, bancos e outras instituições socioeconômicas. Na esfera política, Sartre defende a democracia direta, uma sociedade em que as massas se unem para dar efetiva expressão à sua vontade. Ainda que uma democracia direta assuma uma forma representativa, ele deseja um novo sistema no qual, por exemplo, um representante eleito por 5 mil pessoas seria "nada além de 5 mil pessoas; ele deve encontrar os meios para ser essas 5 mil pessoas" (SARTRE, 1974c: 307). A democracia direta envolveria tribunais "populares", ou seja, um judiciário escolhido pelo povo, semelhante ao que surgiu na França no final da década de 1960. Naquela época, trabalhadores de fábricas e minas criaram tribunais populares e levaram a cabo julgamentos públicos de seus chefes e proprietários (Sartre participou de alguns desses tribunais).

Mesmo em uma democracia direta, a implementação de políticas pode ser a tarefa de um número reduzido de especialistas. Esses especialistas, no entanto, devem sempre ser guiados pelas massas e retornar a elas para garantir seu apoio. Embora continue referindo-se ao seu ideal de socialismo durante esse período, trata-se claramente de uma versão descentralizada, desburocratizada e democratizada. E o principal conselho que Sartre oferece para alcançar esse socialismo é que se faz necessário unir-se às massas oprimidas em sua luta moral pela libertação.

Por fim, permitam-me salientar que o que Sartre deseja para sua ética dialética, uma ética também política, requereria um estudo detalhado das estruturas socioeconômicas e políticas da sociedade em que vivemos – tarefa gigantesca que exigiria a colaboração de muitas disciplinas. Esse é o tipo de coisa que ele próprio buscou, em certa medida, em suas análises do colonialismo francês na Argélia, da União Soviética e o stalinismo no século XX, da história francesa nos séculos XIX e XX, das guerras francesas na Indochina e no Vietnã e da Primavera de Praga, para mencionar apenas alguns exemplos.

Ainda precisamos abordar a justificativa que Sartre oferece para propor a satisfação das necessidades humanas ou do homem integral como o valor e o objetivo final de sua segunda ética. A resposta está na estrutura ontológica, nas necessidades do organismo humano: "A necessidade coloca o homem como seu próprio fim" (SARTRE, 1964b: 100), escreve ele. Na palestra de Roma, Sartre cita enigmaticamente Marx que, diz ele, afirma que "a necessidade não exige nenhuma justificativa" (SARTRE, 1964b: 98). O próprio fato de nossas necessidades exigirem satisfação torna o seu apaziguamento nosso principal valor e objetivo. Não precisamos apresentar razões para justificar essa busca por esse objetivo requerido por nossas necessidades. De fato, não somos livres para decidir qual é nosso objetivo final e nosso valor primário. Somos organismos com necessidades e, portanto, nosso objetivo/valor final, a satisfação humana, é "dado", "atribuído" e até "imposto" a nós, afirma Sartre (SARTRE, 1964b: 97-98). Não precisamos, nem podemos encontrar, qualquer razão para conferir valor a esse objetivo além do fato de que nossas necessidades o impõem. Creio que é isso que Sartre quer dizer quando cita outra afirmação de Marx: "a necessidade é sua própria razão de satisfação" (SARTRE, 1964b: 97). Simplesmente não faz sentido buscar as razões pelas quais devemos escolher a satisfação humana como nosso valor/objetivo final. Exigir tais razões é buscar o que não pode ser dado, uma vez que não há valor/objetivo mais fundamental do que a realização humana, à qual se poderia apelar para justificar sua escolha.

Relações humanas

Uma das necessidades humanas mais importantes citadas por Sartre – especialmente em seu último trabalho importante, *O idiota da família* (SARTRE, 1971-1972) – é a do amor e da aprovação de outras pessoas. Ele queixou-se que sua visão inicial das relações humanas era muito negativa e individualista. Em *O ser e o nada*, minimizou o poder dos seres humanos de afetarem uns aos outros e, em vez disso, enfatizou a total responsabilidade de cada indivíduo por sua vida. Também julgou as outras pessoas fundamentalmente um perigo à liberdade individual e em conflito, potencial ou concreto, com o sujeito. "A essência das relações entre consciências", escreveu ele, "é o conflito". Ele também enfatiza que um pode se relacionar com o outro apenas como um sujeito livre de um objeto alienado ou vice-versa: "é preciso transcender [objetificar] o outro ou deixar-se transcender [objetificado] por ele" (BN1: 429; BN2: 451; SN: 531).

Não posso demorar a acrescentar, no entanto, que seus primeiros *Cadernos para uma moral*, publicados postumamente (SARTRE, 1983b; 1992), mostram claramente que Sartre deixou muito rapidamente essa posição negativa, mesmo em sua primeira ética. Nos *Cadernos*, escritos no final da década de 1940, ele enfatiza a importância das relações intersubjetivas de amor, amizade e generosidade "autênticos" e deixa claro que as relações conflituosas apresentadas em *O ser e o nada* nunca deveriam ser consideradas como as únicas relações humanas possíveis. Em uma referência explícita a esse trabalho inicial, ele afirma que é possível transformar o "inferno" das relações humanas aqui descritas (SARTRE, 1992: 9, 20, 499) e que os seres humanos podem se relacionar, fundamentalmente, sujeito a sujeito (SARTRE, 1992: 418, 500). Além disso, como já apontamos, o trabalho posterior de Sartre, a *Crítica da razão dialética* (e até mesmo o mais antigo *Saint Genet*) fornece amplo testemunho de seu reconhecimento da dialética na história, neste caso o tremendo impacto que os seres humanos e suas estruturas sociais têm uns sobre os outros. De fato, ele reconhece que outros sujeitos por meio das estruturas sociais construídas podem limitar a liberdade concreta de muitos seres humanos a quase zero – como nas relações metrópole-colônia ou na escravidão. Assim, Sartre pede repetidamente que os seres humanos se unam em grupos, a fim de controlar de maneira mais eficaz os sistemas socioeconômicos-políticos por eles criados, para que possam ser direcionados à satisfação de todos, ou seja, à satisfação das necessidades de todos.

A ênfase de Sartre na interdependência humana aparece em outro trabalho de sua primeira ética, *O existencialismo é um humanismo*, para desenvolver o argumento de que a liberdade que devemos escolher como nosso valor primário não é apenas nossa própria liberdade individual, mas a liberdade de todos. "Sou obrigado a querer, ao mesmo tempo que a minha liberdade, a liberdade do outro", afirma. Isso ocorre porque, na liberdade voluntária, "descobrimos que ela depende inteiramente da liberdade dos outros e que a liberdade dos outros depende da nossa" (SARTRE, 1973: 51-52; 2014a: 40). Na ordem prática, é óbvio que tanto o leque de opções disponíveis para nossa livre escolha quanto nossa liberdade para atingir os objetivos que escolhemos dependem fortemente das escolhas e ações dos outros. Sartre se concentra especialmente na interdependência psicológica dos seres humanos. Somente humanos podem conferir valor à minha vida. Para que eu possa obter o máximo significado e valor possível para minha vida, preciso de outros sujeitos livres para me conferir livremente valor positivo. Cada pessoa, é claro, pode escolher valorizar sua vida, e isso é importante. Ainda assim, é o valor de apenas uma liberdade e, sugere Sartre, eu desejo e consigo muito mais significado se outros também me valorizarem positivamente (SARTRE, 1992: 282-284, 499-500). Por outro lado, se eu valorizo positivamente a liberdade delas, em vez de ignorá-la ou oprimi-la, é mais provável que elas retribuam com uma avaliação favorável da minha. Outra sugestão (e é apenas isso) que Sartre oferece é que eu particularmente quero o significado e o valor que me são dados por aqueles que escolhem *livremente* me afirmar. O reconhecimento de um vassalo ou escravo não vale tanto quanto o amor autêntico concedido livremente. Assim, quererei a liberdade dos outros, de modo que o valor e o significado que eles livremente dão a mim e a minha vida sejam favoráveis e derivem de uma fonte que julgue valiosa.

Pessoalmente, considero esses argumentos sólidos, mas devo salientar que, mais uma vez, eles exigem a valorização da coerência lógica e com a realidade – a realidade de que todo valor e sentido provêm das liberdades humanas. De forma mais simples, o argumento de Sartre, mesmo que não o diga explicitamente, parece ser: é "incoerente" que eu deseje uma vida plenamente significativa e, ao mesmo tempo, não valorize as muitas liberdades que são as únicas fontes de significado e valor para a minha vida. Porém, para repetir minha objeção anterior, a coerência não possui valor intrínseco ou objetivo na primeira ontologia de Sartre. Além disso, ainda queda vago o sentido preciso de, na ordem prática, valorizar a liberdade dos outros. Certamente não devo valorizar a liberdade de todos (incluindo Hitler e Stalin) e apoiar quaisquer objetivos que escolham livremente.

Quanto à segunda ética, embora nem na palestra de Roma nem em nenhum outro trabalho posterior Sartre desenvolva explicitamente um argumento para demonstrar que devemos buscar a satisfação de outros, não apenas de nós mesmos, a noção de interdependência humana permanece central em seu pensamento. Em seu último trabalho importante, *O idiota da família*, que ele diz conter "moralidade concreta", ele enfatiza as necessidades que os seres humanos têm uns pelos outros, em particular suas necessidades de amor.

Se uma criança é amada por sua mãe, generaliza Sartre a partir de seu estudo de Gustave Flaubert, ela se mostra valiosa e se torna valiosa para si mesma. "O primeiro interesse que ela [a criança] atribui à sua pessoa é derivado do cuidado do qual é objeto", escreve Sartre; "[s]e a mãe o ama, em outras palavras, ele gradualmente descobre seu ser-objeto como seu ser amado [...] [e] ele se torna um *valor* aos seus próprios olhos" (SARTRE, 1987: 129, n. 2).

Até a consciência de um ser humano de que é um agente livre capaz de agir no mundo para atender às suas necessidades depende totalmente dos outros, diz Sartre. Também precisamos do amor dos outros para garantir que temos algo digno de realizar, uma missão na vida, uma razão de ser: "Resumidamente, o amor ao outro é o fundamento e a garantia da objetividade do valor do indivíduo e de sua missão" (SARTRE, 1987: 135). Mais do que qualquer outro trabalho de Sartre, *O idiota da família* descreve detalhadamente a enorme necessidade que os seres humanos têm de ser valorizados e amados pelos outros e, portanto, sua completa interdependência para alcançar a realização humana. E em nenhum outro trabalho Sartre buscou tão profundamente a dependência e o condicionamento humanos, chegando à primeira infância. À sua maneira, sua última grande obra demonstra a necessidade de libertar os seres humanos das relações e estruturas humanas que os impedem de se tornar totalmente humanos – começando na primeira infância. No fim de seu estudo sobre Flaubert, Sartre refere-se ao que chama de "verdadeiro humanismo", que diz envolver seres humanos trabalhando juntos para "instituir uma nova ordem adequada ao homem". O "verdadeiro humanismo", que aparentemente é a moralidade da segunda ética, "*deve tomá-las* [as necessidades] *como seu ponto de partida e nunca se desviar delas*" (SARTRE, 1991a: 263-264). Esse humanismo, afirma ele, só pode ser construído com base no reconhecimento mútuo de nossas necessidades humanas comuns e de nosso "direito" comum à sua satisfação (SARTRE, 1987: 413).

Conclusão

Tentei estabelecer as características da segunda ética (dialética) de Sartre, contrastando-a com seu primeiro esforço de construção de uma ética. Argumentei que Sartre está correto ao acreditar que a segunda ética traz significativos avanços em relação à primeira. Seu objetivo – a realização das carências humanas – engloba muito mais conteúdo do que a liberdade de toda a primeira. Além disso, ao derivar os valores humanos das necessidades humanas, isso lhes proporciona um caráter mais objetivo e, desse modo, supera a natureza radicalmente subjetiva que os valores têm na primeira. A segunda ética também fornece uma justificativa muito mais sólida para tornar a satisfação humana seu principal valor e objetivo, ao derivar todos os valores das necessidades humanas. A primeira ética não é capaz, em última análise, de justificar a liberdade de todos (ou de qualquer outra coisa) como seu valor primário. Finalmente, por sua profunda análise da necessidade humana de amor, a segunda ética oferece uma maior compreensão da profunda dependência dos seres humanos entre si e, consequentemente, de sua necessidade de buscar a satisfação das necessidades de todos.

Em uma de suas últimas entrevistas, ele se expressou de maneira bastante assertiva nesse ponto. Devemos criar uma sociedade, afirma ele, "na qual possamos viver para os outros e para nós mesmos", o que exige que "tentemos aprender que só se pode buscar seu ser, sua vida, vivendo para os outros". "Nisso reside a verdade", acrescenta, "não há outra" (ANDERSON, 1993: 172).

Leitura complementar

ANDERSON, T.C. (1993). *Sartre's Two Ethics*: From Authenticity to Integral Humanity. Chicago: Open Court.

CATALANO, J.S. (org.) (1996). *Good Faith and Other Essays*: Perspectives on a Sartrean Ethics. Lanham: Rowman & Littlefield.

CRITTENDEN, P. (2009). *Sartre in Search of an Ethics*. Newcastle-upon-Tyne: Cambridge Scholars Publishing.

STONE, R. & BOWMAN, E. (1991). "Sartre's Morality and History: A First Look at the Notes for the Unpublished 1965 Cornell Lectures". In: ARONSON, R. & van den HOVEN, A. (orgs.). *Sartre Alive*. Detroit: Wayne State University Press, p. 53-82.

18
Esperança e afirmação
Uma ética da reciprocidade

Marguerite La Caze

A ética final de Jean-Paul Sartre, baseada no "nós" (ou reciprocidade), permanece controversa e menos desenvolvida do que sua outra ética. Estudiosos geralmente aceitam a periodização de sua ética em três momentos, como Sartre em pessoa os descreveu: a primeira, uma ética da autenticidade; a segunda, uma ética marxista ou dialética; e a ética final, que leva em consideração a base ontológica da ética, exposta em particular nas entrevistas de 1980 reunidas em *A esperança agora* [*L'Espoir maintenant*] (SARTRE, 1991b; 1996a). Tem-se colocado que *A esperança agora* não é obra digna de debate, pois Sartre expressa ali não suas próprias ideias, mas as de seu entrevistador, Benny Lévy, e a angústia de Simone de Beauvoir em face de seu conteúdo é bastante conhecida. No entanto, como Ronald Aronson argumenta na introdução a *A esperança agora*, é preciso considerar seriamente a contribuição de Sartre e compará-la a seus outros trabalhos, apesar do questionamento insistente de Lévy baseado em leituras não inteiramente precisas, ou lenientes, do trabalho de Sartre. Quero me concentrar, antes, nas respostas de Sartre, não nas contribuições de seu interlocutor, com o intuito de reconstruir as linhas de seu pensamento. Os comentários de Sartre nessas entrevistas também estão em consonância com os de entrevistas anteriores, como as concedidas a Michel Sicard (SARTRE & SICARD, 1979) e Leo Fretz (1980). Este artigo tem por objetivo mostrar a continuidade da ética anterior de Sartre em suas respostas a Lévy e o potencial das ideias originais de sua ética final. Minha interpretação é que Sartre extrai noções de sua ética anterior, introduz algumas novas ideias e produz algumas formulações surpreendentes ao sugerir a forma de uma ética de reciprocidade. Discutirei primeiro a base da ética da reciprocidade, depois os conceitos de fraternidade e democracia e, finalmente, a exposição de Sartre sobre a esperança e o messianismo.

A ética da reciprocidade

A reciprocidade em *A esperança agora* diz respeito ao vínculo entre seres humanos, vínculo difícil de se imaginar na concepção aparentemente conflituosa das relações humanas de *O ser e o nada*, no qual Sartre parte do sujeito individual isolado. Sartre deixa claro que a ética concebida em *A esperança agora* difere do espírito de seriedade, criticado em *O ser e o nada*, que deseja ser o próprio fundamento ou causa do indivíduo (SARTRE, 1996a: 59). A ética da reciprocidade de Sartre fornece uma alternativa à má-fé e ao conflito entre seres humanos, alternativa à qual Sartre aponta e se esforça em descrever ao longo de seus escritos. Esse conflito surgiu de projetos incompatíveis e paradoxais para se tornar a própria fundação. No entanto, desde *Cadernos para uma moral* (SARTRE, 1983b; 1992), escritos entre 1947 a 1948, o conceito de reciprocidade mostrava-se importante ao indicar o reconhecimento da liberdade na situação do outro (SARTRE, 1992: 285). Quando Sartre retorna à reciprocidade em *A esperança agora*, expressa uma noção mais ampla de ser-junto, incorporando o conceito de necessidade de sua ética dialética, na qual "o que tenho é seu, o que você tem é meu; se preciso, você me dá, e se você precisa, eu lhe dou" (SARTRE, 1996a: 91). A reciprocidade é o ideal de uma ética em que ninguém sofre da falta, ante a relação ética compartilhada com todos os outros e a superação da escassez de recursos.

A fonte dessa relação ética, argumenta Sartre em *A esperança agora*, é um imperativo, demanda ou obrigação ética em nossas ações. Essa é uma ideia presente em sua ética dialética, o que inclui trabalhos até então inéditos, como "Morale et histoire", também conhecido como as palestras de Cornell (SARTRE, 1996a: 70; 2005b).

A ética tem por princípio esse imperativo ou requisito. O imperativo é visto como "restrição interior" da nossa consciência em tudo o que fazemos, um indispensável que é um indispensável ético. A restrição vem do esforço de realizar algo que vai além da nossa realidade presente. Essa restrição, porém, não é determinante: é nossa opção segui-la ou não. Sartre vê esse imperativo como ético, pois envolve a noção de que as coisas podem e devem ser diferentes daquilo que são, o que nos motiva a agir. Essa motivação é, evidentemente, apenas o começo de uma ética, mas contém um conceito de normatividade que pode ser vinculado ao ético ou às nossas relações com os outros. Em "Morale et histoire", Sartre havia vinculado um imperativo incondicional às normas inerentes a todo imperativo de agir; o que ele descreve em *A esperança agora* é um elo entre o imperativo e o vínculo fundamental entre consciências.

Segundo Sartre, a ética é "uma questão de relacionamento entre uma pessoa e outra" (SARTRE, 1996a: 68). Dessa maneira, a ética se distingue de um elo político ou puramente comunitário que diz respeito a como nossos relacionamentos se organizam ou formamos grupos. Ele vincula nossa consciência à existência do outro para definir a consciência moral. É isso que Sartre entende ao considerar as fontes ontológicas da ética (SARTRE & SICARD, 1979: 15), uma mudança em seu pensamento atribuída à influência indireta da ética de Emmanuel Levinas. Estamos sempre na presença do outro, e Sartre evoca liricamente cenas de copresença, apesar da ausência: "na forma de um objeto quando estou sozinho no meu quarto, na forma de algum lembrete, uma carta na escrivaninha, um abajur feito por alguém, uma pintura que alguém pintou" (SARTRE, 1996a: 71). Nossa resposta a essa presença, coloca ele, é ética, porque diz respeito ao nosso relacionamento com o outro. Sartre admite a mudança implicada nesse modo de pensar, da relativa independência dos indivíduos em *O ser e o nada* a uma preocupação com a interdependência dos seres humanos, embora já tivesse começado a sugerir essa interdependência mesmo então. No entanto, fazer do foco principal a relação necessária e básica com o outro implica uma concepção de ética em que, em vez de competir com o outro, realizo-me ao ser ético. Ao fazê-lo, abdico de pretensões ao ser absoluto, ou do desejo de ser Deus ou meu próprio fundamento, e reconheço a importância do outro e seu vínculo comigo. Essa mudança em nossos projetos é a ideia de conversão ou transformação ética à qual Sartre se refere pela primeira vez em *O ser e o nada* e discute com mais detalhes em *Cadernos para uma moral*.

Embora a ética se distinga da política, ela fornece a base para uma transformação revolucionária da sociedade, em vez de uma teoria política ou econômica como o marxismo. Essa ideia é expressa como a descoberta dos "verdadeiros fins sociais" da ética, que forneceriam "um princípio orientador para a esquerda tal como ela existe hoje" (SARTRE, 1996a: 60), isto é, uma esquerda exaurida e desmoralizada. O desejo ético é o que Sartre chama de desejo pela sociedade, e não uma sociedade com uma economia marxista ou com a democracia da Quinta República Francesa (SARTRE, 1996a: 60). As relações de tal sociedade seriam caracterizadas pela confiança, a justiça e a generosidade, uma generosidade que não pode ser a loucura de destruir e possuir de *O ser e o nada*, nem a generosidade alienada dos *Cadernos para uma moral*. Trata-se, antes, de uma pura generosidade que não é apropriativa ou econômica e envolve um reconhecimento da liberdade que surge após a conversão ética dos *Cadernos*. Essa sociedade ética seria uma sociedade "sem o poder" "porque uma nova forma de liberdade é estabelecida, a liberdade de relações recíprocas de pessoas na forma de um nós" (FRETZ, 1980: 233). Sua afirmação aqui articula a nítida distinção entre uma ética preocupada com a luta de classes e uma ética de reciprocidade onde as pessoas solidarizam-se entre si.

Em reconhecimento às dificuldades em alcançar a ética final, Sartre sugere que serão necessários compromissos nos quais o contexto de ação e intenção é levado em consideração e talvez tenhamos de escolher meios diferentes para nossos fins (SARTRE, 1996a: 80). Esse compromisso é uma maneira de incorporar o político, mas seu esforço se dá no sentido de uma ética e uma situação em que esse compromisso não seria necessário. O imperativo ético, concebido de modo que leve a uma situação em que todos serão generosos com os outros em necessidade, justapõe-se à nossa luta concomitante contra a escassez, segundo a qual não há o suficiente para todos. Nesse sentido, atualmente temos de viver a tensão entre ética e competição e falta. Sartre também admite que "a violência em certas circunstâncias é necessária e justificada", embora seja o oposto da fraternidade, tal como a entende aqui (SARTRE, 1996a: 79). Em situações extremas, como a dos colonizados na Argélia, a violência pode ser necessária para que se alcance a cidadania ativa, ainda que esta esteja longe de ser genuína ou totalmente humana. Ser um cidadão ativo é apenas um passo no caminho para se tornar ético. Aqui podemos ver como Sartre se afasta de sua ética dialética para articular uma imagem das relações humanas mais positiva do que a baseada unicamente na escassez. Uma imagem mais clara da ética da reciprocidade é esboçada pela discussão de Sartre sobre os conceitos de fraternidade e democracia.

Fraternidade e democracia

A fraternidade na ética da reciprocidade envolve solidariedade e dependência. Expressa a conexão ontológica entre seres humanos distintiva da ética do nós. Aqui, diferentemente da ética dialética, Sartre aceita um entendimento de fraternidade sem terror ou união contra um inimigo comum. Argumenta ele, ademais, que a fraternidade deve ser pensada em relação à democracia como um princípio por trás dela. Pode ser teorizada enquanto permanece em aberto acerca da natureza da democracia, embora relacione a democracia à ideia de liberdade mútua (FRETZ, 1980: 233). Surpreendentemente, Sartre afirma que "a democracia parece não ser apenas uma forma de governo, ou uma maneira de conceder poder, mas uma vida, um modo de vida. Uma pessoa vive democraticamente e, na minha opinião, os seres humanos deveriam viver dessa maneira e de nenhuma outra" (SARTRE, 1996a: 83). Esse foco na democracia se estende a sua preocupação em radicalizá-la enquanto conceito, confere algum conteúdo à ética da reciprocidade e prefigura a ênfase de Jacques Derrida no mesmo conceito e sua indeterminação sobre o significado da democracia. Antes, em "Eleições: uma armadilha para os tolos" (SARTRE, 1977b), Sartre defendeu a democracia direta sob o argumento de que a democracia indireta tornava os eleitores impotentes para efetuar mudanças políticas.

Uma ideia importante que Sartre suscita em relação à democracia é que somos condicionados pelos outros e, portanto, quando votamos, existe uma relação fundamental subjacente à forma como pensamos sobre o voto e o próprio voto. Essa relação é de pertencer a uma única família de alguma forma. Em uma reviravolta surpreendente e bastante masculinista, Sartre refere-se a um relacionamento essencial de fraternidade ou unidade de seres humanos, um primevo "relacionamento de nascer da mesma mãe" (SARTRE, 1996a: 87). Ele não coloca essa afirmação em termos literais ou biológicos, mas como uma maneira de descrever a relação de fraternidade que existe entre os seres humanos, um aspecto da condição humana. Ele diz se tratar de uma verdade que sentimos descrita em mitos de uma única origem da humanidade, como o da *República* de Platão. Sartre marca a distinção dessa ideia em relação à ideia de igualdade e também de um princípio, sustentando que se trata de um "relacionamento no qual as motivações para um ato provêm do domínio afetivo, enquanto a ação em si está no domínio prático" (SARTRE, 1996a: 89). Além da fraternidade relacionada a uma origem comum, ele argumenta que ela diz respeito a um fim comum.

Sartre modifica sua afirmação de que a fraternidade existe ao dizer que esse sentimento não terá lugar até que o que ele chama de humanidade, ou um estado verdadeiramente ético, seja alcançado:

> Nesse momento, será possível dizer que os homens são todos os produtos de uma origem comum, derivados não da semente de seu pai ou do ventre de sua mãe, mas de uma série total de medidas tomadas ao longo de milhares de anos que finalmente resultam na humanidade. Então haverá verdadeira fraternidade (SARTRE, 1996a: 90).

Assim, a fraternidade começa a partir de um sentimento e uma origem, e depois está ligada a uma meta futura da humanidade total ou integral, uma meta assinalada pelo imperativo ético. A humanidade será alcançada quando todas as nossas necessidades, básicas e materiais, e de uma comunicação significativa e relacionamentos amigáveis, forem satisfeitas. Essa ideia de uma humanidade realizada era uma preocupação de Sartre havia décadas, referindo-se a ela no primeiro editorial de *Les Temps modernes*. Dado que a fraternidade e a democracia estão ligadas, a democracia não pode ser genuína sem que as condições da fraternidade sejam realizadas. A lacuna entre a situação presente e um futuro ético, questão vital para a compreensão de sua perspectiva da ética, é aquela que Sartre teoriza mediante a adoção do messianismo judaico como expressão particular de esperança. Esse foco no messianismo é uma das características mais controversas das entrevistas com Benny Lévy, mas meu julgamento é de que Sartre transforma a ideia de messianismo com vistas a finalidades próprias e antecipa muito do interesse contemporâneo no messianismo como articulação de um conceito de história distinto da noção iluminista de história como progresso simplesmente gradual.

Esperança e afirmação

Sartre discute a questão da esperança no início das entrevistas, afirmando que acredita que a esperança faz parte do que significa ser humano e inerente à natureza da ação, à medida que a ação "sempre busca um objeto futuro a partir do presente em que concebemos a ação e tentamos realizá-la" (SARTRE, 1996a: 53). A esperança diz respeito à nossa tentativa de almejar um fim, e qualquer fim prático específico é significativo em relação a uma meta transcendente ou absoluta (SARTRE, 1996a: 56). Essa perspectiva é a que podemos ver no conceito sartriano de projeto fundamental, por meio do qual todos os nossos projetos menores ganham sentido, em *O ser e o nada*. O argumento adicional de Sartre é que a esperança sobrevive ao não cumprimento de nossos objetivos, portanto não está necessariamente relacionada ao sucesso. Podemos fracassar e ainda ter esperança, fracassar e seguir agindo. Como na obra de Immanuel Kant, a esperança para Sartre está intimamente ligada ao progresso, com nossa consciência gradual ao longo da história da importância de outros seres humanos (SARTRE, 1996a:

61). À medida que nos tornamos mais conscientes dos outros, esclarece-se para nós a própria natureza do valor e do que deve ser afirmado. Também de maneira semelhante a Kant, Sartre concebeu o progresso como algo que poderia estar acontecendo sem estarmos totalmente conscientes dele por meio de realizações fragmentárias, limitadas e positivas que surgem em meio a nossos fracassos (SARTRE, 1996a: 66). Essa possibilidade é o que inspira a esperança. O fim que ele tem em mente é trans-histórico e depende de encontrar o verdadeiramente humano, assim como uma maneira de sermos e vivermos juntos como seres humanos. No presente, estamos em um estado inferior ao humano, mas existem elementos que podem levar a um futuro mais humano. Esses elementos são demonstrados por nossas melhores ações (SARTRE, 1996a: 69). Sartre não explica o que entende por nossas melhores ações, mas elas devem estar relacionadas à generosidade, à justiça e à confiança que menciona em outras partes das entrevistas. Essas são insinuações do futuro, se não de um progresso inevitável. A afirmação de Sartre vem da ideia de que nossos relacionamentos uns com os outros melhorarão e serão importantes mesmo nesse futuro melhor.

No entanto, ao contrário de Kant, Sartre parece rejeitar qualquer progressão gradual ao futuro quando discute o que julga interessante acerca do messianismo judaico. Para ele, a ideia do messianismo judaico é uma maneira de pensar o futuro que não está atrelado ao mero progresso da situação presente. Sugere a possibilidade de um futuro diverso, ético, para os povos judaico e não judaico igualmente (SARTRE, 1996a: 106). Essa maneira de entender o messianismo não está ligada a uma fé religiosa específica; pelo contrário, ele assume a forma da ideia de um futuro diverso, que não se estende simplesmente a partir de nosso presente. O futuro é surpreendente, não inevitável e não previsível. Nesse estado futuro, a ética não se preocupará com regras e prescrições, mas com a maneira como as pessoas "formam seus pensamentos, sentimentos" (SARTRE, 1996a: 107). Sartre termina com o pensamento e o sentimento de esperança para o futuro, uma esperança de que ele gostaria de fundamentar. Essa imagem de esperança emoldura seu pensamento ético e parece ser o que o motivou a seguir em sua luta para desenvolver uma ética. Sartre morreu pouco tempo depois dessas entrevistas e, portanto, seus pensamentos sobre a ética da reciprocidade, planejados como um livro sobre "poder e liberdade", permanecem para que sejam desenvolvidos por outros.

Leitura complementar

ANDERSON, T.C. (1993). *Sartre's Two Ethics*: From Authenticity to Integral Humanity. Chicago: Open Court.

CRITTENDEN, P. (2009). *Sartre in Search of an Ethics*. Newcastle--upon-Tyne: Cambridge Scholars Publishing.

19
O legado de Sartre

Steven Churchill e Jack Reynolds

O legado de Sartre: objeto de elaboração e disputa

O trabalho de dar forma ao legado de Sartre teve início com o filósofo ainda vivo, o que se deveu a um esforço conjunto do filósofo em pessoa e de Simone de Beauvoir, juntamente com outros membros de seu círculo íntimo, no sentido de antecipar avaliações póstumas, positivas e negativas. Em longa entrevista concedida a Pierre Vicary e Beauvoir, transmitida no início de 1975 pela rádio ABC da Austrália, Sartre foi perguntado pelo primeiro: "Como você quer ser lembrado? Como você gostaria que fosse seu epitáfio? Como você quer que as pessoas se lembrem do nome Jean-Paul Sartre?" Sartre respondeu nos seguintes termos:

> Gostaria que se lembrassem de [meu romance] *A náusea*, de [meus dramas] *Entre quatro paredes* e de *O diabo e o bom senhor*, e depois de minhas duas obras filosóficas, mais particularmente a segunda, a *Crítica da razão dialética*. Depois, meu ensaio sobre Genet, *Saint Genet*, que escrevi há muito tempo. Se assim acontecer, terá sido uma conquista, e não peço mais. Como homem, se um certo Jean-Paul Sartre for lembrado, gostaria que as pessoas se lembrassem do meio ou da situação histórica em que vivi, como vivi nela, nos termos de todas as aspirações que tentei reunir dentro de mim. É assim que eu gostaria de ser lembrado (CHARLESWORTH, 1975: 154).

Pode-se questionar a seleção de obras literárias e filosóficas que Sartre escolheu nesse caso para definir seu legado: embora poucos estudiosos de Sartre contestassem a qualidade dos trabalhos ali elencados, alguns podem se perguntar por que ele escolheu essas obras como definitivas em sua carreira e não outras.

Muito mais reveladora, porém, é a segunda parte da resposta de Sartre. Sartre pediu explicitamente que, para ser lembrado, deveria primeiro ser *situado* em um contexto histórico, social e político particular e compreendido como alguém que tivesse perseguido as possibilidades que lhe eram abertas, por meio de ações concretas *in situ*. Depreende-se daí que Sartre entendia que seu legado filosófico consistia, sobretudo, em uma filosofia de existência conduzida por suas concepções de liberdade humana e de autoconstrução, e baseada em circunstâncias concretas, a ser compreendida e interpretada no nível da experiência vivida. À primeira vista, esses são temas que persistem de uma forma ou de outra ao longo de toda a trajetória filosófica de Sartre, embora, é claro, seja possível distinguir como essas ideias aparecem nos trabalhos existencialistas anteriores do filósofo e em sua produção posterior, de orientação política (e por vezes explicitamente marxista).

Dado que Sartre concedeu essa entrevista no final da vida, podemos deduzir ainda, de seu pedido de ser situado em um contexto histórico-político particular, que Sartre esperava que seu legado fosse compreendido em termos explicitamente dialéticos – afinal, foi exatamente tal metodologia dialética (combinada com elementos de psicanálise e sociologia) que veio a definir seu pensamento posterior. Assim como Sartre procurou integrar os perfis biográficos que escreveu sobre grandes escritores franceses (Gustave Flaubert, Charles Baudelaire e Jean Genet, por exemplo) ao horizonte mais amplo da história, pode-se igualmente compreender aqui que Sartre solicita que o estudo de seu legado seja tratado historicamente da mesma forma.

Quanto às aspirações específicas que Sartre tentou, para usar suas palavras, "reunir dentro de si", podemos inferir que Sartre esperava que seu legado fosse definido em termos de suas aspirações por um mundo livre de hierarquias e distinções de classe, suas aspirações por um mundo desonerado de autoengano ou "má-fé", e assim por diante.

É claro que Sartre entendeu que, para situar concretamente seu legado filosófico, político e literário, ele também teria de projetar uma certa imagem *pessoal* para a posteridade. Sartre queria que aqueles que se deparassem com ele levassem a mensagem de que era sereno, mas ativo, apesar do declínio da saúde e do iminente espectro da morte; ao completar 70 anos em 1975, ele se encontrava quase totalmente cego, depois de uma série de hemorragias sofridas no fundo do olho esquerdo, e tendo perdido a visão do direito aos três anos de idade. Isso significava que Sartre não podia mais ler ou escrever como antes, de modo que foi efetivamente *forçado* a diminuir o ritmo dessas atividades, condição absolutamente contrária à sua ética de trabalho feroz; também estava com considerável dificuldade de andar, mesmo distâncias curtas, e sofria de pressão alta e problemas cardíacos, além dos efeitos debilitantes de vários derrames. Os problemas de saúde que marcaram seus anos finais decorriam, sobretudo, de décadas de consumo excessivo de bebida e cigarros, uma dieta rica em gordura saturada e o uso extremado de comprimidos de Corydrane, mistura de aspirina e anfetamina legalmente disponível à época (foi banida como substância tóxica em 1971) e usada por Sartre para eliminar a sonolência e aumentar a velocidade de seu ritmo de escrita. A impressão que Sartre queria passar, porém, era de que a perda de sua ocupação como escritor e de sua saúde em geral não o incomodava muito. Em uma entrevista para marcar seu aniversário de 70 anos em 1975, Sartre disse o seguinte: "Deveria me sentir muito derrotado, mas por alguma razão desconhecida me sinto muito bem: nunca estou triste, nem tenho momentos melancólicos ao pensar no que perdi" (SARTRE, 1977a).

A imagem de contentamento apresentada ao público por Sartre e seu círculo íntimo tinha, é certo, alguma verdade: Sartre continuou a trabalhar diligentemente em diversos projetos até sua hospitalização final, em março de 1980, e dedicou-se particularmente ao plano de um livro intitulado *Poder e liberdade*, que vinha formulando havia alguns anos. Como não podia mais escrever esse livro sozinho, Sartre tinha a expectativa de que o livro surgisse de diálogos gravados entre si e seu jovem secretário, um ex-militante maoísta que se tornara estudioso do Talmude sob o nome de Benny Lévy (também conhecido como Pierre Victor). Sartre tinha ambições de longo alcance para esse trabalho, por fim nunca concluído, descrevendo-o como a potencial *summa* de todas as suas tentativas anteriores de ética e de uma teoria do engajamento político. Sartre também continuou a participar diretamente da política até o fim de sua vida, aparecendo em vários comícios com outros intelectuais franceses importantes, incluindo Michel Foucault; Sartre também ofereceu seu pronto apoio (moral e financeiro) a vários grupos e causas – uma de suas intervenções políticas finais foi o apoio a um boicote aos Jogos Olímpicos de Moscou, que aconteceria entre julho e agosto de 1980. Além de seu trabalho filosófico e político, Sartre continuou a desfrutar da companhia de outros e tirava dias de folga para viajar a localidades aprazíveis. Tudo isso sugere que, durante boa parte desse tempo, a vida ao menos permaneceu tolerável, se não agradável, para Sartre. Fica a impressão de um homem que buscava aproveitar da melhor maneira possível uma situação ruim, procurando maximizar suas possibilidades à medida que estas começavam a diminuir de formas que estavam simplesmente além de seu controle; pode-se dizer que essa é a própria definição de uma resposta existencialista à "força das circunstâncias".

Não obstante a veracidade de grande parte da autoimagem estoica de Sartre em seus anos finais, havia muita ocultação e até total engano sob a sustentação dessa imagem. Simone de Beauvoir relata em seu volume de memórias dedicado à sua última década com Sartre, intitulado *A cerimônia de despedida* (alternativamente intitulada *Adieux: Um adeus a Sartre*), que Sartre era frequentemente acometido de ataques de depressão, agitação e até raiva, quando pensava na perda de sua saúde e de sua ocupação como escritor (BEAUVOIR, 1988). Essa imagem de Sartre surge em desacordo com suas declarações em entrevistas como as que acabamos de expor. Beauvoir escreve que Sartre costumava referir-se a si mesmo como um "cadáver em vida" (BEAUVOIR, 1988: 74), e que, quando se mudou para um grande apartamento novo com vista para a Torre Eiffel, em meados da década de 1970, referia-se a ele como "a casa deste morto"

(BEAUVOIR, 1988: 73). Acrescenta-se à angústia de Sartre em seus últimos dias a reação ao lançamento, em março de 1980, de trechos de seus diálogos gravados com Benny Lévy, sob o título *A esperança agora*. Embora Sartre estivesse satisfeito com os trechos publicados, os membros de seu círculo íntimo (e Beauvoir em particular) não ficaram de modo algum felizes. Em *A esperança agora*, as opiniões que Lévy atribui a Sartre geralmente aparecem em desacordo com as opiniões que o filósofo manteve ao longo de sua carreira. Sartre concorda com Lévy, por exemplo, sobre a noção de que sua conceitualização de desespero existencial era tão somente uma perspectiva "popular" que seguia porque outros ao seu redor estavam interessados em temas semelhantes, especialmente leitores de Kierkegaard (SARTRE, 1996a: 55). Na conclusão desses excertos, Lévy atribui a Sartre uma completa reorientação de sua perspectiva filosófica, levada a cabo por uma recente valorização de noções messiânicas. A determinada altura do diálogo, Lévy diz: "você está começando tudo de novo aos 75 anos de idade" (SARTRE, 1996a: 108). Em *A cerimônia de despedida*, Beauvoir detona o envolvimento de Lévy com Sartre, acusando-o de ter efetivamente "sequestrado" o Sartre que ela conhecia e amava e, de forma mais geral, de ter pressionado Sartre e o forçado a aceitar ideias de Lévy como suas (BEAUVOIR, 1988: 119). Da parte de Lévy, ele prosseguiu afirmando ao longo de seus últimos anos (ele morreu no final de 2003) que nunca intimidou Sartre a aceitar posições específicas, e que quaisquer novos desdobramentos do pensamento de Sartre expressos em *A esperança agora* eram inteiramente próprios. Assim como Sartre passou de seu existencialismo inicial a um engajamento político concreto, Lévy argumentava que Sartre havia mudado no final da vida a outra maneira de pensar (COHEN-SOLAL, 1987: 519).

Beauvoir, porém, jamais aceitou a versão dos acontecimentos de Lévy. Ela tanto se opunha às opiniões atribuídas por Lévy a Sartre que, segundo a filha adotiva de Sartre, Arlette Elkaïm-Sartre, Beauvoir explodia em acessos de choro durante suas visitas a Sartre por causa de sua colaboração com Lévy, chegando ao ponto de arremessar na parede o manuscrito dos diálogos (COHEN-SO-

LAL, 1987: 514). Elkaïm-Sartre lembra que Sartre ficou visivelmente abalado com esse incidente, declarando que não entendia Beauvoir; também consta que dizia a Elkaïm-Sartre que Beauvoir – assim como os outros sartrianos – o tratava "como um homem morto que tem a pachorra de aparecer em público" (COHEN-SOLAL, 1987: 516). Pela primeira vez em suas vidas, Sartre e Beauvoir viviam uma ruptura aparentemente grave. Tão incômodo foi esse episódio para Sartre que ele passou a falar com uma urgência sempre maior de uma viagem que planejara a Belle-Île, uma ilha francesa na costa da Bretanha, na Páscoa de 1980; é possível que Sartre esperasse que o conflito se dissipasse. Sartre nunca chegou a viajar a Belle-Île, e a controvérsia em que estava envolvido o acompanhou à UTI do Hospital Broussais, onde veio a falecer em abril de 1980. Ele pedia repetidamente a suas visitas do hospital notícias sobre a recepção de *A esperança agora*, buscando respostas positivas ao texto, em contraste com os pontos de vista de Beauvoir e outros (COHEN-SOLAL, 1987: 519).

Para ser justo com Beauvoir, não é difícil ver por que a colaboração de Sartre com Lévy causou-lhe tamanho sofrimento. Ao realizar a gravação desses diálogos com Lévy, Sartre operava deliberadamente fora da "verdade" sobre sua vida e as obras que haviam custado a si e Beauvoir (juntamente com outros) o empenho de décadas. Se essas visões divergentes, atribuídas por Lévy a Sartre, ganhassem notoriedade generalizada, ou mesmo aceitação, a perspectiva sobre Sartre e seu pensamento proposta por Beauvoir em suas memórias, biografias e assim por diante, seria, sem dúvida, colocada em xeque.

Tanto quanto os motivos "profissionais" que Beauvoir pode ter tido no intuito de proteger seu investimento no trabalho de dar forma à imagem de Sartre (assim como à dela), há de se considerar ainda o aspecto pessoal desse conflito. Em momentos anteriores, quando Sartre visava a posteridade ao dar vazão a suas opiniões acerca de sua vida e obra, ele normalmente envolvia Beauvoir em maior ou menor grau. Em 1974, por exemplo, Sartre gravou uma longa série de entrevistas concedida a Beauvoir, das quais a filósofa deliberadamente tomou trechos incluídos em seu *A cerimônia de despedida* à guisa de adendo, como quisesse dizer que *essas* entrevistas, e não as gravadas por Lévy, refletiam a "real" voz de Sartre, suas verdadeiras convicções e intenções. A escolha que Sartre fez de Lévy como seu interlocutor final, no entanto, efetivamente excluiu Beauvoir dessa fase derradeira de sua vida. Ademais, diante do fato de que Sartre e Beauvoir sempre prometeram um ao outro total transparência no tocante às suas relações com os outros, não se deve ignorar o impacto do choque sentido por Beauvoir ao encontrar, nos diálogos de Sartre com Lévy, pontos de vista totalmente *estranhos* à imagem duradoura que ela projetava atribuir-lhe. Beauvoir registra em *A cerimônia de despedida* que Sartre expressou amor e carinho por ela em seu leito de morte no hospital, e não parece haver razão para duvidar de sua versão dos eventos a esse respeito (BEAUVOIR, 1988: 123). No entanto, não se sabe ao certo se Sartre e Beauvoir de fato se reconciliaram no que toca a suas opiniões opostas acerca do relacionamento de Sartre com Lévy. É certo que Beauvoir nunca mais falou com Lévy.

De qualquer forma, a distinção em questão entre a imagem "pública" de Sartre, exposta em entrevistas e outros meios de comunicação, e sua imagem "privada", apresentada pelos relatos das pessoas mais próximas, demonstra que os esforços de Sartre (e os de seu círculo interno) no sentido de colocá-lo sob uma luz específica, tanto profissional quanto pessoalmente, jamais foram articulados sob um consenso; pelo contrário, havia uma tensão constante entre as imagens "pública" e "privada" de Sartre – e no caso de Lévy, essas tensões foram expostas e tensionadas de maneira a ameaçar o próprio senso de identidade de todos os envolvidos. O legado de Sartre, portanto, não foi simplesmente modelado de forma colaborativa, mas *disputado* ativamente pelo próprio filósofo e os mais próximos. De fato, seu legado ainda é objeto de variada disputa: o filósofo tem sido descrito, das mais variadas formas, como a consciência moral de sua época, como um defensor de assassinatos e tiranias sob regimes comunistas, como um mulherengo, um lutador, um covarde, entre outros. Por esse motivo, é crucial que o legado de Sartre não seja considerado uma apreciação de sua vida e ações gravada em pedra para sempre, mas uma proposição "viva" que continua a se desenvolver em direções novas e muitas vezes inesperadas.

A reação contra o legado de Sartre

A disputa pelo legado de Sartre, no entanto, significou pouco (ou nada) para a geração de filósofos que sucederam Sartre como as "vozes" definidoras da filosofia francesa. Pelo contrário, a principal preocupação de Michel Foucault, Jacques Derrida, Jean-François Lyotard e outros, em relação a Sartre, era demonstrar de forma irrefutável que eles *não* eram como Sartre.

Foucault, por exemplo, deu expressão eloquente (para não dizer devastadora) a uma perspectiva negativa de Sartre e seu legado intelectual, cujo argumento básico foi, sem dúvida, compartilhado por muitos intelectuais de sua geração e das seguintes. Foucault caracterizou a *Crítica da razão dialética* (1960b; 1960c), a obra que Sartre mais valorizou dentre todos os seus tratados filosóficos, nos seguintes termos: "A *Crítica da razão dialética* é a tentativa magnífica e patética de um homem do século XIX pensar o século XX" (FOUCAULT, 2001: 541-542).

Ao atacar o projeto hegeliano-marxista subjacente à *Crítica da razão dialética* de Sartre, Foucault não estava simplesmente criticando um trabalho particular de Sartre, considerado isoladamente. Pelo contrário, Foucault estava atacando a *Crítica* como representante de um *tipo* particular de trabalho filosófico, escrito por um *tipo* particular de intelectual – o qual Foucault queria para sempre restringir ao século XIX. O "tipo" que Foucault tinha em mente era o do "intelectual universal" – ou seja, um intelectual que critica a sociedade e os assuntos humanos recorrendo a princípios transcendentes ou a-históricos, como "liberdade", "justiça", "autenticidade", e assim por diante. Para Foucault, qualquer empreendimento filosófico sustentado por tais conceitos transcendentais ou de outro modo a-históricos estava fatalmente condenado pela ausência de análise das forças *localizadas* (relações de poder, conhecimento etc.) envolvidas na constituição de conceitos como "liberdade", "justiça" e "autenticidade", tal como aparecem em contextos históricos particulares. Em suma, Sartre representava, para Foucault, uma concepção ultrapassada de intelectual, que, como um construtor que tentasse construir habitações modernas fazendo uso de ferramentas e materiais antiquados, jamais poderia ter a esperança de criar uma estrutura capaz de abordar a época atual, sem falar o lugar do intelectual nela.

Derrida, por sua vez, menciona Sartre apenas de modo esparso, particularmente em seus primeiros escritos – "Os Fins do Homem" (DERRIDA, 1969; 1991) e *Glas* (DERRIDA, [1974]1986) são seus melhores exemplos. Apesar da relativa escassez de referências diretas a Sartre, a negatividade da polêmica de Derrida contra Sartre não é menos aparente. Em "Os fins do homem", por exemplo, Derrida critica a afirmação de Sartre de que nada humano lhe é estranho, uma vez que todas as subjetividades são expressões de liberdade; Derrida argumenta que Sartre simplesmente substitui um pressuposto universal (a saber, "humanidade") por outro (a saber, "subjetividades livres") (DERRIDA, 1969: 34-35; 1991: 154).

Outra crítica à metodologia de Sartre, sem dúvida evocada pela questão levantada por Derrida acerca do pressuposto dos universais, é que, ao postular a centralidade da posição da subjetividade humana em sua filosofia e comprometer-se com sua investigação, Sartre *construiu* o próprio objeto de sua investigação; sob essa perspectiva, toda a descrição do sujeito já constitui sua construção, o que significa que o único procedimento produtivo é o de *desconstruir* rigorosamente a subjetividade, juntamente com todos os outros pressupostos universais. Em *Glas*, o estudo sobreposto de Derrida sobre Hegel e Genet, o filósofo descarta a fenomenologia de Sartre como uma "desontologia", perspectiva que permitia a Sartre apenas um acesso superficial à escrita de *Genet* – Derrida, por sua vez, defendeu sua perspectiva desconstrucionista como forma de *imersão* genuína nos textos de Genet (DERRIDA, 1986: 28b).

Derrida também discutiu a influência que sofrera de Sartre em várias entrevistas. Em uma longa entrevista de 1983 concedida a Catherine David, por exemplo, Derrida reconhece que Sartre havia "desempenhado um importante papel" em seu desenvolvimento filosófico inicial; no entanto, ele imediatamente contrapôs a esse reconhecimento a afirmação de que, desde então, julgara Sartre uma influência "nefasta e catastrófica" (DERRIDA, 1995: 122). Pressionado por David a elaborar a resposta, Derrida faz a seguinte pergunta:

> O que deve ser uma sociedade como a nossa, se um homem [Sartre], que, a seu modo, rejeitou ou entendeu mal tantos eventos teóricos e literários de seu tempo – digamos, para avançar rapidamente, a psicanálise, o marxismo, o estruturalismo, Joyce, Artaud, Bataille, Blanchot –, que acumulou e disseminou interpretações incrivelmente errôneas de Heidegger e, às vezes, de Husserl, pôde dominar a cena cultural a ponto de se tornar uma grande figura popular? (DERRIDA, 1995: 122).

A diatribe de Derrida se dirige ao fato de que Sartre, um homem que, em sua opinião, cometera tantos erros, havia atingido o *status* de fenômeno cultural na França – um *status* que não podia ser explicado em termos de uma genuína capacidade filosófica ou literária (apesar de Derrida louvar *A náusea*, de passagem, em uma nota de rodapé de "Os fins do homem": DERRIDA, 1969: 35; 1991: 154).

Em outras palavras, uma desconstrução da popularidade cultural duradoura de Sartre *a despeito* de sua mediocridade intelectual (da perspectiva de Derrida) interessava muito mais a Derrida do que as próprias obras de Sartre. De fato, as palavras de Derrida foram fortes a ponto de David se sentir compelida a perguntar-lhe: "Então você vê em Sartre o exemplo perfeito do que um intelectual não deveria ser [...]?" (DERRIDA, 1995: 123). Nesse ponto, Derrida resistiu a seguir o caminho de Foucault de caracterizar explicitamente Sartre como um modelo negativo de tudo o que havia de errado com uma certa geração ou "tipo" de intelectual público. "Eu não disse isso", responde ele (DERRIDA, 1995: 123).

Não obstante, parece claro em seus comentários anteriores que Derrida via Sartre como um exemplo irritante, de fato *desconcertante*, de popularidade (ou talvez mais precisamente, notoriedade) sem substância e, portanto, reflexo negativo de uma tendência na vida cultural francesa de abraçar tais superficialidades. O próprio empenho inicial de Derrida em Sartre é descrito em detalhe por Edward Baring (2011) em *The Young Derrida and French Philosophy*. Christina Howells, por sua vez, argumenta que o trabalho maduro de Derrida mantém convergências surpreendentes com dimensões do pensamento de Sartre (HOWELLS, 1991), talvez sugerindo algo como uma angústia da influência em benefício de Derrida.

Enquanto Foucault descartara Sartre como ultrapassado, e Derrida o considerava sintoma de uma cultura de superficialidade intelectual recompensadora, Lyotard recorreu à ironia ao criticar Sartre. Em "Um êxito de Sartre", Lyotard dedicou-se amplamente ao que julgava as falhas de Sartre (LYOTARD, 1986). O "êxito" do título em questão, para Lyotard, foi o reconhecimento sartriano tardio do papel da linguagem em sua biografia de vários volumes de Flaubert, *O idiota da família* (1971-1972). Segundo Lyotard, Sartre percebeu, no decorrer da elaboração da obra, que os sujeitos humanos (ou "transcendências", na terminologia existencialista anterior de Sartre) *não* produzem significado *ex nihilo* e, em seguida, o comunicam de forma transparente aos outros. Sob esse ponto de vista, a linguagem tem, antes, o poder de constituir significados e condicionar os sujeitos de várias maneiras (LYOTARD, 1986: xx). Embora Sartre não tenha endossado explicitamente um ponto de vista estruturalista, ou mesmo pós-estruturalista, segundo Lyotard, ele chega, de fato, a uma posição bastante relacionada a essas perspectivas. Para Lyotard, Sartre reconheceu a "espessura" das palavras em um sentido ontológico e, portanto, seu poder sobre o sujeito (LYOTARD, 1986: xxii). Em outras palavras, o verdadeiro sucesso de Sartre, segundo Lyotard, foi perceber que sua perspectiva existencialista estava *errada*.

Desse modo, pode parecer que o único significado de Sartre para as gerações subsequentes de filósofos franceses foi o de funcionar como uma espécie de trampolim, projetando-os a novas direções. No entanto, essa visão ignora um aspecto muito importante do desenvolvimento intelectual de muitos filósofos pós-sartrianos, mencionado por Derrida na entrevista com Catherine David: o fato de que muitos desses filósofos que mais tarde procurariam relegar Sartre à irrelevância haviam sido, em um momento ou outro, sartrianos de carteirinha.

Outro exemplo proeminente desse percurso de intelectual sartriano a crítico de Sartre é Gilles Deleuze. No ensaio de 1964, "Ele era meu mestre", publicado após a recusa de Sartre ao Prêmio Nobel de literatura, Deleuze declara que Sartre era seu "mestre" até guinada de Sartre a um humanismo de inspiração kantiana na década de 1940 (DELEUZE, 2004: 77). Deleuze escreve em tom de aprovação sobre *O ser e o nada*, particularmente no que diz respeito à ênfase do volume no conflito e na violência presente nas relações humanas. Deleuze também elogia o trabalho anterior de Sartre, *A transcendência do ego* (1936-1937; 1957a), afirmando que a crítica de Sartre à concepção transcendental do ego em Husserl produz uma "pura imanência" do campo transcendental (DELEUZE, 2004: 102). Deleuze começou a se afastar de Sartre quando este tenta reconciliar sua perspectiva existencialista com uma ética humanista de respeito à liberdade do outro, respeito que Sartre já havia denunciado em *O ser e o nada* como banalidade vazia. Em suma, Deleuze considera o existencialismo anterior de Sartre duro e contrário a concessões, enquanto julga seu existencialismo humanista uma tentativa insípida de acenar àqueles que o consideravam um "imoralista". Deleuze vê em Sartre uma desnecessária reanimação do "Reino dos Fins" kantiano, em detrimento de seu celebrado radicalismo.

Dado que Deleuze não estava sozinho em sua trajetória em relação a Sartre, seria razoável rever a noção de que a influência de Sartre nas gerações subsequentes foi puramente negativa; as maneiras pelas quais as gerações subsequentes de filósofos foram *positivamente* influenciadas pela filosofia de Sartre devem receber maior crédito.

Retornando a Sartre

Considerando a influência positiva de Sartre na filosofia hoje, podemos começar reconhecendo que os elementos centrais da fenomenologia existencial de Sartre em *O ser e o nada*, *A transcendência do ego* e outros trabalhos têm influenciado de forma indireta e significativa vários campos interdisciplinares relacionados à agência incorporada e à percepção do outro. Isso se dá porque os primeiros trabalhos de Sartre sobre as emoções e seu capítulo sobre o corpo em *O ser e o nada* marcaram profundamente a filosofia do corpo de Maurice Merleau-Ponty, que, por razões várias, se faz cada vez mais presente em debates sobre, por exemplo, a cognição incorporada e enativa (cf. VARELA et al., 1991), bem como no trabalho de J.J. Gibson sobre a *affordance* (GIBSON, 1977); na avaliação negativa do horizonte de projetos no campo da inteligência artificial que realizam seus objetivos e ambições a partir de um modelo processador de informação – ou computacional – da mente (cf. DREYFUS, 1997); sobre em que medida nosso acesso à mente de outras pessoas (e a estados mentais específicos, como a raiva) é predominantemente inferencial ou perceptual por natureza (GALLAGHER, 2006; OVERGAARD, 2012). Nesse sentido (que está longe de esgotar o interesse contemporâneo), Merleau-Ponty é o filósofo fenomenológico cujo pensamento mais atenção recebeu. Mas não apenas muitas das ideias de Merleau-Ponty foram desenvolvidas contemporaneamente a Sartre em uma relação de influência recíproca, como Sartre também oferece novos instrumentos a todos esses debates, que à época não conheciam a influência que teriam em um futuro não muito distante. Embora por muito tempo o trabalho fenomenológico sobre agência incorporada que afirmava a percepção direta dos outros sem intermediação tenha parecido a muitos filósofos anglo-americanos uma reinvenção continental antiquada do behaviorismo ryleano, o tipo de perspectiva antirrepresentacional oferecida, de maneira diversa, por Sartre e Merleau-Ponty retornou à agenda da psicologia filosófica e da filosofia da mente, bem como de saberes associados. Em dívida com aspectos da psicologia da Gestalt, as descrições fenomenológicas de ambos do espaço hodológico, da motilidade e agência incorporadas, da prioridade do cogito pré-reflexivo, da primazia da percepção etc. desempenharam um papel significativo na transformação de muitos dos preconceitos intelectualistas, empiricistas e cartesianos longamente dominantes nesses campos. Sem poder detalhar todas as contribuições que a filosofia de Sartre já deu a esses campos, a seguir, o foco será a contribuição que suas teorias da intersubjetividade estão preparadas para dar, uma vez que a psicologia do desenvolvimento e algumas das ciências cognitivas estão sob pressão interna para encontrar e desenvolver novos modelos teóricos.

É verdade que o trabalho de Sartre sobre a intersubjetividade é frequentemente objeto de descarte prematuro. A dimensão hiperbólica de seus escritos sobre o olhar do outro e o pessimismo de seu capítulo posterior sobre relações concretas com os outros – essencialmente, uma reafirmação do estágio "mestre-escravo" da luta hegeliana pelo reconhecimento sem possibilidade de superação[2] – são frequentemente tratados como se nada mais fossem do que produtos de um certo tipo de mente – um tipo de paranoia ou histeria adolescente sobre o outro. Em certa medida, essa perspectiva se mostrava aparente mesmo nas primeiras leituras de *O ser e o nada*, incluindo uma resenha publicada por Herbert Marcuse (1948) e no capítulo de Merleau-Ponty sobre outras mentes em *Fenomenologia da percepção* (MERLEAU-PONTY, [1945] 1962). O que isso significa, no entanto, é que a importância do trabalho de Sartre sobre a intersubjetividade, tanto nos círculos fenomenológicos quanto, em termos mais amplos, em relação à filosofia da mente e da cognição social tende a ser menosprezada. O trabalho de Sartre não só foi importante dentro da tradição fenomenológica, especialmente ao destacar problemas da abordagem da intersubjetividade em Husserl e Heidegger (Heidegger concordou com as críticas de Sartre em relação a seu tratamento do *Mitsein* – cf. ZAHAVI, 2001: nota 7), como ainda hoje promete algumas contribuições importantes em relação ao trabalho interdisciplinar contemporâneo sobre a intersubjetividade. Com base nas ideias de Hegel, Husserl e Heidegger, Sartre propõe um conjunto de condições necessárias e suficientes para qualquer teoria do outro, as quais estão longe de serem triviais. Se corretas, elas parecem não apenas uma solução *dissipadora de obstáculos* para o problema epistêmico de outras mentes (e não uma solução *superadora de obstáculos*; cf. CASSAM, 2007: 2;

2 Tanto "*sublation*", no original em inglês, quanto "superação", termo aqui adotado, são possíveis traduções do alemão *Aufhebung*, conceito hegeliano a que Sartre se refere [N.T.].

OVERGAARD, 2012), como também oferecem algumas novas e importantes ideias para abordagens contemporâneas de questões relacionadas à cognição social.

Em *O ser e o nada*, Sartre sugere que muitas posições filosóficas haviam naufragado, não raro desatentas, no "obstáculo do solipsismo" (SN: 291). Sua própria solução dissipadora de obstáculos à questão de outras mentes consiste, em primeiro lugar, em suas sugestivas descrições de estar sujeito ao olhar de outra pessoa e à maneira pela qual, em tal experiência, tornamo-nos uma "transcendência transcendida". Em sua famosa descrição, somos convidados a imaginar que estamos espiando por um buraco de fechadura, pré-reflexivamente imersos e absorvidos na cena cativante do outro lado da porta. Talvez ficássemos de início nervosos, dadas as associações socioculturais implicadas em ser um *voyeur*, mas depois de um período de tempo estaríamos imersos na cena, limitando a autorreflexão e a autoconsciência tão somente ao entendimento mínimo (tácito ou não-tético) de que não somos o que percebemos. De repente, porém, ouvimos passos, e temos uma apreensão involuntária de nós mesmos enquanto objeto aos olhos de um outro; uma experiência "pré-moral" de vergonha; um calafrio de reconhecimento de que somos o objeto que o outro vê, sem espaço para qualquer tipo de teorização ou cognição inferencial. Essa mudança ontológica, diz Sartre, tem outra pessoa como sua condição, a despeito de se estar equivocado ou não em uma ocasião específica de tal experiência (p. ex., o piso range, mas não há ninguém literalmente presente). Nossa identidade é, portanto, experimentada na transcendência de nosso próprio autoconhecimento, ou, em outras palavras, uma forma de autoconhecimento depende de maneira quase-hegeliana do reconhecimento do outro. Enquanto muitos outros trabalhos fenomenológicos enfatizam a empatia ou a percepção direta dos estados mentais (p. ex., Scheler e Merleau-Ponty), Sartre acrescenta algo significativo a esses trabalhos que parecem focar em nossa experiência da outra pessoa como objeto (embora de um tipo especial) e não como um sujeito. Dan Zahavi sugere que a abordagem de Sartre é particular no seguinte:

> O outro é exatamente o ser pelo qual posso aparecer como um objeto. Assim, em vez de focar no outro como objeto específico de empatia, Sartre argumenta que a subjetividade do forâneo me é revelada por meio da minha consciência de mim mesmo tal qual sendo-objeto de um outro. É quando experimento minha própria objetividade (para e diante de um sujeito forâneo) que tenho evidências experimentais da presença de um outro como sujeito (ZAHAVI, 2001: 158).

Em comum com outros fenomenólogos como Merleau-Ponty e Scheler, Sartre também sustenta ser um erro ver nossas relações com o outro caracterizadas por uma separação radical que podemos superar mediante raciocínio inferencial. Qualquer argumento por analogia, seja para estabelecer a existência de outros em geral, seja para determinar estados mentais em particular, é problemático, falacioso (*petitio principii*) e desprovido de garantias suficientes. (Poderia Madre Teresa, por exemplo, argumentar analogamente aos estados mentais de Adolf Hitler?) Isso sugere, portanto, que Sartre devia ser um cético bastante radical acerca nossas relações com os outros? Apenas somos capazes de deduzir a estrutura do ser-para-outro mediante a experiência em primeira pessoa da vergonha, não restando muito mais do que isso a nossas interações com os outros? A filosofia de Sartre nos abandona atormentados por um outro incognoscível, com uma espécie de agnosticismo em relação ao outro, como Merleau-Ponty diz em *O visível e o invisível* (MERLEAU-PONTY, [1964] 1968: 79), retomando temas de *Fenomenologia da percepção*.

Essa, no entanto, não é uma leitura inteiramente justa da filosofia de Sartre. Não obstante o sentido em que, para Sartre, somos eternamente "transcendidos" pelo outro que ilude nossa compreensão cognitiva em aspectos importantes, Sartre não é realmente um cético quanto ao nosso conhecimento dos estados mentais do outro *tout court*. Podemos, a bem da verdade, perceber visceralmente a má-fé em sua análise. Não é nada além de sua expressão. Isso não deve nos surpreender indevidamente, dado que Sartre sustenta que o corpo é uma totalidade sintética de vida e ação (BN1: 346; BN2:

370; SN: 435). Embora a má-fé seja reconhecidamente uma forma complexa de comportamento, há outras situações mais simples nas quais a percepção direta incorporada também é por ele afirmada como o suficiente para a compreensão das emoções dos outros. De fato, ele acrescenta um comentário de clara ressonância no próprio trabalho de Merleau-Ponty e de outros fenomenólogos que enfatizam a expressividade corporal e a percepção direta dos outros:

> Sem dúvida, há uma criptologia do psíquico: certos fenômenos são "ocultos". Mas isso não significa absolutamente que as significações se refiram a um "para-além do corpo" [...] [E]sse franzir de cenho, esse rubor da face, essa tartamudez, esse leve tremor das mãos, esses olhares enviesados que parecem ao mesmo tempo tímidos e ameaçadores, tais fenômenos não expressam ira, mas são a ira. Mas é preciso deixar claro: em si mesmo, um punho cerrado nada é e significa nada. Contudo, também nunca percebemos um punho cerrado: percebemos um homem que, em certa situação, cerra o punho. Este ato significante, considerado em conexão com o passado e os possíveis, e compreendido a partir da totalidade sintética "corpo em situação", é a ira. A ira a nada mais remete senão a ações no mundo (golpear, insultar etc.) (BN1: 346; BN2: 370; SN: 435-436).

Basicamente, Sartre sustenta que há acesso perceptivo direto a outras pessoas em emoções como a raiva, embora de natureza diferente do acesso que temos à nossa própria raiva. Modelos inferenciais de nosso conhecimento dos outros obscurecem esse fato descritivo aparente (parece que não inferimos, teorizamos, simulamos etc. quando vemos o punho levantado e tenso de um torcedor adversário em um jogo de futebol), e também são responsáveis por várias suposições epistêmicas, caso pretendam mostrar em que consiste a justificativa de nosso conhecimento dos outros. Afinal, eles tendem a assumir sem debate que todos os estados mentais são necessariamente ocultos e inacessíveis e, assim, assumem sem qualquer questionamento uma perspectiva cartesiana que Sartre e Merleau-Ponty desafiam de maneiras distintas. Além disso, considerações inferenciais e teóricas como tais podem apenas nos oferecer o outro como probabilidade ou hipótese, segundo sugere Sartre, e, portanto, parecem peculiarmente incapazes de lidar com a aparente certeza epistêmica que temos ao testemunhar uma determinada forma de raiva em contexto.

Pode-se pensar, não obstante, que qualquer perspectiva direta da percepção se encaixa mal com outros aspectos do trabalho de Sartre. Afinal, trata-se de Sartre, para quem a perspectiva do outro nos ilude e frustra em nossas relações concretas com ele, seja com relação ao amor, ao desejo ou a qualquer outra coisa. Mas talvez não haja incompatibilidade aqui. Para Sartre, nossas relações com outras pessoas não são conflitantes porque estamos presos a hipóteses sobre outras pessoas, inferindo quais suas intenções em um cenário de horror de um intelectualista que parece intimamente relacionado à experiência real do autismo. Para Sartre, embora o outro nos seja dado diretamente em sua personificação, sua liberdade constitutiva também significa que, quando nos valemos dele ou tentamos fixá-lo como base para nosso próprio autoconhecimento, o que captamos é, inevitavelmente, o outro tal qual ele era, não tal qual ele é. Podemos até ver sob uma luz mais positiva algumas das ideias de Sartre a esse respeito; há interação dinâmica, um acoplamento estrutural, no qual o eu e o outro se solicitam em uma expressão livre e desveladora e que não pode ser antecipada ou prevista. O que nós somos, e o que o outro é, não é o que nós (ou eles) seremos. Segundo Sartre, "O corpo-para-outro é o objeto mágico por excelência. Assim, o corpo do outro é sempre 'corpo-mais-do-que-corpo', porque o outro é dado a mim sem intermediário e totalmente no perpétuo transcender da facticidade" (BN1: 351; BN2: 374; SN: 440). Se esse tipo de posição sobre o corpo-do-outro atrai o tipo de valência negativa que Sartre lhe confere, reconhecidamente com bastante frequência, é uma pergunta que vale a formulação, mas é possível dizer que, segundo Sartre, as condições necessárias e suficientes para uma teoria da intersubjetividade não pressupõem diretamente essa perspectiva (de fato, seus *Cadernos para uma moral* abandonados foram uma tentativa notável de demonstrar isso; SARTRE, 1983b; 1992).

Embora a fenomenologia possa não bastar, por si só, para uma teoria da intersubjetividade tal qual Sartre parecia reivindicar, uma vez que outros recursos de natureza mais empírica exigem consideração (p. ex., descobertas da psicologia do desenvolvimento, da ciência cognitiva etc.), uma das razões pelas quais a perspectiva de Sartre promete auxílio aos debates contemporâneos é justamente a de seu trabalho desafiar fortemente muitos dos pressupostos básicos da literatura filosófica e psicológica acerca do entendimento social dominantes desde a década de 1980. Sem resumir os vários resultados psicológicos relativos aos testes de falsa crença aqui, basta dizer que as duas abordagens dominantes nesse campo e na filosofia analítica – teoria da teoria e teoria da simulação – continuam sendo abordagens mentalistas da cognição social que enfatizam a importância da leitura da mente, em oposição ao que poderíamos chamar de leitura corporal, a despeito das conotações comportamentais de tal termo. Shaun Gallagher sugere que a teoria da teoria e a teoria da simulação, e suas versões híbridas, têm quatro pressupostos básicos:

> 1) Mentes ocultas
>
> [...] Como não podemos perceber diretamente as crenças, desejos, sentimentos ou intenções do outro, precisamos de algum processo cognitivo extraperceptivo (inferência ou simulação) para entender seus estados mentais.
>
> 2) Leitura da mente como padrão
>
> Esses processos de leitura da mente constituem nossa maneira primária, difundida ou padrão de entender os outros.
>
> 3) Posição observacional
>
> Nossa posição cotidiana normal em relação à outra pessoa é uma terceira posição pessoal e observacional. Observamos seus comportamentos para explicar e prever suas ações.
>
> 4) Individualismo metodológico
>
> Nossa compreensão dos outros depende principalmente de capacidades ou mecanismos cognitivos localizados em um sujeito individual (GALLAGHER, 2012: 194).

Como seria aparente, os critérios necessários e suficientes de Sartre para uma teoria adequada da intersubjetividade contestam todas essas visões. Além disso, também houve pressão sobre esses pressupostos de dentro das próprias ciências diretamente relacionadas, talvez em especial da psicologia do desenvolvimento, dada a capacidade dos recém-nascidos de interagir e entender intenções, emoções etc. antes da aquisição da linguagem e da passagem do teste de falsa crença aos quatro ou cinco anos de idade.

No entanto, a abordagem padrão tem sido criar versões híbridas dessas duas perspectivas dominantes, permanecendo assim amplamente orientada pelas quatro premissas básicas arroladas acima. Muito mais fica a tratar sobre o assunto, mas esperamos ter feito o suficiente nesta breve discussão para sugerir que existem instrumentos importantes dentro da tradição fenomenológica, e no trabalho de Sartre em particular, para motivar revisões mais radicais no trabalho contemporâneo sobre cognição social, o que auxiliaria na indução de algo como um mudança de paradigma em que as contribuições teóricas da fenomenologia existencial têm um papel importante a desempenhar.

Obviamente, o júri ainda não se pronunciou sobre o quão fértil pode ser esse pareamento teórico. Isso dependeria da relação dialética entre a teoria filosófica dada e o que revelam novas investigações empíricas corrigidas mediante a exclusão de pressupostos (indiscutivelmente) equivocados que lhes serviam de instrumento. No entanto, há pelo menos alguma evidência de que, em relação à personificação e à intersubjetividade, pode-se provar que os primeiros trabalhos de Sartre estavam certos na hora errada (que é o que Sartre diz sobre Cornelius Castoriadis no tocante a certas questões políticas). Talvez agora, no entanto, seja também o momento certo para retornar a Sartre no que diz respeito a essas e outras questões.

Leitura complementar

BOULÉ, J.-P. (2005). *Sartre, Self-Formation and Masculinities*. Nova York: Berghahn.

FOX, N.F. (2003). *The New Sartre: Explorations in Postmodernism*. Nova York: Continuum.

LEAK, A. (2006). *Jean-Paul Sartre*. Londres: Reaktion Books.

McBRIDE, W.L. (1997). *Sartre's Life, Times, and Vision du Monde*. Nova York: Garland.

MIRVISH, A. & Van den HOVEN, A. (orgs.) (2010). *New Perspectives on Sartre*. Newcastle-upon-Tyne: Cambridge Scholars Publishing.

REYNOLDS, J. & WOODWARD, A. (2011). "Existentialism and Poststructuralism: Some Unfashionable Observations". In: JOSEPH, F.; REYNOLDS, J. & WOODWARD, A. (orgs.). *The Continuum Companion to Existentialism*. Londres: Continuum, p. 260-281.

Referências

ANDERSON, T.C. (1993). *Sartre's Two Ethics*: From Authenticity to Integral Humanity. Chicago: Open Court.

AYER, A.J. (1945). "Novelist-Philosophers v. Jean-Paul Sartre". In: *Horizon* (July), p. 12-25.

AYER, A.J. (org.) (1959). *Logical Positivism*. Nova York: Free Press.

BARING, E. (2011). *The Young Derrida and French Philosophy, 1945-1968*. Cambridge: Cambridge University Press.

BARNES, H.E. (1992). "Sartre's Ontology". In: HOWELLS, C. (org.). *The Cambridge Companion to Sartre*. Cambridge: Cambridge University Press, p. 13-38.

______ (1991). "The Role of the Ego in Reciprocity". In: ARONSON, R. & van den HOVEN, A. (orgs.). *Sartre Alive*. Detroit, MI: Wayne State University Press, p. 151-159.

______ (1981). *Sartre and Flaubert*. Chicago: University of Chicago Press.

______ (1959). *Humanistic Existentialism*: The Literature of Possibility. Lincoln: University of Nebraska Press.

BARNETT, L. & MADISON, G. (orgs.) (2011). *Existential Therapy*: Legacy, Vibrancy and Dialogue. Londres: Routledge.

BARUZI, J. (1931). *Saint Jean de la Croix et le problème de l'expérience mystique*. Paris: Alean.

BEALER, G. (1998). "Intuition and the Autonomy of Philosophy". In: DePAUL, M. & RAMSEY, W. (orgs.). *Rethinking Intuition*: The Psychology of Intuition and Its Role in Philosophical Inquiry. Lanham: Rowman & Littlefield, p. 201-239.

BEAUVOIR, S. (2006). *Diary of a Philosophy Student*. Vol. I: 1926-1927. Urbana: University of Illinois.

______ (2005). *Philosophical Writings*. Chicago: University of Illinois Press [edição de M.A. Simons].

______ (2001). *The Prime of Life*. Harmondsworth: Penguin.

______ (1989). *La Force de l'âge*. Paris: Gallimard.

______ (1988). *Adieux*: A Farewell to Sartre. Londres: Penguin [trad. P. O'Brian].

______ (1987). *La Cérémonie des adieux suivie des entretiens avec Jean-Paul Sartre*. Paris: Gallimard.

______ (1983). *Prime of Life*. Londres: Penguin [trad. P. Green].

______ (1963). *Memoirs of a Dutiful Daughter*. Londres: Penguin [trad. J. Kirkup].

______ (1954). *Les Mandarins*. Paris: Gallimard.

______ (1948). *The Ethics of Ambiguity*. Chicago: Citadel [trad. B. Frechtman].

BEEBEE, B.; KNOBLAUCH, S.; RUSTIN, J. & SORTER, D. (2005). *Forms of Intersubjectivity in Infant Research and Adult Treatment*. Nova York: Other Press.

BELL, D. (1990). *Husserl*. Londres: Routledge.

BERGSON, H. (1992). *The Creative Mind*. Nova York: Citadel.

BLENKINSOP, S. (2012). "From Waiting for the Bus to Storming the Bastille: From Sartrean Seriality to the Relationships that Form Classroom Communities". In: *Educational Philosophy and Theory*, 44 (2), mar., p. 183-195.

BOLLAS, C. (1987). *The Shadow of the Object*: Psychoanalysis of the Unthought Known. Nova York: Columbia University Press.

BOULÉ, J.-P. (2005). *Sartre, Self-Formation and Masculinities*. Nova York: Berghahn.

BRANN, E. (1991). *The World of the Imagination*: Sum and Substance. Lanham: Rowman & Littlefield.

BROMBERG, P. (2011). *The Shadow of the Tsunami and the Growth of the Relational Brain*. Londres: Routledge.

______ (2006). *Awakening the Dreamer*: Clinical Journeys. Londres: Analytic Press.

______ (2001). *Standing in the Spaces*: Essays on Clinical Process Process Trauma and Dissociation. Londres: Routledge.

BROMBERT, V.H. (1961). *The Intellectual Hero*: Studies in the French Novel 1880-1955. Londres: Faber & Faber.

BUSCH, T.W. (1990). *The Power of Consciousness and the Force of Circumstances in Sartre's Philosophy*. Bloomington: Indiana University Press.

CAMUS, A. (1954). *The Rebel*: An Essay on Man in Revolt. Nova York: Alfred A. Knopf [trad. A. Bower].

______ (1951). *L'homme révolté*. Paris: Gallimard.

CANNON, B. (no prelo). "Authenticity, the Spirit of Play and the Practice of Psychotherapy". In: *Review of Existential Psychology and Psychiatry*.

______ (2011). "Applied Existential Psychotherapy: An Experiential Psychodynamic Approach". In: BARNETT, L. & MADISON, G. (orgs.). *Existential Therapy*: Legacy, Vibrancy and Dialogue. Londres: Routledge, p. 97-109.

______ (2009). "Nothingness as the Ground for Change". In: *Existential Analysis*, jul., p. 192-210.

______ (2005). "Group Therapy as Revolutionary Praxis: A Sartrean View". In: Van den HOVEN, A. & LEAK, A. (orgs.). *Sartre Today*: A Centenary Celebration. Nova York: Berghahn, p. 133-152.

______ (1991). *Sartre and Psychoanalysis*: An Existentialist Challenge to Clinical Metatheory. Lawrence: University Press of Kansas.

CARNAP, R. ([1932] 1959). "The Elimination of Metaphysics Through Logical Analysis of Language" [trad. A. Pap]. In: AYER, A.J. *Logical Positivism*. Nova York: Free Press, p. 60-81.

CASSAM, Q. (2007). *The Possibility of Knowledge*. Oxford: Oxford University Press.

CATALANO, J.S. (2010). *Reading Sartre*. Cambridge: Cambridge University Press.

______ (org.) (1996). *Good Faith and Other Essays*: Perspectives on a Sartrean Ethics. Lanham: Rowman & Littlefield.

______ (1974). *A Commentary on Jean-Paul Sartre's Being and Nothingness*. Chicago: University of Chicago Press.

CAWS, P. (1979). *Sartre*. Londres: Routledge & Kegan Paul.

CHARLESWORTH, M. (1975). *The Existentialists and Jean-Paul Sartre*. Londres: George Prior.

COHEN-SOLAL, A. (2005). *Jean-Paul Sartre*: A Life. Nova York: The New Press [trad. A. Cancogni].

______ (1987). *Sartre*: A Life. Nova York: Pantheon [trad. A. Cancogni].

CONTAT, M. & RYBALKA, M. (1981). "Chronologie". In: J.- SARTRE, P. *Oeuvres romanesques*. Paris: Gallimard, p. xxxv-lxi.

COOREBYTER, V. (2003). "Introduction". In: SARTRE, J.-P. *La Transcendance de l'Ego et autres textes phénoménologiques*. Paris: Vrin, p. 7-76.

______ (2000). *Sartre face à la phénoménologie*. Bruxelas: Ousia.

COX, G. (2009). *Sartre and Fiction*. Londres: Continuum.

CRITTENDEN, P. (2009). *Sartre in Search of an Ethics*. Newcastle-upon-Tyne: Cambridge Scholars Publishing.

DELEUZE, G. (2004). *Desert Islands and Other Texts*. Nova York: Semiotext(e) [trad. F. Guillaume].

DERRIDA, J. (1995). *Points*: Interviews 1974-1994. Palo Alto: Stanford University Press.

______ (1991). *Margens da filosofia*. Campinas: Papirus [trad. Joaquim Torres Costa; Antonio M. Magalhães; revisão técnica: Constança Marcondes César].

______ (1986). *Glas*. Lincoln: University of Nebraska Press.

______ (1969). "The Ends of Man". In: *Philosophy and Phenomenological Research*, 30 (1), p. 31-57.

DESCARTES, R. (1988). *Rules for the Direction of the Mind*. Cambridge: Cambridge University Press [The Philosophical Writings of Descartes, vol. 1].

DETMER, D. (2008). *Sartre Explained*: From Bad Faith to Authenticity. Peru: Open Court.

DEUTSCHER, M. (2003). "On Lacking Reason for Desire". In: *Genre and Void*: Looking Back at Sartre and Beauvoir. Aldershot: Ashgate, p. 89-109.

DREYFUS, H. (1997). *What Computers Still Can't Do*: A Critique of Artificial Reason. Cambridge: MIT Press.

FANON, F. (1963). *The Wretched of the Earth*. Nova York: Grove [trad. C. Farrington].

FLAJOLIET, A. (2010). "Sartre's Phenomenological Anthropology between Psychoanalysis and 'Daseinsanalysis'". In: *Sartre Studies International*, 16 (1), p. 40-59.

FLYNN, T. (1997). *Sartre, Foucault and Historical Reason*. Vol.1: Toward an Existentialist Theory of History. Chicago: University of Chicago Press.

______ (1994). *Sartre and Marxist Existentialism*: The Test Case of Collective Responsibility. Chicago: University of Chicago Press.

FOUCAULT, M. (2001). *Ditset écrits*. Vol. 1. Paris: Gallimard.

FOX, N.F. (2003). *The New Sartre*: Explorations in Postmodernism. Nova York: Continuum.

FRANK, M. (1991). *Selbstbewusstsein und Selbsterkenntnis*. Stuttgart: Reclam.

FRETZ, L. (1980). "An Interview with Jean-Paul Sartre". In: SILVERMAN, H. & ELLISTON, F.A. (orgs.). *Jean-Paul Sartre*: Contemporary Approaches to his Philosophy. Londres: Harvester, p. 221-239.

FREUD, S. ([1950] 1953-1974). *A Project for a Scientific Psychology*. Londres: Hogarth Press [The Standard Edition of the Complete Psychological Works of Sigmund Freud, vol. 1] [trad. J. Strachey].

______ ([1930] 1953-1974). *The Future of an Illusion, Civilization and its Discontents and Other Works*. Londres: Hogarth [The Standard Edition of the Complete Psychological Works of Sigmund Freud, vol. 21] [trad. J. Strachey].

______ ([1920] 1953-1974). *Beyond the Pleasure Principle*. Londres: Hogarth [The Standard Edition of the Complete Psychological Works of Sigmund Freud, vol. 18] [trad. J. Strachey].

______ ([1916-1917] 1953-1974). *Introductory Lectures on Psychoanalysis*. Londres: Hogarth [The Standard Edition of the Complete Psychological Works of Sigmund Freud, vol. 15-16] [trad. J. Strachey].

______ ([1905] 1953-1974). "Fragment of an Analysis of a Case of Hysteria". Londres: Hogarth [The Standard Edition of the Complete Psychological Works of Sigmund Freud, vol. 7] [trad. J. Strachey].

______ ([1895] 1953-1974). *Studies on Hysteria*. Londres: Hogarth [The Standard Edition of the Complete Psychological Works of Sigmund Freud, vol. 2] [trad. J. Strachey].

FRIE, R. (1997). *Subjectivity and Intersubjectivity in Modern Philosophy and Psychoanalysis*: Study of Sartre, Binswanger, Lacan, and Habermas. Lanham: Rowman & Littlefield.

GALLAGHER, S. (2012). *Phenomenology*. Nova York: Palgrave Macmillan.

______ (2006). *How the Body Shapes the Mind*. Oxford: Oxford University Press.

GARDNER, S. (2009). *Sartre's Being and Nothingness*: A Reader's Guide. Londres: Continuum.

______ (2006). "Sartre, Schelling, and Onto-theology". In: *Religious Studies*, 42 (3), p. 247-271.

GERASSI, J. (2009). *Talking with Sartre*: Conversations and Debates. New Haven: Yale University Press.

______ (1989). *Jean-Paul Sartre*: Hated Conscience of the Century. Chicago: University of Chicago Press.

GIBSON, J.J. (1977). "The Theory of Affordances". In: SHAW, R. & BRANSFORD, J. (orgs.). *Perceiving, Acting, and Knowing*: Toward an Ecological Psychology. Hillsdale: Lawrence Erlbaum, p. 67-82.

GUIGNON, C. (2004). *On Being Authentic*. Londres: Routledge.

HATZIMOYSIS, A. (2011). *The Philosophy of Sartre*. Durham: Acumen.

HEIDEGGER, M. (1988). *Ser e tempo*. 2 vols. 2. ed. Petrópolis: Vozes [trad. Márcia de Sá Cavalcanti].

______ (1962). *Being and Time* Londres: SCM [trad. J. Macquarrie e E. Robinson].

______ ([1929] 1978). "What Is Metaphysics?" In: KRELL, D.F. (org.). *Basic Writings*. Londres: Routledge & Kegan Paul, p. 95-112 [orig. alemão: "Was ist Metaphysik?"].

HENRICH, D. (1967). *Fichtes ursprüngliche Einsicht*. Frankfurt: Klostermann.

HOWELLS, C. (1991). *Derrida*: Deconstruction from Phenomenology to Ethics. Cambridge: Polity.

______ (1988). *The Necessity of Freedom*. Cambridge: Cambridge University Press.

HUSSERL, E. (2013). *Meditações cartesianas e Conferências de Paris*: de acordo com o texto de husserliana. Rio de Janeiro: Forense, 2013 [ed. por Stephan Strasser; trad. Pedro M.S. Alves].

______ (2006). *Ideias para uma fenomenologia pura e para uma filosofia fenomenológica*. Aparecida: Ideias & Letras [trad. Márcio Suzuki].

______ (2001a). *The Shorter Logical Investigations*. Londres: Routledge [trad. J.N. Findlay].

______ (2001b). *Analyses Concerning Passive and Active Synthesis*. Dordrecht: Kluwer [trad. A.J. Steinbock].

______ (1995). *Cartesian Meditations*: An Introduction to Phenomenology. Dordrecht: Kluwer [trad. D. Cairns].

______ (1994). *Cartesian Meditations*. Haia: Martinus Nijhoff [trad. D. Cairns].

______ (1983). *Ideas Pertaining to a Pure Phenomenology and to a Phenomenological Philosophy*. Vol. 1. Haia: Martinus Nijhoff [trad. F. Kersten].

______ (1980). *Ideas Pertaining to a Pure Phenomenology and to a Phenomenological Philosophy*. Vol. 1. Haia: Martinus Nijhoff [trad. E. Klein e W.E. Pohl].

JEANSON, F. (1980). *Sartre and the Problem of Morality*. Bloomington: Indiana University Press [trad. R. Stone] [orig. francês: *Le problème moral et la pensée de Sartre*. Paris: du Seuil, 1965].

JONES, E. ([1953] 1961). *The Life and Work of Sigmund Freud*. Nova York: Basic Books.

JOPLING. D.A. (1997). "Sartre's Moral Psychology". In: HOWELLS, C. (org.). *The Cambridge Companion to Sartre*. Cambridge: Cambridge University Press, p. 103-139.

JUDAKEN, J. (2006). *Jean-Paul Sartre and the Jewish Question*: Anti-Semitism and the Politics of the French Intellectual. Lincoln: University of Nebraska Press.

KANT, I. (2003). *Critique of Pure Reason*. Basingstoke: Palgrave Macmillan [trad. N.K. Smith].

KAUFMANN, W. (1975). *Existentialism from Dostoevsky to Sartre*. Nova York: New American Library.

LAING, R.D. ([1959] 1979). *The Divided Self*. Nova York: Penguin.

LAING, R.D. & COOPER, D.G. ([1964] 1971). *Reason and Violence*. Nova York: Vintage.

LARMORE, C. (2011). *The Practices of the Self*. Chicago: University of Chicago Press [trad. S. Bowman].

LEAK, A. (2006). *Jean-Paul Sartre*. Londres: Reaktion Books.

LEIBNIZ, G.W. (1973). "Correspondence with Arnauld". In: PARKINSON, G.H.R. *Leibniz*: Philosophical Writings. Londres: J.M. Dent & Sons, p. 48-74.

LEVINAS, E. ([1930] 1963). *La Théorie de l'intuition dans la phénoménologie de Husserl*. Paris: Vrin.

LEWIS, D. (1983). *Philosophical Papers*: Volume I. Nova York: Oxford University Press.

LIGHT, S. (1987). *Shuzo Kuki and Jean-Paul Sartre*. Urbana: Southern Illinois University Press.

LUCRÉCIO (1940). "On the Nature of Things". In: CLARK, G.H. (org.). *Selections from Hellenistic Philosophy*. Nova York: Appleton-Century-Crofts, p. 8-48.

LYOTARD, J.-F. (1986). "A Success of Sartre's". In: HOLLIER, D. *The Politics of Prose*: Essay on Sartre. Minneapolis: University of Minnesota Press, p. xi-xxiii.

MANSER, A. (1981). *Sartre*: A Philosophic Study. Oxford: Greenwood.

______ (1961). "Sartre and 'le Néant'". In: *Philosophy*, 36 (137), p. 177-187.

MARCUSE, H. (1948). "Existentialism". In: *Philosophy and Phenomenological Research*, 8 (3), p. 309-336.

McBRIDE, W.L. (1997). *Sartre's Life, Times, and Vision du Monde.* Nova York: Garland.

______ (1991). *Sartre's Political Theory.* Bloomington: Indiana University Press.

McCULLOCH, G. (1994). *Using Sartre.* Londres: Routledge.

MERLEAU-PONTY, M. ([1964] 1968). *The Visible and the Invisible.* Evanston: Northwestern University Press [trad. A. Lingis].

______ ([1947] 1969). *Humanism and Terror*: An Essay on the Communist Problem. Boston: Beacon [trad. J. O'Neill].

______ ([1945] 1962). *Phenomenology of Perception.* Londres: Routledge [trad. C. Smith].

MIRVISH, A. & Van den HOVEN, A. (orgs.) (2010). *New Perspectives on Sartre.* Newcastle-upon-Tyne: Cambridge Scholars Publishing.

MITCHELL, S.A. (2000). *Relationality*: From Attachment to Intersubjectivity. Nova York: Psychology Press.

MORAN, D. (2000). *Introduction to Phenomenology.* Londres: Routledge.

MORRIS, K. (2008). *Sartre.* Oxford: Blackwell.

MOUILLÉ, J.-M. (org.) (2001). *Sartre et la phénoménologie.* Paris: ENS.

MURDOCH, I. (1968). *Sartre*: Romantic Rationalist. Londres: Fontana.

NIETZSCHE, F. (2007). *O nascimento da tragédia.* São Paulo: Companhia das Letras [trad. Paulo César de Souza].

______ (2001a). *The Gay Science.* Cambridge: Cambridge University Press [trad. B. Williams].

______ (2001b). *A gaia ciência.* São Paulo: Companhia das Letras [trad. Paulo César de Souza].

______ (1993). *The Birth of Tragedy*. Londres: Penguin [trad. S. Whiteside].

NOUDELMANN, F. & GILLES, P. (orgs.) (2004). *Dictionnaire Sartre*. Paris: Honoré Champion.

O'DONOHOE, B. (2005). *Sartre's Theatre*: Acts for Life. Berna: Peter Lang.

OVERGAARD, S. (2012). "Other People". In: ZAHAVI, D. (org.). *Oxford Handbook of Contemporary Phenomenology*. Oxford: Oxford University Press, p. 460-479.

______ (2007). *Wittgenstein and Other Minds*. Nova York: Routledge.

PRIEST, S. (2000). *The Subject in Question*: Sartre's Critique of Husserl in The Transcendence of the Ego. Nova York: Routledge.

RAE, G. (2011). "Sartre, Group Formations, and Practical Freedom: The Other in the 'Critique of Dialectical Reason'". In: *Comparative and Continental Philosophy*, 3 (2), nov., p. 183-206.

REDDY, V. (2008). *How Infants Know Minds*. Cambridge: Harvard University Press.

REISMAN, D. (2007). *Sartre's Phenomenology*. Londres: Continuum.

REYNOLDS, J. & WOODWARD, A. (2011). "Existentialism and Poststructuralism: Some Unfashionable Observations". In: JOSEPH, F.; REYNOLDS, J. & WOODWARD, A. (orgs.). *The Continuum Companion to Existentialism*. Londres: Continuum, p. 260-281.

RICHMOND, S. (2007). "Sartre and Bergson: A Disagreement about Nothingness". In: *International Journal of Philosophical Studies*, 15 (1), p. 77-95.

RICOEUR, P. (1981). "Sartre and Ryle on the Imagination". In: SCHILPP, P.A. (org.). *The Philosophy of Jean-Paul Sartre*. LaSalle: Open Court, p. 167-178.

ROECKELEIN, J. (2004). *Imagery in Psychology*: A Reference Guide. Westport: Praeger.

ROLLS, A. & RECHNIEWSKI, E. (orgs.) (2006). *Nausea*: Text, Context, Intertext. Amsterdã: Rodopi.

RYBALKA, M. (2000). "Une vie pour la philosophie: entretien avec Jean-Paul Sartre". In: *Magazine littéraire*, 384, p. 40-46.

SANTONI, R.E. (1995). *Bad Faith, Good Faith and Authenticity in Sartre's Early Philosophy.* Filadélfia: Temple University Press.

SARTRE, J.-P. (2015a). *A transcendência do ego.* Petrópolis: Vozes [trad. Sylvie Le Bon].

______ (2015). *O ser e o nada.* Petrópolis: Vozes [trad. Paulo Perdigão] [indicado no texto como SN].

______ (2014a). *O existencialismo é um humanismo.* Petrópolis: Vozes [trad. João Batista Kreuch].

______ (2014b/2015b). *O idiota da família.* Porto Alegre: L&PM, 2014 (vols. 1, Trad. Julia da Rosa Simões, e 2, Trad. Ivone Benedetti), 2015 (vol. 3, Trad. Ivone Benedetti).

______ (2012). *Os caminhos da liberdade* – Sursis, Com a morte na alma, A idade da razão. Rio de Janeiro: Nova Fronteira [trad. Sérgio Milliet].

______ (2009). *The Last Chance.* Nova York: Continuum [The Roads to Freedom, vol. IV].

______ (2008a). *A imaginação.* Porto Alegre: L&PM [trad. Paulo Neves].

______ (2008b). *Esboço para uma teoria das emoções.* Porto Alegre: L&PM [trad. Paulo Neves].

______ (2007). *Nausea.* Nova York: New Directions [trad. L. Alexander] [orig: SARTRE, 1938].

______ (2006a). *Critique of Dialectical Reason.* Vol. 2. Londres: Verso [trad. Q. Hoare; introdução de F. Jameson].

______ (2006b). *A náusea.* Rio de Janeiro: Nova Fronteira [trad. Rita Braga].

______ (2005a). *Théâtre complet*. Paris: Gallimard [Bibliothèque de la Pléiade].

______ (2005b). "Morale et histoire". In: *Les temps modernes*, 60, 632-624, p. 268-414.

______ (2004a). *The Imaginary*: A Phenomenological Psychology of the Imagination. Londres: Routledge [trad. J. Webber] [orig.: SARTRE, 1940].

______ (2004b). *Sketch for a Theory of the Emotions*. Londres: Routledge [trad. P. Mairet] [orig.: SARTRE, 1939a].

______ (2004c). *The Transcendence of the Ego*: A Sketch for a Phenomenological Description. Londres: Routledge [trad. A. Brown] [orig. SARTRE, 1936-1937].

______ (2004d). *Que é a literatura?* São Paulo: Ática.

______ (2003). *Being and Nothingness*: An Essay on Phenomenological Ontology. Londres: Routledge [trad. P. Mairet] [orig.: SARTRE, 1943a].

______ (2002a). *Sketch for a Theory of the Emotions*. 2. ed. Londres: Routledge [trad. P. Mairet] [orig.: SARTRE, 1939a].

______ (2002b). *Crítica da razão dialética* (precedido de *Questões de método*). Rio de Janeiro: DP&A [trad. Trad. Guilherme João de Freitas Teixeira].

______ (2002c). *Saint Genet*: Ator e mártir. Petrópolis: Vozes.

______ (2001). "Existentialism is a Humanism". PRIEST, S. (org.). In: *Jean-Paul Sartre*: Basic Writings. Londres: Routledge [orig.: SARTRE, 1946b].

______ (2000a). *Words*. Londres: Penguin [trad. I. Clephane] [orig.: SARTRE, 1964c].

______ (2000b). *War Diaries*: Notebooks from a Phoney War, 1939-1940. Londres: Verso [trad. Q. Hoare] [orig.: SARTRE, 1983c].

______ (1996a). *Hope Now*: The 1980 Interviews. Chicago: University of Chicago Press [entrevistas concedidas a B. Lévy; trad. A. van den Hoven] [orig.: SARTRE, 1991b].

______ (1996b). *O imaginário, psicologia fenomenológica da imaginação*. São Paulo: Ática [trad. trad. Duda Machado].

______ (1995a). *Truth and Existence*. Chicago: University of Chicago Press [trad. A. van den Hoven] [orig.: SARTRE, 1989b].

______ (1995b). *A questão judaica*. São Paulo: Ática.

______ (1994). "Kean, or Disorder and Genius". In: *Three Plays*: Kean, Nekrassov, The Trojan Women. Londres: Penguin [trad. K. Black] [orig.: SARTRE, 1954].

______ (1993a). *Existentialism and Humanism*. Londres: Methuen [trad. P. Mairet] [orig.: SARTRE, 1946b].

______ (1993b). *Quiet Moments in a War*: The Letters of Jean-Paul Sartre to Simone de Beauvoir, 1940-1963. Nova York: Simon & Schuster.

______ (1993c). *The Family Idiot*: Gustave Flaubert, 1821-1857. Vol. 5. Chicago: University of Chicago Press [trad. C. Cosman] [orig.: SARTRE, 1971-1972].

______ (1992). *Notebooks for an Ethics*. Chicago: University of Chicago Press [trad. D. Pellauer] [orig.: SARTRE, 1983b].

______ (1991a). *The Family Idiot*. Vol. 4. Chicago: University of Chicago Press [trad. C. Cosman] [orig: SARTRE, 1971-1972].

______ (1991b). *L'Espoir maintenant*: les entretiens de 1980. Lagrasse: Verdier.

______ (1990). *Écrits de jeunesse*. Paris: Gallimard [edição de M. Contat e M. Rybalka].

______ (1989a). *The Family Idiot*. Vol. 3. Chicago: University of Chicago Press [trad. C. Cosman] [orig.: SARTRE, 1971-1972].

______ (1989b). *Vérité et existence*. Paris: Gallimard [edição de A. Elkaïm-Sartre].

______ (1988). *What Is Literature? and Other Essays.* Cambridge: Harvard University Press [trad. B. Frechtman] [orig. do ensaio principal: SARTRE, 1948a].

______ (1987). *The Family Idiot.* Vol. 2. Chicago: University of Chicago Press [trad. C. Cosman] [orig.: SARTRE, 1971-1972].

______ (1986a). *The Freud Scenario.* Chicago: University of Chicago Press [edição de J.-B. Pontalis; trad. Q. Hoare] [orig.: SARTRE, 1984].

______ (1986b). *The Age of Reason.* Harmondsworth: Penguin [trad. E. Sutton] [orig.: SARTRE, 1945a].

______ (1986c). *Mallarmé*: la Lucidité et sa face d'ombre. Paris: Gallimard [edição de A. Elkaïm-Sartre].

______ (1985a). *War Diaries.* Nova York: Pantheon.

______ (1985b). *Critique de la raison dialectique.* Vol. 2: L'intelligibilité de l'histoire. Paris: Gallimard [edição de A. Elkaïm-Sartre].

______ (1984). *Le Scénario Freud.* Paris: Gallimard.

______ (1983a). *Lettres au Castor.* Paris: Gallimard [edição de S. Beauvoir].

______ (1983b). *Cahiers pour une morale.* Paris: Gallimard.

______ (1983c). *Les Carnets de la drôle de guerre: novembre 1939-mars 1940.* Paris: Gallimard.

______ (1983d). *Diários de uma guerra.* Rio de Janeiro: Nova Fronteira.

______ (1981a). *Œuvres romanesques.* Paris: Gallimard [Bibliothèque de la Pléiade] [compreende SARTRE, 1938; 1939c; 1945a; 1945c; 1949a e trabalhos ficcionais incompletos].

______ (1981b). "Interview with Sartre". In: SCHILLPP, P. (org.). *The Philosophy of Jean-Paul Sartre.* LaSalle: Open Court.

______ (1981c). *The Family Idiot.* Vol. 1. Chicago: University of Chicago Press [trad. C. Cosman] [orig.: SARTRE, 1971-1972].

______ (1979). *Between Existentialism and Marxism*. Nova York: Morrow Quill Paperbacks [trad. J. Mathews] [orig.: SARTRE, 1972b e 1972c].

______ (1978). *Sartre by Himself*. Nova York: Urizen [livro de entrevistas realizadas em 1972 para documentário homônimo, dirigido por A. Astruc e M. Contat, lançado em 1976 – Disponível em www.imdb.com/title/tt0142822].

______ (1977a). "Self-Portrait at Seventy". In: *Life/Situations*: Essays Written and Spoken. Nova York: Pantheon [trad. P. Auster e L. Davis] [orig.: SARTRE, 1976b].

______ (1977b). "Elections: A Trap for Fools". In: *Life/Situations: Essays Written and Spoken*. Nova York: Pantheon [trad. P. Auster e L. Davis].

______ (1976a). *Critique of Dialectical Reason*. Vol. 1. Londres: New Left Board [trad. A. Sheridan-Smith] [orig.: SARTRE, 1960b].

______ (1976b). *Situations, X*: politique et autobiographie. Paris: Gallimard.

______ (1975). *The Emotions: Outline of a Theory*. Nova York: Philosophical Library [trad. B. Frechtman] [orig.: SARTRE, 1939a].

______ (1974a). *Writings of Jean-Paul Sartre*. Vol. 1: A Bibliographical Life. Evanston: Northwestern University Press [edição de M. Contat e M. Rybalka; trad. R. McCleary].

______ (1974b). "The Itinerary of a Thought". In: *Between Existentialism and Marxism*. Nova York: William Morrow [trad. J. Mathews] [orig.: SARTRE, 1972b; 1972c].

______ (1974c). *On a raison de se révolter, discussions*. Paris: Gallimard.

______ (1973). *Existentialism and Humanism*. Londres: Methuen [trad. P. Mairet] [orig.: SARTRE, 1946b].

______ (1972a). *Imagination*: A Psychological Critique. Detroit: University of Michigan Press [orig.: SARTRE, 1936].

______ (1972b). *Situations, VIII*: autour de 68. Paris: Gallimard.

______ (1972c). *Situations, IX*: mélanges. Paris: Gallimard.

______ (1972d). *Plaidoyer pour les intellectuels*. Paris: Gallimard.

______ (1971-1972). *L'Idiot de la famille*: Gustave Flaubert de 1821-1857. 3 vols. Paris: Gallimard.

______ (1970). "Intentionality: A Fundamental Idea of Husserl's Phenomenology". In: *Journal of the British Society for Phenomenology*, 1 (2), p. 4-5 [trad. J. Fell] [orig.: SARTRE, 1939b].

______ (1969a). *The Wall (Intimacy) and Other Stories*. Nova York: New Directions [trad. L. Alexander].

______ (1969b). *Les Communistes ont peur de la révolution*. Paris: Didier.

______ (1968). *Search for a Method*. Nova York: Vintage Books [trad. H.E. Barnes] [orig.: SARTRE, 1957c].

______ (1967). "Consciousness of Self and Knowledge of Self". In: LAWRENCE, N. & O'CONNOR, D. (orgs.). *Readings in Existential Phenomenology*. Nova York: Prentice Hall, p. 113-142 [orig.: SARTRE, 1948c].

______ (1966). *The Psychology of Imagination*. Nova York: Washington Square [trad. B. Frechtman] [orig.: SARTRE, 1940].

______ (1965d). *Les Troyennes*. Paris: Gallimard.

______ (1965a). *Nausea*. Harmondsworth: Penguin [trad. R. Baldick] [orig.: SARTRE, 1938].

______ (1965b). *Anti-Semite and Jew*. Nova York: Schocken Books [trad. G.J. Becker] [orig.: SARTRE, 1946a].

______ (1965c). *Situations, VII*: problèmes du marxisme. Vol. II. Paris: Gallimard.

______ (1964a). *Saint Genet*: Actor and Martyr. Nova York: Mentor [trad. B. Frechtman] [orig: SARTRE, 1952].

______ (1964b). *Lecture at the Gramsci Institute.* Roma, maio [Disponível nos arquivos do Raynor Memorial Library da Marquette University, Milwaukee].

______ (1964c). *Les Mots.* Paris: Gallimard.

______ (1964d). *Situations, IV*: portraits. Paris: Gallimard.

______ (1964e). *Situations, V*: colonialisme et néo-colonialisme. Paris: Gallimard.

______ (1964f). *Situations, VI*: problèmes du marxisme. Paris: Gallimard.

______ (1964g). *As palavras.* São Paulo: Difusão Europeia do Livro [trad. Jacó Guinsburg].

______ (1963). *Saint Genet*: Actor and Martyr. Nova York: George Braziller [trad. B. Frechtman] [orig.: SARTRE, 1952].

______ (1962a). "Materialism and Revolution". In: *Literary and Philosophical Essays.* Nova York: Collier Books. [trad. A. Michelson] [orig.: SARTRE, 1946c].

______ (1962b). *Bariona, ou le Fils du tonnerre.* Paris: Anjou-Copies.

______ (1961). "Merleau-Ponty vivant". In: *Les Temps modernes*, 184-185, mai., p. 304-376.

______ (1960a). *Transcendence of the Ego*: An Existentialist Theory of Consciousness. Nova York: Hill & Wang [trad. R. Kirkpatrick e F. Williams] [orig: SARTRE, 1936-1937].

______ (1960b). *Critique de la raison dialectique.* Vol. 1: Théorie des ensembles pratiques. Paris: Gallimard.

______ (1960c). *Critique of Dialectical Reason.* Vol. 1. Londres: Verso/NLB [ed. J. Ree; trad. A. Sheridan-Smith] [orig.: SARTRE, 1960b].

______ (1960d). *Les Séquestrés d'Altona.* Paris: Gallimard.

______ (1958a). *Being and Nothingness*: An Essay in Phenomenological Ontology. Londres: Methuen [trad. H.E. Barnes] [orig.: SARTRE, 1943a].

______ (1958b). *Search for a Method.* Nova York: Random House [trad. H. Barnes] [orig.: SARTRE, 1957c].

______ (1957a). *The Transcendence of the Ego.* Nova York: Farrar, Strauss, & Giroux [trad. R. Kirkpatrick e F. Williams] [orig. SARTRE, 1936-1937].

______ (1957b). *The Transcendence of the Ego.* Nova York: Noonday [trad. R. Kirkpatrick e F. Williams] [orig. SARTRE, 1936-1937].

______ (1957c). *Questions de méthode.* Paris: Gallimard.

______ (1955). *No Exit.* In: *No Exit and Three Other Plays.* Nova York: Vintage [trad. S. Gilbert] [orig.: SARTRE, 1945b].

______ (1954). *Kean.* Paris: Gallimard.

______ (1952). *Saint Genet, comédien et martyr.* Paris: Gallimard.

______ (1951). *Le Diable et le Bon Dieu.* Paris: Gallimard.

______ (1950a). *What Is Literature?* Londres: Methuen [trad. B. Frechtman] [orig. SARTRE, 1948a].

______ (1950b). *Iron in the Soul.* Londres: Hamish Hamilton [trad. G. Hopkins] [orig.: SARTRE, 1949a].

______ (1949a). *La Mort dans l'âme.* Paris: Gallimard [*Os caminhos da liberdade*, vol. 3].

______ (1949b). *Nourritures; suivi d'extraits de La Nausée.* Paris: Damase.

______ (1949c). *Situations, III.* Paris: Gallimard.

______ (1948a). *Situations, II* – Qu'est-ce que la littérature? Paris: Gallimard.

______ (1948b). *Anti-Semite and Jew.* Nova York: Schocken [trad. G.J. Becker] [orig. SARTRE, 1946a].

______ (1948c). "Conscience de soi et connaissance de soi". In: *Bulletin de la Société Française de philosophie*, 42 (3), abr.-jun., p. 49-91.

______ (1948d). *Les Mains sales.* Paris: Gallimard.

______ (1948e). *Visages; précédé de Portraits officiels.* Paris: Seghers.

______ (1947a). *Situations, I* – Essais critiques. Paris: Gallimard.

______ (1947b). *Baudelaire.* Paris: Gallimard [introdução de M. Leiris].

______ (1947c). *L'Homme et les choses.* Paris: Seghers.

______ (1947d). *Les Jeux sont faits.* Paris: Nagel.

______ (1947e). *The Age of Reason.* Nova York: Vintage [trad. E. Sutton] [orig. SARTRE, 1945a].

______ (1947f). *The Reprieve.* Nova York: Vintage [trad. E. Sutton] [orig.: SARTRE, 1945c].

______ (1946a). *Réflexions sur la question juive.* Paris: Morihien.

______ (1946b). *L'Existentialisme est un humanisme.* Paris: Nagel.

______ (1946c). "Matérialisme et révolution". In: *Les Temps modernes*, jun.

______ (1946d). *Explication de L'étranger.* Paris: Aux dépens du Palimugre.

______ (1946e). *Morts sans sépulture.* Lausanne: Marguerat.

______ (1946f). *La Putain respectueuse.* Paris: Nagel.

______ (1945a). *L'Âge de raison.* Paris: Gallimard [*Os caminhos da liberdade*, vol. 1].

______ (1945b). *Huis clos*. Paris: Gallimard.

______ (1945c). *Le Sursis*. Paris: Gallimard [*Os caminhos da liberdade*, vol. 2].

______ (1943a). *L'Être et le néant*: essai d'ontologie phénoménologique. Paris: Gallimard [edição "Tel"].

______ (1943b). *Les Mouches.* Paris: Gallimard.

______ (1940). *L'Imaginaire*: psychologie phénoménologique de l'imagination. Paris: Gallimard.

______ (1939a). *Esquisse d'une théorie des émotions.* Paris: Hermann.

______ (1939b). "Une Idée fondamentale de la phénoménologie de Husserl: l'intentionnalité". In: *Nouvelle Revue Française*, 304, p. 129-131.

______ (1939c). *Le Mur.* Paris: Gallimard.

______ (1938). *La Nausée.* Paris: Gallimard.

______ (1936-1937). "La Transcendance de l'ego". In: *Recherches Philosophiques*, 6, p. 5-123.

______ (1936). *L'Imagination.* Paris: Alcan.

SARTRE STUDIES INTERNATIONAL (2012). "A Symposium on Sartre's Theater". In: *Sartre Studies International*, 18 (2), p. 49-126.

SARTRE, J.-P. & CONTAT, M. (1975). "Sartre at Seventy: An Interview". *The Nova York Review of Books*, 07/08 [trad. P. Auster e L. Davis].

SARTRE, J.-P. & SICARD, M. (1979). "Entretien: L'écriture et la publication". *Obliques*, 18-19, p. 9-29.

SCHAFER, R. (1976). *A New Language for Psychoanalysis.* New Haven: Yale University Press.

SCHORE, A.N. (2011). *The Science of the Art of Psychotherapy.* Nova York: W.W. Norton.

SEPP, H.R. & EMBREE, L.E. (orgs.) (2010). *Handbook of Phenomenological Aesthetics.* Dordrecht: Springer.

STAWARSKA, B. (2005). "Defining Imagination: Sartre between Husserl and Janet". In: *Phenomenology and the Cognitive Sciences*, 4 (2), p. 133-153.

______ (2001). "Pictorial Representation or Subjective Scenario? Sartre on Imagination". In: *Sartre Studies International*, 7 (2), p. 87-111.

STERN, D.B. (2003). *Unformulated Experience*: From Dissociation to Imagination in Psychoanalysis. Nova York: Routledge.

STERN, D.N. (2004). *The Present Moment in Psychotherapy and Everyday Life.* Nova York: W.W. Norton.

______ (1985). *The Interpersonal World of the Infant.* Nova York: Basic Books.

STOLOROW, R.D. (2011). *World, Affectivity, Trauma*: Heidegger and Post-Cartesian Psychoanalysis. Londres: Routledge.

STOLOROW, R.D. & ATWOOD, G.E. (1992). *Contexts of Being* – The Intersubjective Foundations of Psychological Life. Hillsdale: Analytic Press.

STONE, R. & BOWMAN, E. (1991). "Sartre's Morality and History: A First Look at the Notes for the Unpublished 1965 Cornell Lectures". In: ARONSON, R. & Van den HOVEN, A. (orgs.). *Sartre Alive.* Detroit: Wayne State University Press, p. 53-82.

STRAWSON, G. (no prelo). "Self-intimation, Phosphorescence, Svaprakāśa, Conscience (de) Conscience".

TAYLOR, C. (1976). "Responsibility for Self". In: RORTY, A.O. (org.). *The Identities of Persons.* Berkeley: University of California Press, p. 281-299.

THEUNISSEN, M. (1984). *The Other*: Studies in the Social Ontology of Husserl, Heidegger, Sartre, and Buber. Cambridge: MIT Press [trad. C. Mccann].

THOMPSON, M.G. (1994a). *The Ethic of Honesty*: The Fundamental Rule of Psychoanalysis. Amsterdã: Rodopi.

______ (1994b). *The Truth about Freud's Technique*: The Encounter with the Real. Nova York: New York University Press.

Van INWAGEN, P. (1997). "Materialism and the Psychological-Continuity Account of Personal Identity". In: *Philosophical Perspectives*, 11, p. 305-319.

VARELA, F.; THOMPSON, E. & ROSCH, E. (1991). *The Embodied Mind*: Cognitive Science and Human Experience. Cambridge: MIT Press.

WAHL, J. (1932). *Vers le concret: études d'histoire de la philosophie contemporaine*: William James, Whitehead, Gabriel Marcel. Paris: Vrin.

WEBBER, J. (2015). "Sartre on Knowing Our Own Motivations". In: MIGUENS, S.; BRAVO MORANDO, C. & PREYER, G. (orgs.). *Prereflective Consciousness*: Early Sartre in the Context of Contemporary Philosophy of Mind.

______ (2009). *The Existentialism of Jean-Paul Sartre*. Londres: Routledge.

WEBBER, J. (org.) (2011). *Reading Sartre*: On Phenomenology and Existentialism. Londres: Routledge.

WINNICOTT, D.W. ([1971] 1985). *Playing and Reality*. Londres: Tavistock.

ZAHAVI, D. (2002). "Intersubjectivity in Sartre's Being and Nothingness". In: *Alter*, 10, p. 265-281.

______ (2001). "Beyond Empathy: Phenomenological Approaches to Intersubjectivity". *Journal of Consciousness Studies* 8 (5-7), p. 151-167.

ZHENG, Y. (2009). *Ontology and Ethics in Sartre's Early Philosophy*. Oxford: Lexington Books.

Índice

Coleção Chaves de Leitura

Coordenador: Robinson dos Santos

A Coleção se propõe a oferecer "chaves de leitura" às principais obras filosóficas de todos os tempos, da Antiguidade Grega à Era Moderna e aos contemporâneos. Distingue-se ela do padrão de outras introduções por ter em perspectiva a exposição clara e sucinta das ideias-chave, dos principais temas presentes na obra e dos argumentos desenvolvidos pelo autor. Ao mesmo tempo, não abre mão do contexto histórico e da herança filosófica que lhe é pertinente. As obras da Coleção Chaves de Leitura, não pressupõem um conhecimento filosófico prévio, atendendo, dessa forma, perfeitamente ao estudante de graduação e ao leitor interessado em conhecer e estudar os grandes clássicos da Filosofia.

Coleção Chaves de Leitura:

- *Fundamentação da metafísica dos costumes – Uma chave de leitura*
  Sally Sedgwick
- *Fenomenologia do espírito – Uma chave de leitura*
  Ralf Ludwig
- *O príncipe – Uma chave de leitura*
  Miguel Vatter
- *Assim falava Zaratustra – Uma chave de leitura*
  Rüdiger Schmidt e Cord Spreckelsen
- *A república – Uma chave de leitura*
  Nickolas Pappas
- *Ser e tempo – Uma chave de leitura*
  Paul Gorner

LEIA TAMBÉM:

Ser livre com Sartre

Frédéric Allouche

O existencialismo de Sartre é parte de um projeto de vida: descobrir-se livre e transformar a própria vida; superar as condições sociais, religiosas ou pessoais que nos entravam; identificar o funcionamento conflitante de nossos relacionamentos com os outros para nos superar; lembrar-se que pensar é ter a liberdade de *escolher*. Em todos os momentos a filosofia de Sartre atua como um estímulo que nos obriga a agir, sem desculpas válidas. Não é complacente porque proíbe pequenos arranjos consigo mesmo, proscreve álibis de todos os tipos e estratégias de escape que às vezes dão boa consciência.

Mas, confrontar-se com a realidade é oferecer a si mesmo a oportunidade de finalmente viver em harmonia consigo mesmo, provar a alegria de ser autêntico.

Esse livro não é um livro apenas para ser lido, mas também para ser posto em prática. Questões concretas a respeito de nossa vida acompanham as teses apresentadas em cada capítulo. Não o leia passivamente, mas arregace as mangas para questionar sua vida e obter assim respostas honestas e pertinentes. Com provocações e exercícios concretos, você será incitado a trazer para dentro de sua vida concreta os ensinamentos da filosofia. Da mesma maneira, esforce-se para se apropriar deles e encontrar situações oportunas para praticá-los seriamente.

Você está pronto para começar a viagem? Pode ser que ela o surpreenda, ou pareça, às vezes, árida, ou quem sabe chocante... Você está preparado para se sentir desestabilizado, arremessado em uma nova maneira de pensar e, portanto, de viver? Essa viagem através das ideias de um filósofo do século XX o transportará também para o fundo de você mesmo. Então, deixe-se guiar ao longo destas páginas, acompanhando as questões e as ideias apresentadas, para descobrir como o pensamento de Sartre pode mudar sua vida.

Frédéric Allouche é formado em etnologia e em psicologia. É professor de Filosofia no Lycée Charles de Foucauld, em Paris.